Beck'sche Reihe
BsR 268

„Die jüdische Geschichte begann vor mehr als dreitausend Jahren – irgendwo in den Wüsten- und Steppengebieten der Arabischen Halbinsel", so beginnt dieses Buch. Und es schließt: „Von den zwölf bis dreizehn Millionen Juden, die heute in der Welt leben, befinden sich nahezu sechs Millionen in Amerika und drei Millionen in Israel." Über die dazwischen liegenden fast vier Jahrtausende jüdischer Geschichte geben ausgezeichnete Fachleute knapp und doch anschaulich anhand der wichtigsten Ereignisse und Gestalten einen Überblick: über das Gottesvolk der Bibel, über das babylonische Exil und die Rückkehr, über das Verhältnis von Juden, Griechen und Römern, über die Spannung zwischen Kirche und Synagoge und die Begegnung der Juden mit der Welt des Islam, über das osteuropäische Judentum und den preußisch-deutschen Weg der Judenemanzipation, über den Antisemitismus, Zionismus und den Staat Israel bis zu den Juden in Amerika heute. – Eine Zeittafel und dreizehn Karten dienen der ergänzenden Information.

Der Band ist aus einer Sendereihe hervorgegangen, die weites Interesse gefunden hat. Der Herausgeber *Franz J. Bautz,* Redakteur beim Bayerischen Rundfunk, hat hervorragende Fachleute gewonnen. Sie werden am Schluß des Buches ausführlich vorgestellt.

Geschichte der Juden

Von der biblischen Zeit bis zur Gegenwart

Herausgegeben von
Franz J. Bautz

VERLAG C.H.BECK MÜNCHEN

Dieser Band erscheint in Zusammenarbeit mit der
TR-Verlagsunion, München

Mit einer Zeittafel und 13 Karten

CIP-Kurztitelaufnahme der Deutschen Bibliothek

Geschichte der Juden: von der biblischen Zeit
bis zur Gegenwart / hrsg. von Franz J. Bautz. –
3., durchges. Auflage – München : Beck, 1989.
(Beck'sche Reihe ; Bd. 268)
ISBN 3 406 08468 0

NE: Bautz, Franz J. [Hrsg.]; GT

Originalausgabe
ISBN 3 406 08468 0

3., durchgesehene Auflage. 1989
Einbandentwurf von Uwe Göbel, München
Umschlagbild: Tracht deutscher Juden im 15. Jahrhundert.

Gesamtherstellung: Appl, Wemding
Printed in Germany

Inhalt

Anstelle eines Vorworts

Die Schwierigkeiten dieser Sendereihe begannen mit der Definition ihres Gegenstands: Wer Jude ist, das läßt sich auf keine der Weisen ausmachen, mit denen in der Regel die Zugehörigkeit zu einem Volk bestimmt wird. Schon seit zweitausend Jahren leben die Juden nicht mehr auf einem geschlossenen Territorium, sprechen keine gemeinsame Sprache, haben weder die gleiche Kultur noch den gleichen Glauben, unterliegen nicht mehr dem gleichen Rechtskanon, gehören nicht einer speziellen Rasse an und weisen auch sonst keine einheitlichen, unverwechselbaren Merkmale auf. Gleichwohl unterliegt die Zugehörigkeit zum Volk der Juden im Selbst- wie im Fremdverständnis keinem Zweifel, und sie kann weder durch Option noch durch Verdienst erlangt werden.

Das nächste Problem tauchte auf, als es galt, die Autoren für ein solches Projekt ausfindig zu machen: Sollten es ausschließlich Juden sein? Aber welcher Provenienz? welcher Orientierung? Geschichtsschreibung erfolgt immer aus einer zeitgebundenen Optik. Und hierin scheiden sich unter Juden die Geister ebenso wie unter Nicht-Juden; zum Beispiel in der Frage nach dem Anspruch auf einen Nationalstaat im Land der biblischen Väter. Wer den Anspruch und seine Durchsetzung bejaht, wird, schon um ihn zu legitimieren, die frühe Geschichte des Volkes Israel anders sehen als einer, dem nach der Zerstreuung die Assimilation folgerichtig erscheint. Nicht-Juden, vor allem Deutsche, geraten als Autoren unserer Thematik sofort ins Zwielicht: sie müssen damit rechnen, daß ihnen eine kritische Sicht von jüdischer Seite als Anmaßung, eine affirmative von nichtjüdischer Seite als Befangenheit ausgelegt wird.

Ich möchte an dieser Stelle Herrn Professor Peter Schäfer danken, der mit Rat und Hilfe wesentlich zum Zustandekommen der Sendereihe beigetragen hat. Sie war im Programm des Bayerischen

Rundfunks im Herbst 1980. Heute, zwei Jahre später, hätten sich die Schwierigkeiten vermutlich noch vergrößert, wäre die Frage nicht zu umgehen, ob die politische Geschichte des Staates Israel nicht anderen Gesetzen und anderen Urteilskriterien unterliegt als die Geschichte der Juden.

Noch ein technischer Hinweis: Aus Respekt vor der Gepflogenheit der einzelnen Autoren wurden die Schreibweise der Eigennamen und die Zitierweise der Biblischen Schriften nicht vereinheitlicht. Verständnisschwierigkeiten werden dadurch kaum entstehen.

Franz J. Bautz

Rolf Rendtorff

Der Gott der Bibel

I

Die jüdische Geschichte begann vor mehr als dreitausend Jahren – irgendwo in den Wüsten- und Steppengebieten der Arabischen Halbinsel. Die Bibel nennt als Heimatort Abrahams sogar die Stadt Ur in Chaldäa, nahe der Mündung des Euphrat, nicht weit entfernt vom Schatt-el-Arab, wo kürzlich die Kämpfe zwischen dem Irak und dem Iran tobten. Ur war schon mehr als tausend Jahre früher Mittelpunkt einer blühenden Kultur.

Aber die Vorväter der Israeliten hatten an dieser Kultur wohl kaum unmittelbar Anteil. Die Bibel gibt ein zutreffenderes Bild, wenn sie uns die Väter Abraham, Isaak und Jakob mit ihren Familien in Nomadenzelten zeigt. Sie waren Wanderhirten, die in der winterlichen Regenzeit mit ihren Herden in den Steppengebieten an den Rändern der Wüste lebten; im Sommer, wenn die vom dürren Boden gespeicherte Feuchtigkeit nach und nach versiegte und auch die genügsamen Schafe und Ziegen keine Nahrung mehr fanden, mußten sie in das bebaute Land hineinziehen, um dort ihre Herden auf den abgeernteten Feldern weiden zu lassen.

Das historische Bild der Väter Israels bleibt uns im einzelnen undeutlich. Aber eins hebt sich klar heraus: daß ihr Leben von einer bestimmten Gottesbeziehung geprägt war. Die Genesis (das erste Buch Mose) spricht oft vom „Gott der Väter“, und sie zeigt ihn als einen Gott, der mit den Seinen mitzieht und sie auf ihren Wegen begleitet und geleitet. Ein typisch nomadischer Gott, könnte man sagen. Ein Gott, der nicht an einen festen Ort gebunden ist, der keinen steinernen Tempel hat, sondern dem man hier und da, wo immer es sich gerade ergibt, aus rasch zusammengesuchten

Steinen einen Altar errichten kann. Und vor allem: ein Gott, neben dem man keine anderen Götter braucht. Das Leben der Nomaden vollzieht sich in einem überschaubaren, deutlich abgegrenzten Rahmen. Der Stamm und sein Gott gehören zusammen – mehr bedarf es nicht.

Später, im Buch Exodus (dem zweiten Buch Mose) zeigt sich ein anderes Gottesbild. Dort wird berichtet, wie die Israeliten auf ihrem Zug durch die Wüste an den Berg Sinai kommen und dort einem Gott begegnen, der gefährliche und drohende Züge hat, der ein fordernder, ja ein „eifersüchtiger" Gott ist. Auch er will allein verehrt werden. Aber hier klingt es härter und ausschließlicher: „Du sollst keine anderen Götter haben neben mir." Und dazu die andere Forderung: „Du sollst dir kein Bild machen." (2. Mose 20, 3f.) Dieser Gott will nicht in Bildern verehrt werden, die von Händen gemacht sind. Er will auch nicht, daß man ihn sich dadurch verfügbar zu machen versucht, daß man mit dem Gottesbild magische Praktiken vollzieht. Das heißt keineswegs, daß es ein rein „geistiges" Gottesbild gewesen wäre – der Satz des Johannesevangeliums „Gott ist Geist" ist noch in sehr weiter Ferne. Aber es heißt, daß dieser Gott nicht manipulierbar ist, daß er nicht dazu da ist, sich nach den Wünschen seiner Anhänger zu richten.

Im Grunde sind aber diese beiden Gottesbilder gar nicht so weit voneinander entfernt. Vielleicht sind es überhaupt nur zwei verschiedene Seiten des Wesens des einen Gottes. Die Israeliten haben es jedenfalls so verstanden, und sie haben schon am Anfang des Buches Exodus die Verbindung dieser beiden Gottesbilder vollzogen. Mose soll zu den Israeliten sagen: „Der Gott eurer Väter hat mich zu euch gesandt". Und wenn sie dann fragen: „Wie heißt denn dieser Gott?", dann soll er sagen: „Ich bin" hat mich zu euch gesandt. (2. Mose 3, 13f.)

„Ich bin", oder vielleicht noch besser: „Ich bin da" – hebräisch *ähjäh,* das klingt an den Namen des Gottes vom Sinai an, jenen Namen, dessen genaue Aussprache wir nicht kennen, weil die Juden es später vermieden, ihn auszusprechen. ‚Jahwä' oder ähnlich mag er geklungen haben – aber bestimmt nicht ‚Jehova', wie ahnungslose Christen ihn später verballhornt haben. Die Juden sagten einfach ‚der Herr', wenn der Gottesname im Text geschrieben war, und so ist es bis heute in unseren Übersetzungen geblieben.

„Ich bin, der ich bin" – oder besser: „Ich werde dasein, als der ich dasein werde"; dynamisch, nicht statisch; keine Aussage über das „Wesen" Gottes, sondern darüber, wie er den Menschen begegnet: er ist da – für die Menschen, aber nicht zu ihrer beliebigen Verfügung; und er wird da sein, auch in Zukunft; ja dies ist gerade sein entscheidendes Charakteristikum: daß er da sein *wird*, in *alle* Zukunft.

II

Das Leben der Nomaden war oft gefährdet und bedroht. Besonders kritisch wurde ihre Situation, wenn es in einem Jahr zu wenig oder gar keinen Regen gab. Dann boten die kargen Weidegebiete bald nicht mehr genug Nahrung für die Herden, und Tiere und Menschen waren vom Hungertod bedroht. Wenn es gar mehrere solcher Jahre gab, womöglich sieben „magere Jahre", dann wurde ihre Lage ganz unhaltbar. Für die Nomaden im Umkreis des Landes Kanaan gab es dann nur noch eine Rettung: Ägypten. Denn das Land Ägypten war nicht vom Regen abhängig. Jedes Jahr brachte der Nil mit seinen Überschwemmungen dem Land die Fruchtbarkeit, und in dem weiten, wenig besiedelten Mündungsdelta des Nil gab es viel Platz und Futter für die Herden. Aber es war gar nicht so leicht, nach Ägypten hineinzukommen; denn die Ägypter hatten ihre Grenzen hermetisch abgeschlossen und ließen nur hinein, wen sie wollten. Und wer einmal drin war, kam nicht so leicht wieder heraus. Denn die Ägypter benutzten Nomaden, die sich in Dürrezeiten in ihr Land flüchteten, als unbezahlte Arbeitskräfte, vor allem zum Bau militärischer Anlagen.

So ging es auch den israelitischen Stämmen. Schon von Abraham wird berichtet, daß er während einer Hungersnot nach Ägypten gezogen sei, und dann vor allem von den zwölf Söhnen Jakobs: Joseph und seinen Brüdern. Erst mußten sie nach Ägypten ziehen, um sich und ihre Herden am Leben zu erhalten – und dann mußten sie für den Pharao Frondienste leisten. Und alle Versuche, das Land auf friedlichem Wege wieder zu verlassen, scheiterten.

Dies war die Stunde Moses. Seine Herkunft liegt im Dunkeln, und seine Geburt ist vom Geheimnis umgeben. Er trägt einen ägyptischen Namen – war er selbst ein Ägypter? Aber er fühlte sich zu den unterdrückten und versklavten Israeliten gehörig, und er wurde ihr Anführer. Im Buch Exodus wird von hochdramatischen Auseinandersetzungen zwischen Mose und dem Pharao berichtet. Und es wird geschildert, wie Gott selbst in das Geschehen eingriff und eine Plage nach der anderen über die Ägypter kommen ließ, um den Pharao zur Freilassung der Israeliten zu zwingen. Erst die letzte, furchtbarste Plage, die Tötung aller Erstgeborenen in Ägypten, vermochte den Pharao umzustimmen – und auch dann noch besann er sich bald eines anderen und ließ die ausziehenden Israeliten von einer Streitwagentruppe verfolgen. Und noch einmal berichtet die Bibel von einem Wunder: Das Meer teilte sich, und die Israeliten zogen trockenen Fußes hindurch; aber dann strömte das Wasser wieder zurück und begrub die ägyptischen Verfolger unter sich.

Dieses Ereignis hat in der jüdischen Tradition tiefe Spuren hinterlassen. Der älteste Psalm, der uns in der Bibel überliefert ist, spiegelt es wider. Er hat nur wenige Worte: „Singet dem Herrn, denn hoch erhaben ist er; Roß und Reiter warf er ins Meer." (2. Mose 15, 21) Der Dekalog, die Zehn Gebote, beginnen mit dem Satz: „Ich bin der Herr, dein Gott, der ich dich aus dem Lande Ägypten, aus dem Sklavenhause, herausgeführt habe" (2. Mose, 20,2); und viele Gebote werden damit begründet, wie z.B. dies: „Einen Fremdling sollt ihr nicht bedrücken ..., denn ihr seid selbst Fremdlinge gewesen in Ägypten." (2. Mose 19, 33f.) Das Gebot der Nächstenliebe, ja der Fremdenliebe hat hier seine Wurzeln. Und schließlich feiern die Juden in aller Welt bis heute in jedem Jahr das Passafest, so wie sie es in Ägypten am Abend vor dem Auszug gefeiert haben.

Mose ist die beherrschende Gestalt dieser Epoche der jüdischen Geschichte. Er ist der Führer beim Auszug, der von Gott gesandte Retter. Aber sein Bild hat noch eine andere Seite: Er ist es auch, der von Gott am Sinai die Gesetzestafeln empfängt, der dem Volk die Gebote Gottes verkündigt und der als Mittler den Bund zwischen Gott und dem Volk schließt. Er ist die große Mittlergestalt am Anfang der Geschichte zwischen Gott und Israel. Und die Tora, die göttliche Weisung, bleibt mit seinem Namen verbunden: sie ist die „Tora Moses vom Sinai".

Dies ist ein entscheidender Punkt in der Geschichte der jüdischen Religion. Denn die Tora wird mehr und mehr zu ihrem bestimmenden und prägenden Grundelement, zur Grundlage und Richtschnur alles jüdischen Glaubens und Lebens. Tora heißt Weisung: sie ist Weisung zum Leben, Licht auf dem Wege, Grund zum Dank und zur Freude. Am letzten Tag des Zyklus der großen Jahresfeste vom Neujahr bis zum Laubhüttenfest feiern die Juden bis heute das Fest der Gesetzesfreude, simchat tora. Wer an diesem Tag nach Jerusalem kommt, kann es erleben, wie nicht nur in allen Synagogen, sondern auch auf den Straßen der ganzen Stadt mit den Torarollen getanzt wird – übrigens ein guter Anschauungsunterricht für Christen, die im Religionsunterricht gelernt haben, daß die Juden ständig unter der Last des Gesetzes seufzen. Ein tiefergehendes Mißverständnis der jüdischen Religion, als es in diesem christlichen Vorurteil zum Ausdruck kommt, ist kaum mehr möglich.

III

Abraham und Mose sind die beiden großen Gestalten der Frühzeit der jüdischen Geschichte. Abraham, der Vater, von dem später der Jude Paulus sagen kann, daß er der Vater aller Glaubenden geworden sei – und Mose, der Mittler, durch den Israel die Tora empfangen hat. In diesen beiden Gestalten hat Israel sich selbst vorgezeichnet gefunden, an ihnen hat es sich immer wieder orientiert und nach ihrem Vorbild die eigene Gegenwart zu gestalten sich bemüht.

Es ist eigenartig, daß diese richtungweisenden Gestalten einer Epoche angehören, in der Israel noch unterwegs war, in der es noch nicht „zur Ruhe gekommen“ war, wie es später oft heißt. Denn der entscheidende Schritt stand ja noch bevor: der Übergang vom Nomadendasein zu einem Leben im Land, mit festen Wohnsitzen und einer bäuerlichen Lebensführung. Wir wissen nicht, was die israelitischen Stämme zu diesem Wechsel der Lebensform veranlaßt hat. Denn es ist ja keineswegs so, daß alle Nomaden (oder Beduinen, wie wir die heutigen arabischen Nomaden zu nennen pflegen) eigentlich lieber seßhafte Bauern sein möchten und nur auf eine Gelegenheit warten, diesen Wechsel zu vollziehen. Die heutigen Versuche, Beduinen seßhaft zu machen, zeigen eher das Gegenteil. Es sind zwei verschiedene Lebensformen, die unter normalen Bedingungen nicht einfach austauschbar sind. Vielleicht waren es klimatische Veränderungen oder irgendwelche anderen Gründe, die wir nicht kennen, die schließlich dazu geführt haben, daß die israelitischen Nomadenstämme im Land Kanaan, in dem sie bis dahin nur ihre Sommerweiden gehabt hatten, seßhaft wurden.

Wir wissen auch nicht, wie sich dieses Seßhaftwerden im einzelnen vollzogen hat. Es spricht vieles dafür, daß es ein allmählicher Vorgang war, der sich über einen längeren Zeitraum erstreckte, und daß er auch nicht in allen Teilen des Landes und bei allen beteiligten Stämmen gleich verlief. Denn die Stämme, die wir als „israelitisch“ zu bezeichnen pflegen, hatten um diese Zeit wahrscheinlich nur einen lockeren Zusammenhang untereinander und führten mehr oder weniger ihr Eigenleben. Wahrscheinlich verlief dieser Vorgang im allgemeinen ziemlich undramatisch. Die Nomaden gingen den Weg des geringsten Widerstandes. Sie siedelten sich dort an, wo Platz war und wo sie mit niemandem in Konflikt kamen. Im Buch Josua wird ausdrücklich berichtet, daß sie oft erst Wald roden mußten, um Siedlungsraum zu gewinnen.

Gewiß kam es hie und da auch zu kriegerischen Auseinandersetzungen mit den Bewohnern des Landes, den Kanaanäern. Die rückschauende und zusammenfassende Darstellung des Josuabuches betont diesen Aspekt aber viel zu sehr. Zugleich läßt sie jedoch erkennen, wie begrenzt die Möglichkeiten der israelitischen Nomaden zu militärischer Eroberung des Landes waren: immer wieder wird betont, daß die Kanaanäer „eiserne Wagen" hatten, d.h. von Pferden gezogene Kriegswagen, denen die Israeliten nichts entgegenzusetzen hatten. So blieben große Teile des Landes zunächst im Besitz der Kanaanäer. Man lebte schiedlich-friedlich nebeneinander.

Dieses Nebeneinanderleben brachte für die Israeliten aber neue Probleme mit sich. Ihre Religion war ganz auf ihr nomadisches Leben ausgerichtet. Ihr Gott war ein Führungsgott, der auf ihrem Weg mit ihnen zog und sie vor Gefahren schützte. Auch für die Fruchtbarkeit der Herden konnte man ihn in Anspruch nehmen. Aber nun entstanden ganz neue Lebensbereiche. Ackerbau und Weinbau wurden die Lebensgrundlagen, und die Fruchtbarkeit des Bodens war die entscheidende Voraussetzung dafür. Für diese Bereiche hatten aber die Kanaanäer ihre Götter, Fruchtbarkeitsgötter könnte man sie nennen, die hier sozusagen zuständig waren.

Es hätte nahegelegen, daß die einwandernden Israeliten die Zuständigkeit dieser Götter anerkannt hätten. Das wäre der normale religionsgeschichtliche Vorgang gewesen, wie man ihn an vielen Stellen beobachten kann: daß eine neu einwandernde Bevölkerungsgruppe zusammen mit den örtlichen Heiligtümern auch die dort ansässigen Götter übernimmt. Auch unter den Israeliten war die Neigung dazu zweifellos vorhanden. Noch viele Jahrhunderte später klagt der Prophet Hosea, daß Israel nicht erkannt hat, daß Jahwe es ist, der ihm das Korn, den Wein und das Öl gibt (Hos 2, 10). Aber das stand im Widerspruch zu der Forderung, keine anderen Götter neben diesem einen Gott zu verehren, der am Sinai seinen Bund mit Israel geschlossen hatte. Das Problem wurde noch dadurch verschärft, daß die Kanaanäer ein ganz anderes Gottesverständnis hatten. Bei ihnen gab es viele Götter; jeder hatte seinen Zuständigkeitsbereich. Und es gab nicht nur Götter, sondern auch Göttinnen, und die Beziehungen zwischen ihnen wurden genauso vorgestellt wie die geschlechtlichen Beziehungen zwischen Menschen. Mythische Texte sprachen von der geschlechtlichen Vereinigung von Göttern; Kultbilder und Symbole zeigten die Götter mit ausgeprägten Geschlechtsmerkmalen; und der Kult hatte nicht zuletzt die Funktion, die geschlechtlichen Beziehungen der Götter gleichsam nachzuspielen in heiligen Hochzeiten und kultischer Prostitution.

Dies alles war mit dem Glauben an Jahwe, den Gott Israels, gänzlich unvereinbar. Zudem gab es unter den kanaanäischen Göttern einen, der sich bald als besonders gefährlicher Gegner Jahwes herausstellen sollte: Baal, der in vielerlei Gestalt die Fruchtbarkeitssymbolik verkörperte. Von ihm erzählt der Mythos, daß er jedes Jahr einen Kampf auf Leben und Tod mit dem Gott des Todes kämpfen mußte, dessen tödliche Waffe die alles verdorrende Sommerhitze war – und erst wenn Baal gesiegt hatte, konnte es wieder Regen und neues Leben in der Natur geben. Und der Kampf Baals, den er auch noch gegen andere Götter zu führen hatte, ging letztlich um die Frage, wer unter den Göttern herrschen sollte, wer der König unter den Göttern war. Im Mythos der Kanaanäer blieb am Schluß immer wieder Baal der Sieger – er war der König der Götter.

Ein Nebeneinander von Jahwe und Baal konnte es auf die Dauer nicht geben. Es ist gut vorstellbar, daß die Israeliten an den verschiedenen Heiligtümern des Landes sehr unterschiedlich mit diesem Problem umgingen. Es gab keine zentrale religiöse Instanz, die für alle verbindliche Anweisungen und theologische Begründungen hätte geben können. Zudem spielte auch die Politik mit hinein. Das zeigte sich einige Jahrhunderte später im Kampf des Propheten Elia gegen den Baalskult auf dem Karmel (1. Kön 18). Damals hatte der König Ahab eine kanaanäische Königstochter geheiratet, Isebel aus Sidon, und die offizielle Pflege des Baalskultes war Bestandteil seiner Koalitionspolitik mit dieser wichtigen kanaanäischen Küstenstadt. Elia formulierte die Alternative ‚Jahwe oder Baal' in einer Schärfe, die die Gefährdung der israelitischen Religion durch den Baalskult deutlich erkennen läßt.

Die Chancen in diesem Streit schienen, religionsgeschichtlich betrachtet, eindeutig zugunsten Baals zu stehen. Er war der König in einem großen Götterpantheon; man schrieb ihm die entscheidende Macht über die Natur zu, nämlich die Verfügung über den Regen, von dem alle Fruchtbarkeit abhing, und man nannte ihn den „Himmelsbaal"; und schließlich wurde er von Nordsyrien bis an die Grenze Ägyptens verehrt, d.h. überall dort, wo die kanaanäische und die mit ihr eng verwandte aramäische Sprache und Kultur herrschten. Jahwe dagegen war ein Wüstengott, der nur von einer kleinen Gruppe nomadischer Stämme verehrt wurde und dem man keinerlei ähnlich umfassende Macht über die Natur zuschrieb. Vollends konnte er nicht als König über andere Götter verstanden werden, weil seine Verehrer gar keine anderen Götter anerkannten.

Es ist ein faszinierender und, soweit wir wissen, religionsgeschichtlich einmaliger Vorgang, daß dieser Wüstengott gleichsam als Einzelkämpfer über ein ganzes Pantheon den Sieg davongetragen hat. Er konnte diesen Sieg nur dadurch erringen, daß all die Eigenschaften und Funktionen, die man anderen Göttern zuschrieb, nach und nach auf ihn vereinigt wurden. Dabei mußten sie zugleich noch von all den Elementen befreit werden, die mit dem Wesen Jahwes unvereinbar waren, z.B. die geschlechtliche Polarität und die bildliche Darstellung.

Wir finden im Alten Testament zahlreiche Spuren dieses Vorgangs. Vor allem die Psalmen lassen erkennen, wie sich das Bild des israelitischen Gottes verändert und erweitert hat. So wird er als König gepriesen, und zwar ausdrücklich als König über die Götter. Aber sofort hinterher heißt es: „Alle Götter der Völker sind Nichts" (Ps 96, 5) – am besten würde man übersetzen „Nichtse", Nichtigkeiten, und das heißt vor allem: Nicht-Götter. Daß Jahwe König ist, heißt hier also in Wirklichkeit gar nicht mehr, daß er über ein Pantheon von anderen Göttern herrscht; das Reden von den Göttern ist nur noch eine rhetorische Figur. Er herrscht über die ganze Welt und über alle Völker.

Seine Überlegenheit über die anderen Götter wird auch begründet: „er hat den Himmel gemacht". Dies ist wohl der entscheidende neue Zug im Bild des israelitischen Gottes: daß er der Schöpfer des Himmels und der Erde ist. Damit hat er den Himmelsbaal abgelöst und zugleich einen anderen Gott, der einfach nur „El", nämlich „Gott" hieß und der im kanaanäischen Pantheon eine Art Seniorchef war, der zwar noch den Titel des „höchsten Gottes" trug und als Schöpfer der Welt betrachtet wurde, im übrigen aber die Regierungsgeschäfte dem jüngeren, dynamischen Baal überließ. Der israelitische Gott vereinigte nun die Züge dieser wichtigsten kanaanäischen Götter auf sich und machte sie damit alle überflüssig.

Erst viel später wurde den israelitischen Theologen bewußt, daß mit diesem Sieg ihres Gottes über die anderen Götter ein neues Problem entstanden war. Wenn dieser Gott, Jahwe, der *einzige* Gott und damit auch der Herr der Welt und aller Völker war – wie konnte er dann noch zugleich der Gott Israels sein? Wie ließ sich dieses universalistische Gottesverständnis mit dem überkommenen Glauben Israels in Einklang bringen, daß es eine ganz besondere Beziehung zwischen diesem Gott und seinem Volk gab – einem Volk, das genau wußte, daß es eines der kleinsten unter den Völkern war und eines der schwächsten?

Die Antwort darauf finden wir im Deuteronomium, dem 5. Buch Mose, einem theologischen Werk, in dem der Glaube und das theologische Denken von Jahrhunderten ihren zusammenfassenden Ausdruck gefunden haben. Dort heißt es, daß dieser Gott das Volk Israel aus allen Völkern „erwählt" hat. Dieser Gedanke der Erwählung Israels ist also keineswegs ein uraltes Grundelement der israelitischen Religion. Er kann es schon deshalb nicht sein, weil in der Frühzeit Israels die anderen Völker gar nicht zum Zuständigkeitsbereich des Gottes Jahwe gehörten; er hätte also aus ihnen gar nicht auswählen oder erwählen können. Erst die universalistische Ausweitung des Gottesverständnisses machte diesen Gedanken möglich.

So enthält die neue Gottesvorstellung, die das Problem ausgelöst hat, auch schon den Ansatz zu seiner Lösung: *Weil* Gott der Herr über alle Völker ist, *darum* kann er auch eines auswählen und einen besonderen „Bund" mit ihm schließen. Doch daraus ergeben sich wieder neue Probleme: Zum einen die Frage: „Warum?" Was veranlaßt Gott, gerade dieses Volk auszuwählen und eine besondere Beziehung zu ihm herzustellen? Zum andern die Gefahr, daß Israel überheblich werden könnte, daß es in einen „Erwählungsdünkel" verfallen könnte, wie ihn viele christliche Theologen bei den Juden glauben feststellen zu können.

Die deuteronomischen Theologen haben diese Probleme gesehen und ihre Antwort darauf gegeben. Sie haben den Israeliten nachdrücklich eingeschärft, daß sie sich nicht einbilden sollten, daß Gott sie auf Grund ihrer eigenen Verdienste erwählt habe: weder auf Grund der Größe ihres Volkes – denn es ist ja das kleinste unter den Völkern (5. Mose 7, 6ff.) –, noch auf Grund ihrer Kraft, – denn seit ihrem Auszug aus Ägypten wären sie schon längst umgekommen, wenn Gott ihnen nicht geholfen hätte (8, 17f.); noch geschweige denn wegen ihrer besonderen Gerechtigkeit – denn nur allzu oft haben sie sich gegen Gott aufgelehnt (9, 4ff.). Der Grund ist ein ganz anderer: die Treue Gottes. Er hat den Vätern Abraham, Isaak und Jakob zugesagt, mit ihnen und ihren Nachkommen zu sein und ihnen das verheißene Land zu geben. Diese Zusage hat Gott gehalten: darum ist und bleibt er der Gott Israels.

IV

Wir haben jetzt aber weit vorgegriffen in der Geschichte Israels. Denn dies alles war die Entwicklung von Jahrhunderten, nachdem die Israeliten im Lande Kanaan, das sie selbst das „Land Israel" nannten, ansässig geworden waren. Inzwischen hatte sich der gesellschaftliche und politische Rahmen ihres Lebens tiefgreifend gewandelt.

Zunächst waren die israelitischen Stämme ohne eine feste gemeinsame Organisation ins Land gekommen. Daran änderte sich zunächst auch wenig. Die Stämme führten mehr oder weniger ihr Eigenleben und konsolidierten sich nach und nach auf dem Territorium, das sie besiedelt hatten. Dabei waren ihre Schicksale sehr verschieden je nach den Bedingungen, die sie vorgefunden hatten. Einige kleinere Stämme, vor allem im Norden, lebten in mehr oder weniger starker politischer und ökonomischer Abhängigkeit von kanaanäischen Stadtstaaten, vor allem von den mächtigen phönikischen Küstenstädten. Andere Stämme, die sich auf dem bewaldeten Gebirge durch Rodung unabhängige Siedlungsgebiete geschaffen hatten, konnten sich frei entfalten. So wurden die Stämme auf dem Gebirge bald die dominierenden: Juda im Süden, Ephraim und Manasse im Norden.

Was die Stämme miteinander verband, war zunächst das Bewußtsein ihrer nomadischen Herkunft. Dadurch unterschieden sie sich von den Kanaanäern, die schon lange im Lande lebten. Zu dieser Unterschiedenheit gehörte auch die Religion, die in der Antike noch viel stärker als heute als Unterscheidungs- und Trennungsmerkmal zwischen verschiedenen Menschengruppen wirkte. Deshalb verstanden sich die Israeliten als eine religiöse Gemeinschaft, wenn dies auch noch kaum in einer gemeinsamen Organisation zum Ausdruck kam.

Auch das Rechtsleben war ein verbindendes Element. Jede Gemeinschaft braucht für ihr Zusammenleben rechtliche Regelungen. Ein Wechsel der Lebensform vom nomadischen Hirtendasein zum seßhaften Bauernleben verändert aber die Voraussetzungen und Bedingungen des Zusammenlebens und erfordert deshalb neue Rechtsformen und -inhalte. Einerseits mußte das mitgebrachte Recht der israelitischen Stämme den veränderten Verhältnissen angepaßt werden, andererseits mußten für neue Lebensbereiche neue Regeln gefunden werden, für die sich Vorbilder im kanaanäischen Recht fanden. Vielleicht war es die Aufgabe der „Richter", von denen das Alte Testament spricht, für diese neue Rechtsentwicklung zu sorgen; doch wir wissen wenig Genaues über ihre Tätigkeit. Aber die Sammlungen von Rechtssätzen, die wir an verschiedenen Stellen des Alten Testaments finden (z.B. 2. Mose 20–23), lassen diese Entwicklung des Rechtswesens deutlich erkennen.

Im Richterbuch des Alten Testaments ist noch von einer anderen Art von „Richtern" die Rede, die wir die „Großen Richter" zu nennen pflegen – „groß" zunächst einfach deshalb, weil mehr von ihnen berichtet wird als von den „Kleinen Richtern"; dann aber auch deshalb, weil ihre Tätigkeit viel größere und erkennbare Wirkungen gehabt hat. Ehud, Gideon, Jephta und andere waren Heerführer im Kampf gegen feindliche Angriffe und Unterdrückung. Aber sie hatten kein ständiges Heer von Berufssoldaten zu ihrer Verfügung, sondern sie mußten erst die waffenfähigen Israeliten zum

Heerbann aufrufen, wenn die Not es erforderte. Und sie waren auch selbst nicht Inhaber eines ständigen Amtes, sondern sie traten spontan auf. Der „Geist des Herrn“ ergriff sie, wie das Richterbuch sagt; sie waren „charismatische Heerführer“, wenn man es religionssoziologisch ausdrückt. Die Feinde, gegen die sich die Israeliten unter ihrer Führung zur Wehr setzen mußten, kamen teilweise von außen: die räuberischen Beduinenhorden der Midianiter, gegen die Gideon kämpfte, oder die ostjordanischen Nachbarn, die Moabiter und Ammoniter, gegen die Ehud und Jephta den Heerbann aufboten.

Aber die großen Bedrohungen kamen aus dem Lande selbst. Unter der charismatischen Führung der Prophetin Debora mußten sich die Israeliten dem Kampf gegen die Kanaanäer um die Vorherrschaft im Lande stellen. Und schließlich kam es zu der entscheidenden Auseinandersetzung mit den Philistern, einer fremden Bevölkerungsgruppe, die sich in der südlichen Küstenebene angesiedelt hatte und von dort aus das ganze Land unter ihre Herrschaft zu bringen versuchte. Jetzt zeigte sich, daß der Zusammenschluß der Stämme nicht fest genug war und daß eine dauerhafte Führung fehlte, um diese Bedrohung abzuwehren. Deshalb beschloß die Versammlung der Stämme, den charismatischen Heerbannführer Saul zum König zu erheben und dadurch die Kontinuität der Führung und der gemeinsamen politischen und militärischen Organisation sicherzustellen.

Saul scheiterte im Kampf gegen die Philister. Aber die Weichen waren gestellt: der israelitische Stämmeverband war zum Königtum geworden. Der nächste König, der Judäer David, gab diesem Königtum in Kürze die Gestalt, die es für die weitere Zukunft beibehalten sollte. Er schuf nicht nur eine straffe politische, administrative und militärische Organisation im Innern, sondern er dehnte auch durch erfolgreiche Kämpfe mit den Nachbarn sein Herrschaftsgebiet aus: Zunächst unterwarf er die Philister, dann die ostjordanischen Nachbarn und schließlich sogar Teile der aramäischen Staaten in Syrien. Sein Sohn und Nachfolger Salomo führte vor allem die innere Konsolidierung fort: in der Verwaltung, in der Wirtschaft, im geistigen und nicht zuletzt im religiösen

Leben durch den Ausbau des Tempels in der Hauptstadt Jerusalem.

Diese Jahrzehnte der Herrschaft Davids und Salomos – das Alte Testament spricht von zweimal vierzig Jahren – haben nicht nur die folgenden Jahrhunderte bestimmt. Sie haben einen nicht abzuschätzenden Beitrag zur nationalen und religiösen Konsolidierung des jüdischen Volkes geleistet – und sie haben Jerusalem zu dem gemacht, was es bis heute ist: Mittelpunkt der jüdischen Religion, Ausgangspunkt des Christentums und eines der wichtigsten Heiligtümer des Islam.

Aber diese große Epoche endete auch schon mit dem Tode Salomos im Jahre 926 v. Chr. Das Reich brach auseinander, die Nordstämme sagten sich von der Herrschaft der judäischen Dynastie Davids los und gründeten ein eigenes Königtum, dem sie eine neue Hauptstadt gaben – später wurde es Samaria – und neue Heiligtümer in Bethel und ganz im Norden in Dan. Für dieses Königreich nahmen sie den Namen „Israel" in Anspruch. Jerusalem war jetzt nur noch die Hauptstadt des südlichen Restreiches Juda.

Aber hier zeigt sich nun eine eigenartige Entwicklung. Obwohl das Nordreich politisch und militärisch dominierte, blieb Jerusalem das geistige und religiöse Zentrum. Der Name „Israel" bekam einen doppelten Sinn: Zum einen bezeichnete er das nördliche Königreich, dem das südliche Königreich Juda gegenüberstand. Zugleich blieb er aber die Bezeichnung für das *ganze* Volk, das aus den zwölf Stämmen herausgewachsen war, und für seine Traditionen – vor allem im religiösen Sprachgebrauch. Der Tempel in Jerusalem blieb der Ort, an dem die gemeinsamen religiösen Traditionen des ganzen Israel gesammelt, bewahrt und im Gottesdienst lebendig erhalten wurden. Die Psalmen, die man als Gesangbuch der Tempelgemeinde von Jerusalem bezeichnen kann, sind dafür ein beredtes Zeugnis. Sie sprechen nie von Israel im begrenzten politischen Sinne, sondern immer vom ganzen Israel im Sinne der religiösen Tradition. Insofern blieb Jerusalem trotz der Trennung der beiden Königreiche die geistige und religiöse Hauptstadt ganz Israels.

Deshalb wurde die Rolle Jerusalems durch die politische Entwicklung der kommenden Jahrhunderte nicht entscheidend verändert. Die Staaten Israel und Juda gerieten mehr und mehr unter den Einfluß des im Zweistromland neuentstehenden assyrischen Großreiches. Schließlich fiel das Nordreich Israel im Jahre 722 v. Chr. dem Zugriff der Assyrer zum Opfer. Es wurde zur assyrischen Provinz Samaria; ein Teil der israelitischen Bevölkerung wurde deportiert, und fremde Bevölkerungsgruppen wurden angesiedelt. So war dieses Gebiet aus der gemeinsamen israelitischen Geschichte herausgebrochen worden, und damit war zugleich der Keim für die späteren spannungsreichen Auseinandersetzungen zwischen Judäern und Samariern – oder, wie man auch sagen kann: zwischen Juden und Samaritanern gelegt.

Juda blieb ein kleiner assyrischer Vasallenstaat, dem aber sein eigenes Königtum belassen wurde. So konnte sich das geistige und religiöse Leben in Jerusalem weiter entfalten, und es gelangte gerade in dieser Zeit zu einer neuen Blüte. Die Bedeutung Jerusalems wurde weiter gestärkt, indem es jetzt zum einzigen legitimen Kultzentrum der israelitischen Religion erklärt wurde. Einer der letzten Könige Judas, Josia, führte eine grundlegende Kultreform durch, die jeglichen Opferkult außerhalb Jerusalems verbot. Diese Kultreform stand in engem Zusammenhang mit der theologischen Konzeption des Deuteronomiums, des fünften Buch Mose, von der wir schon gesprochen haben: Der *eine* Gott soll nur an *einem* Heiligtum kultisch verehrt werden. Damit sollte zugleich der Gefahr begegnet werden, daß in den kleineren Heiligtümern draußen im Lande synkretistische Mischformen zwischen israelitischer und kanaanäischer Religion weitergepflegt wurden.

In diesen bewegten Jahrhunderten wurde das religiöse Leben in Israel schließlich noch durch eine bedeutende Erscheinung bestimmt: die Prophetie. Seit Beginn der Königszeit berichtet das Alte Testament immer wieder davon, daß Menschen aufgetreten seien, die im Namen Gottes sprachen, ohne ein bestimmtes kultisches Amt zu bekleiden. Ihre Legitimation lag nur in dem Anspruch, mit dem sie auftraten, wenn sie ihre Reden mit den Worten begannen: „So spricht der Herr." Zunächst traten sie vor allem den Königen entgegen – so der Prophet Nathan gegenüber David nach dessen Ehebruch mit Bathseba, deren Mann er hatte hinterrücks ermorden lassen; oder der Prophet Elia gegenüber dem König Ahab und seiner kanaanäischen Frau Isebel, die den Baalskult in Israel durchzusetzen versuchte. Sie durchkreuzten das Bündnis von Thron und Altar, indem sie dem König im Namen Gottes Dinge sagten, die er nicht hören wollte, und ihm nicht Sieg und Erfolg ankündigten, sondern Unheil als Gericht Gottes.

In den folgenden Jahrhunderten wird dann von Propheten berichtet, die ihre Kritik und ihre Gerichtspredigt nicht nur an die Herrschenden richteten, sondern die das Volk als ganzes anredeten und ihm sein Abweichen von dem Wege Gottes vorhielten. Amos war der erste unter ihnen, und seine Kritik hatte vor allem eine soziale Spitze: Die alte Gesellschaftsordnung, in der jeder seinen Anteil am Land hatte, der ihn und seine Familie ernähren konnte, war in Auflösung begriffen; Bodenspekulation und Bauernlegen griffen um sich, unlautere Handelspraktiken und Zinswucher führten zu immer schärferen sozialen Gegensätzen, zu einem Gegenüber von Armen und Reichen, das es in Israel nie gegeben hatte und nach seiner religiös begründeten Gesellschaftsordnung nicht geben sollte. Sein Zeitgenosse Hosea griff vor allem den wieder neu um sich greifenden Baalskult an, wie es schon Elia getan hatte; aber nun war es nicht nur das Königshaus, gegen das sich die Anklage richtete, sondern ganz Israel. Bei Jesaja steht die Forderung im Mittelpunkt, sich angesichts der heraufziehenden assyrischen Bedrohung nicht auf militärische Macht und Koalitionspolitik zu verlassen, sondern an die alten israelitischen Traditionen anzuknüpfen, nach denen Gott selbst den Schutz und die Verteidigung seines Volkes übernimmt.

Ihnen allen ist gemeinsam, daß sie dem Volk Israel ankündigen, daß Gott sein Verhalten nicht länger dulden werde. Sie kündigen das göttliche Gericht über Israel an, insbesondere die Vertreibung aus dem Lande, das Gott dem Volk einst gegeben hatte. Man muß ihre Stellung im Ganzen des religiösen Lebens Israel genau bedenken. Sie verkündigen nicht eine neue, „prophetische" Religion, sondern sie setzen die Religion Israels, wie sie uns aus anderen Schriften des Alten Testaments in ihrer Vielfalt entgegentritt, voraus und klagen ihre Zeitgenossen an, daß sie sich von ihr entfernt und ihren Forderungen zuwider gehandelt haben. Sie sind also nicht Neuerer oder gar Revolutionäre, sondern viel eher Bewahrende; wenn sie Israel zur Umkehr auffordern, dann meinen sie Rückkehr zu den alten Grundlagen der israelitischen Religion.

In einem allerdings sind diese Propheten Neuerer: Sie sprechen nicht nur vom Handeln Gottes in der Vergangenheit, in den großen heilsgeschichtlichen Taten der Frühzeit: der Herausführung aus Ägypten, der Führung in der Wüste und der Hineinführung in das verheißene Land; sondern sie erwarten ein neues, noch bevorstehendes Handeln Gottes in der Zukunft, der näheren und der ferneren. Angesichts des Zustandes, in dem sie ihr Volk sehen, erwarten sie dieses Handeln Gottes zunächst als Unheil, als Gericht. Aber dabei bleibt es nicht; das Gericht ist nicht Selbstzweck und nicht das eigentliche Ziel des Handelns Gottes, sondern nach dem Gericht folgt wieder das Heil. Die Propheten erwarten, daß es einen neuen Anfang geben wird, daß die Heilsgeschichte Gottes mit Israel gleichsam noch einmal von vorne beginnt, daß Gott Israel von seinen Sünden reinigt, daß er ihm zur Umkehr verhilft, daß er seinen Bund mit ihm neu bestätigt.

Die Gerichtspredigt der Propheten war oft eng mit der politischen Situation verbunden. Jesaja wirkte in den Zeiten der Bedrohung durch die Assyrer, als der Staat Juda nur mit knapper Not dem gleichen Schicksal wie der nördliche Bruderstaat Israel entging. Hundert Jahre später war es Jeremia, dessen Auftreten sich in der Zeit vollzog, als die Babylonier die Nachfolge der Assyrer angetreten hatten und ihre Herrschaft in diesem südlichen Grenzgebiet zu dem großen Rivalen Ägypten endgültig festigen wollten. Wie vor ihm Jesaja mischte sich auch Jeremia unmittelbar in die Politik ein. Er sah in den Babyloniern, die gegen Jerusalem heranzogen, das Werkzeug Gottes, mit dem er das angekündigte Gericht an Israel vollziehen wollte. Er forderte deshalb die Judäer auf, sich den Babyloniern nicht zu widersetzen, die Strafe Gottes auf sich zu nehmen und umzukehren, damit Gott dann einen neuen Anfang mit ihnen machen konnte.

Die Forderungen Jeremias mußten seinen Zeitgenossen abwegig

und utopisch erscheinen. Sie versuchten, den Babyloniern Widerstand zu leisten, und scheiterten. Jerusalem wurde erobert, der Tempel zerstört, der letzte König mit einem großen Teil seiner Landsleute nach Babylonien verschleppt. Das war im Jahre 586 v. Chr. Aber daß die Geschichte des jüdischen Volkes damit nicht zu Ende war, ist nicht zuletzt der Predigt der Propheten zu verdanken. Denn nun, im Babylonischen Exil, als die Gerichtsankündigungen der Propheten sich so offenkundig erfüllt hatten, begann eine Phase der Aufarbeitung der religiösen Traditionen und der Deutung der bisherigen Geschichte, die einen Neuanfang ermöglichte.

Jeremia schrieb an die Deportierten in Babylonien einen Brief, in dem es hieß: „Ich weiß wohl, was ich für Gedanken über euch habe, spricht der Herr: Gedanken zum Heil und nicht zum Unheil, euch eine Zukunft und Hoffnung zu gewähren." (Jer. 29, 11)

Shemaryahu Talmon

Exil und Rückkehr

I.

Am 9. Tag des Monats Ab im 11. Regierungsjahr Zedekias, des letzten Königs von Juda, also etwa Mitte August 586 vor der Zeitrechnung, wurde Jerusalem, die Hauptstadt des Südreiches, von den babylonischen Streitkräften erobert. In den vorhergehenden Monaten hatten die Babylonier bereits alle anderen Festungen eingenommen. Der Verlust Jerusalems signalisierte den Fall des Staates Juda, nach fast 350 Jahren Eigenständigkeit. Juda war um 925 v.d.Z. entstanden, in Folge der Reichsteilung nach dem Tode Salomos. Damals etablierte sich auch das Nordreich Ephraim-Samaria als selbständige politische Einheit, fiel aber schon im Jahre 722 den Assyrern, den Vorgängern der Babylonier, zum Opfer. Somit setzte die Eroberung Jerusalems jedweder israelitischen Eigenstaatlichkeit ein vorläufiges Ende. Daher ist es verständlich, daß bis auf die heutige Zeit der 9. Ab im jüdischen Kultkalender als ein Fast- und Trauertag beobachtet wird. Im synagogalen Gottesdienst wird er durch die Rezitation von Trauergesängen und Bußpsalmen und durch das Vorlesen des biblischen Buches der Klagelieder ausgezeichnet, als dessen Verfasser die Tradition den Propheten Jeremia ansieht, der sie in Ansicht des eingeäscherten Tempels verfaßt haben soll. In diesem Brauch bewahrt das jüdische Geschichtsbewußtsein das Andenken jenes umstürzenden Ereignisses, das einen entscheidenden Einfluß auf das nachherige Schicksal des jüdischen Volkes und seiner Gesellschaftsstruktur hatte.

Die biblischen Berichte über die letzte Phase der Geschichte Judas (2 Kön Kap. 25 und Jer Kap. 39–44, 52) konzentrieren sich auf die Darstellung des Endkampfes um Jerusalem und auf die Erstürmung der Stadt durch die babylonischen Truppen. Ferner geben sie uns einen Einblick in die direkt auf dieses Ereignis folgende Deportation eines Teiles der judäischen Bevölkerung nach Babylonien und registrieren in Kürze die Geschehnisse in den ersten Jahren der babylonischen Herrschaft, die das Leben der im Lande Israel zurückgebliebenen Einwohner bestimmten. Inschriftliche Berichte des babylonischen Königs Nebukadnezar und einige mit hebräischen Texten beschriftete Tonscherben, die in einem Torraum in der im Süden Judas gelegenen Festung Lachisch gefunden wurden, füllen das Bild ein wenig aus.

Um die Situation, in der sich Juda im Jahre 586 befand, besser zu überblicken, müssen wir in unseren Ausführungen auf ca. 25 Jahre vor der Eroberung Jerusalems zurückgreifen. Im letzten Jahrzehnt des 7. Jahrhunderts war der Vordere Orient großen politischen Stürmen unterworfen, die vor allem durch die zu jener Zeit besonders akute Spannung zwischen den Großmächten Babylonien und Ägypten ausgelöst wurden.

Ein Blick auf die Landkarte vermittelt einen plastischen Eindruck von den geographischen Gegebenheiten, in denen der ägyptisch-mesopotamische Wettstreit ausgetragen wurde. Im Zweistromland und in Ägypten hatten sich seit spätestens dem 3. Jahrtausend imposante Zivilisationen entwickelt, die sich auch als Großmächte kristallisierten und miteinander konkurrierten. Ein jedes Volk, das sich im Wandel der Zeiten in Mesopotamien etablierte – Chaldäer, Hethiter, Assyrer und Babylonier, Perser, Griechen und Römer – stand mit Ägypten im Kampf um die Oberherrschaft in der Alten Welt.

Von diesem ununterbrochenen Spannungsverhältnis der Großmächte waren die zwischen ihnen liegenden Kleinstaaten aufs Schwerste betroffen: im Nordosten dieses Weltteils die Staatsgebilde der Aramäer; im ostjordanischen Raum Ammon, Moab und Edom; östlich vom Jordan bis zur Mittelmeerküste Phönizien, das israelitische Nordreich Samaria und das Südreich Juda. In ihrer Gesamtheit wirkten sie wie eine Pufferzone, die die beiden Großmächte voneinander trennte und ihr direktes Aufeinanderprallen in manchen historischen Situationen, zumindest zeitweilig, verhinderte.

Zugleich dienten sie als eine von mehreren Hauptstraßen durchzogene Landbrücke, die Mesopotamien mit Ägypten verband. An der Mittelmeerküste erstreckte sich die *via maris*, die ‚Meeresstraße'. Von Ägypten ausgehend verlief sie in direkt nördlicher Richtung bis zu dem etwa 20 Kilometer östlich vom Mittelmeer gelegenen Knotenpunkt Megiddo; von dort über Akko, quer durch Phönizien bis nach Ugarit; dann in östlicher Richtung nach Aleppo, Karkemisch, Niniveh und Ekbatana. In Megiddo zweigte ein Weg nach Damaskus ab. Von dort zog sich eine weitere Abzweigung östlich nach Babylon, und eine andere nordöstlich über Tadmor nach Karkemisch, wo sie sich mit der nach Niniveh führenden Straße verband. Ein anderer, von Ägypten herkommender Hauptweg, führte nach Elath. Von dort erreichte man auf der ostjordanischen ‚Königsstraße', die Edom, Moab und Ammon durchkreuzte, die Städte Damaskus und Tadmor, und schließlich wieder das große Euphrat-Tigris-Becken. Auf diesen Verkehrsadern bewegten sich die Karawanen, die den Handel zwischen Ägypten und dem Zweistromland unterhielten.

Diese Straßen waren auch die Marschrouten, auf denen ägyptische Armeen nach dem Zweistromland vorstießen und auf denen mesopotamische Streitkräfte in Richtung Ägypten zogen. In Friedenszeiten konnten die Kleinstaaten die ‚Brückensituation' zu ihrem wirtschaftlichen Vorteil ausnutzen. Ein gutes Beispiel dafür bieten die merkantilen Unternehmungen des Königs Salomo. Er finanzierte seine erheblichen Bauunternehmen, von denen die Bibel berichtet (1 Kön 6–7; 9, 17–19), zuerst durch Transitzölle, die er den durch sein Gebiet ziehenden Karawanen auferlegte (ebd. 10, 14–15), und später mit den Einkünften von eigenständigen Handelsunternehmen (ebd. 10, 21–29). In Kriegszeiten wurden die Kleinstaaten zum Spielball der Großmächte, die ihre Kämpfe oft auf dem Rücken ihrer kleinen Nachbarn ausfochten.

Die politischen Ereignisse des ausgehenden 7. Jahrhunderts illustrieren eindrucksvoll diese geo-politische Situation. Eine Koalition von Mediern und Babyloniern griff das bröckelnde assyrische

Großreich an und erstürmte seine Hauptstadt Niniveh im Jahre 612. Der Sturz der Assyrer, die sich den gesamten syrisch-palästinischen Raum unterworfen hatten, wurde von den in ihm etablierten Kleinstaaten mit Freude begrüßt. Sie hofften, daß die Ablösung des assyrischen Imperiums durch neue politische Kräfte eine positive Wendung in ihrer Lage auslösen würde. Anders beurteilten die Ägypter die Umstände. Sie zogen ein geschwächtes Assyrien den aufstrebenden Babyloniern und Mediern vor. Pharao Necho II. zog mit seinem Heer nach Norden, um die babylonischen Truppen in einen Kampf zu verwickeln und dadurch den Assyrern indirekte Hilfe zu leisten. Um dies zu verhindern, stellte sich König Josiah von Juda den Ägyptern auf ihrer Marschroute erfolglos entgegen. Er fiel in Megiddo im Jahre 609, anscheinend ohne daß es zu einer Schlacht gekommen war (2 Kön 23, 29–30). Necho marschierte weiter nach Norden. Es gelang ihm aber nicht, die babylonischen Streitkräfte aus Harran zu verdrängen. Die Babylonier entthronten den dort regierenden assyrischen König Aschur-uballit. Damit war die Macht der Assyrer endgültig gebrochen. Pharao Necho wandte sich wieder südwärts, in der Absicht, den von der assyrischen Oberherrschaft befreiten syrisch-palästinischen Raum an sich zu reißen. Aber im Jahre 605 schlugen die Babylonier das Heer Nechos bei Karkemisch und eroberten im Anschluß daran Syrien und Palästina. Kurz danach starb Nabopolassar, der König von Babylonien. Am 1. Ulul, d.h. Anfang September 605, bestieg sein Sohn Nebukadnezar den Thron. Obwohl er Syrien und Palästina fest in der Hand hatte, mußte er doch fast jährlich Feldzüge unternehmen, um seine Herrschaft über jene Territorien gegen Aufstände der Kleinstaaten sicherzustellen.

Im Jahre 601 versuchte Nebukadnezar, seinen Hauptgegner Ägypten zu unterwerfen. Aber dieser Versuch mißlang. Eine babylonische Chronik berichtet, daß die Ägypter dem babylonischen Heer eine entscheidende Niederlage beibrachten. Wir dürfen annehmen, daß damit das Signal für Jojakim, den König von Juda, gegeben war, das politische Joch der Babylonier abzuwerfen. Aber etwa zwei Jahre nach jener verlorenen Schlacht hatte Nebukadnezar sein Heer reorganisiert und neu ausgerüstet. Im Dezember 598 zog er wieder nach *Hattu*, d. h. in den syrisch-palästinischen Raum. Am 2. Adar in seinem 7. Regierungsjahr, was dem 16. März 597 entspricht, eroberte er Jerusalem, anscheinend ohne große Schwierigkeiten. Der Tempel wurde geplündert, aber weder das Heiligtum noch die Stadt wurden zerstört. Jojakims Sohn Jojachin und seine Familienangehörigen wurden als Gefangene nach Babylonien verschleppt. Den biblischen Angaben nach exilierte Nebukadnezar zusätzlich handwerkliche Spezialisten, Adlige und zehntausend wehrfähige Männer, also die sprichwörtlichen „obersten Zehntausend" des Landes (2 Kön 24, 10–16), unter denen auch der Prophet Ezechiel war.

Die Deportation der Oberschicht beeinträchtigte zweifellos das öffentliche, wirtschaftliche und religiös-kultische Leben. Aber die politische Struktur Judas blieb intakt. Nebukadnezar setzte einen Bruder Josias und Onkel des exilierten Jojachins namens Matanja als König ein. Matanja nahm den Thronnamen Zedekia an (ebd. 24, 17), der die typisch jerusalemische Komponente *zedek* enthält, die schon in den vor-israelitischen Herrschernamen Malkizedek (Gen 14, 18) und Adonizedek (Jos 10, 1) erscheint. Durch die Annahme des Namens Zedekia wollte er wohl seine Verbindung mit Jerusalem und der davidischen Dynastie herausstellen und seinen Rechtsanspruch auf den Thron unterstreichen. Dieser Anspruch wurde aber von den Exilierten, und auch von vielen im Lande Zurückgebliebenen, nicht anerkannt. Sie betrachteten weiterhin den in Babylon inhaftierten Jojachin als den rechtmäßigen König von Juda.

Die biblischen Berichte, vor allem das Buch des Propheten Jeremia, sind die einzigen Quellen, die eine – wenn auch lückenhafte – Darstellung der Regierungszeit Zedekias ermöglichen. Jeremia war Augenzeuge der Ereignisse und nahm Stellung zu ihnen. Er riet dem König an, sich nicht in Aufstände gegen die Babylonier zu verwickeln, sondern sich ihrer Oberherrschaft zu beugen. Seine Einstellung wurde von vielen seiner Mitbürger als defaitistisch abgelehnt.

Im Exil (Jer 29,8–32) wie in Juda (ebd. 23,16–17; 27,9–10) erstanden konkurrierende Propheten, die einen schnellen Zusammenbruch des babylonischen Imperiums ankündigten. Besonders prominent war ein gewisser Chananja ben Azur aus Gibeon, mit dem Jeremia eine öffentliche Auseinandersetzung im Tempel hatte (Jer Kap. 28). Chananja sagte voraus, daß nach zwei Jahren die von Nebukadnezar im Jahre 597 nach Babylon verschleppten Tempelgeräte zurückgebracht und die Exulanten repatriiert werden würden. Dergleichen patriotische Reden fanden zweifellos großen Anklang in Jerusalem und wohl noch mehr bei den exilierten Judäern in Babylonien.

Vor diesem Hintergrund ist der Inhalt des Briefes zu verstehen, den Jeremia an die Judäer in Babylonien schrieb. Er ermunterte die Exulanten dort, in Babylonien, Häuser zu bauen und Obstgärten anzulegen, Frauen für ihre Söhne zu nehmen, ihre Töchter Männern zu geben und Kinder zu zeugen, damit sie zahlreich blieben (wie einst in der ägyptischen Knechtschaft; vgl. Ex 1,6–12). Die Exulanten sollten Bedingungen schaffen, die es ihnen ermöglichen würden, dem zermürbenden Einfluß eines Lebens in der Fremde Widerstand zu leisten. So ist seine Aufforderung zu verstehen: „Bemüht euch um das Wohl des Landes, in das ich euch exiliert habe, und betet für es, denn wenn das Land Frieden hat, wird es auch euch wohlgehen." (Jer 29,3–7) Nur eine zahlreiche und innerlich gefestigte Gemeinschaft könnte sich bis zur verkündeten Zeit der Rückkehr erhalten und eine Rückkehr vollziehen: „Nach 70 Jahren werde ich mich eurer annehmen ... und euch an den Ort zurückbringen, von dem ich euch weggeführt habe." (Jer 29, 10–14)

Letzten Endes wies Zedekia den Ratschlag Jeremias ab, sich den Babyloniern zu unterwerfen. In seinem 9. Regierungsjahr, also 588, kündigte er Nebukadnezar die Vasallentreue auf (2 Kön 24,20). Es ist wohl anzunehmen, daß er diesen Schritt im Einvernehmen mit anderen Herrschern der Kleinstaaten vornahm. Aber darüber haben wir keine genauen Nachrichten. Weiterhin darf man vermuten, daß der König von Ägypten direkt oder indirekt den Aufstand gegen die Babylonier unterstütze, ohne aber den Vasallenstaaten tatsächlich Hilfe zu leisten. Wiederum zeigte sich, daß Ägypten ein „geknicktes Rohr" war, auf das man sich nicht stützen konnte

(2 Kön 18,21; Jes 36,6; Ez 29,6). Das babylonische Heer marschierte in Juda ein. Das gesamte Land fiel dem Feind in die Hände. Die Schlinge um Jerusalem verengte sich.

Diese Situation spiegelt sich auf jenen, schon erwähnten, in Lachisch gefundenen Tonscherben. Der Kommandant einer im Süden Judas liegenden, aber nicht mit Namen genannten Festung, schreibt an den ihm vorstehenden Befehlshaber von Lachisch: „Wir sehen nicht mehr die Feuersignale von Azeka." Dieser südliche Stützpunkt war also zu jenem Zeitpunkt, etwa Ende 588, schon in die Hände der Babylonier gefallen. Danach war der Weg nach Jerusalem frei und die babylonischen Truppen belagerten die Stadt. Die Belagerung wurde zeitweilig unterbrochen, da die Babylonier einen Teil ihrer Kräfte gegen ein ägyptisches Aufgebot wenden mußten (Jer 37,5; 34,20). Aber diese Diversion blieb ohne Folgen. Das Schicksal Jerusalems war besiegelt. Die Verteidiger widerstanden der Belagerung fast eineinhalb Jahre. Dann waren sie von Hunger und internen Meinungsverschiedenheiten so geschwächt, daß es den Babyloniern gelang, eine Bresche in die Mauer zu schlagen und in die Stadt einzudringen. Zedekia und seine Familie versuchten, aus Jerusalem in die Judäische Wüste zu fliehen. Sie wurden aber in der Gegend von Jericho von babylonischen Truppen gefangengenommen und nach Ribla/Syrien – Nebukadnezars Hauptquartier – gebracht. Nebukadnezar begnügte sich nicht mit seiner Inhaftierung, wie er 597 Jojachin inhaftiert hatte, sondern übte strenges Gericht an dem aufrührerischen Vasallen aus, den er auf den Thron gesetzt hatte. Zedekia mußte mitansehen, wie seine Söhne abgeschlachtet wurden. Er selbst wurde geblendet und in Ketten nach Babylonien verschleppt (2 Kön 25,4–7; Jer 39,4–7; 52,7–11). Dort ist er möglicherweise bald gestorben.

Nebukadnezar verleibte Juda dem babylonischen Imperium ein. Für eine kurze Zeit wurde die Provinz von dem von ihm ernannten Statthalter Gedaljah, aus der beamtenadligen Familie Schafan verwaltet. Aber schon wenige Monate nach seiner Ernennung wurde Gedaljah in Mitzpa von Angehörigen des davidischen Hauses ermordet (2 Kön 25,22–24; Jer Kap. 40–41). Sie betrachteten ihn sicher als einen Verräter, der im Dienst des Feindes stand und erblickten in der Ernennung eines Statthalters, der nicht aus der königlichen Familie stammte, eine Gefahr für eine künftige Restitution der davidischen Monarchie.

II

Mit der Eroberung Jerusalems im Jahr 586 änderte sich das politische Geschick Judas. Der staatlichen Souveränität war ein Ende gesetzt. Das davidische Königshaus verlor seine politische Bedeutung. Der Tempel war eingeäschert. Der Bevölkerung war die zentrale und seit der Kultreform des Königs Josia als allein legitim anerkannte Kultstätte genommen. Dadurch wurde auch die Stellung der Priester geschwächt. Doch die im Lande Verbliebenen und auch die Exulanten lebten in dem Glauben, daß eine Restitution der sozial-politischen und kultischen Institutionen in einer greifbaren Zukunft zu erwarten sei, nämlich im Rahmen einer Wiederherstellung des judäischen Staatswesens, vor dem Hintergrund einer „Einsammlung der Verstreuten" und ihrer Wiedervereinigung mit den im Lande Israel Zurückgebliebenen (s. z. B. Jes 40,1–11; 60–61; 66; Jer 29,10–14; 31–32).

Der Eingriff der Babylonier hatte weitgehende Folgen für die gesellschaftliche Struktur des jüdischen Volkes. Während der gesamten Königszeit und bis zur Zerstreuung Jerusalems, trotz interner religiöser und sozialer Spannungen, trotz der Spaltung in zwei staatliche Entitäten, unterhielt „Ganz-Israel" ein einheitliches Selbstverständnis. Seine Identität war in großem Ausmaße durch die Kompaktheit des gesellschaftlichen Lebens in dem klar umschriebenen Raum des Landes Israel gesichert. Während dieses Zeitabschnittes von über 600 Jahren sah sich als Mitglied des jüdischen Volkes an, wer im Lande Israel wohnte und sich als Nachkomme von gemeinsamen Vorvätern betrachtete, an den Gott Israels glaubte und in der hebräisch-israelitischen Kultur verwurzelt war. Anpassungsbestrebungen an Nachbarvölker, an deren Zivilisation und kultische Einrichtungen riefen die Kritik der Propheten hervor. Aber trotz der Abweichungen von dem reinen Glauben war die Identität Israels durch die markanten Unterschiede in Glaube und Kultur und durch die territoriale Abgrenzung von den Nachbarländern prinzipiell gesichert.

Die Deportationen unter Jojachin und Zedekiah und das Ende der staatlichen Souveränität stellten diese fundamentale Einheitlichkeit in Frage. Sie bewirkten eine Aufspaltung, vor allem der Judäer, in drei geographische Einheiten, die in religiöser und politisch-gesellschaftlicher Hinsicht unterschiedlichen Entwicklungen unterworfen waren:

a. Die zahlenmäßig geringste und in historischer und ideengeschichtlicher Sicht weniger interessante Gruppe kristallisierte sich in Ägypten. Informationen über sie kommen hauptsächlich aus zwei literarisch und chronologisch ganz verschiedenen Quellen.

Jeremiah (Kap. 41–44) berichtet, daß nach Ermordung des Statthalters Gedaljah (ebd. Kap. 41; vgl. 2 Kön 25,26), also noch im Jahre 586, eine Anzahl von Judäern aus Furcht vor einer Strafaktion der Babylonier nach Ägypten flüchteten. Sie siedelten sich in Migdol, Memphis und Tachpanches-Daphna (Jer 44,1) in Unterägypten an, in der berechtigten Erwartung, daß das mit den Babyloniern verfeindete Ägypten ihnen Zuflucht gewähren würde. Es muß festgehalten werden, daß sie nicht zwangsvertriebene Exulanten waren (wie die nach Babylonien verschleppten Judäer), sondern Auswanderer, die zwar unter Druck, aber letztlich doch aus eigener Entscheidung eine augenscheinlich sichere Ansiedlung in der Fremde einem von Gefahr bedrohten Verbleiben in ihrem Heimatland vorzogen. Wir können in ihnen die historisch früheste Schicht jüdischer ‚Emigranten' erkennen, die sich als eine Einheit in der Diaspora konstituierten.

Einen mehr detaillierten Eindruck vom Leben und der Ideenwelt einer ‚Juden-Siedlung' in Ägypten vermitteln in aramäischer Sprache verfaßte Dokumente, die dem Archiv einer jüdischen Söldner-Einheit entstammen, die in Elephantine und Syene-Assuan stationiert war. In diesen Papyri spiegeln sich die gesellschaftliche Struktur, die wirtschaftlichen Beziehungen und der Glaube und Kult jener jüdischen Garnison während einer Zeitspanne von ca. vierzig Jahren (420–380), als Ägypten dem persischen Imperium unterworfen war. Wir dürfen annehmen, daß jene Kolonie zumindest seit dem Beginn der persischen Epoche bestand, das heißt, ungefähr seit der Mitte des 6. Jahrhunderts v. d. Zeitrechnung. Vermutlich ist sie noch älter und geht auf die Zeit vor dem Untergang des judäischen oder vielleicht sogar des ephraimitischen Königreichs zurück. Das Verschwinden der Elephantine-Judenheit ist vermutlich in der ersten Hälfte des 4. Jahrhunderts anzusetzen. Diese Gruppe konnte dem Druck nicht widerstehen, den die ägyptische Bevölkerung, die sie als einen Fremdkörper betrachtete, auf sie ausübte, vor allem, weil ihre Armut an Glaubenswerten und Ideen ein Standhalten nicht ermöglichte. Nichts in den in Elephantine und Assuan aufgefundenen Urkunden weist darauf hin, daß in dieser, wohl durch die Perser errichteten Militärkolonie, eine Rückkehrerwartung oder eine aus dem davidischen Königshaus entsprossene Messiaserwartung lebendig war. Das Leben in der Fremde war so selbstverständlich geworden, daß in Elephantine, noch vor der Eroberung Ägyptens durch den Perserkönig Kambyses (525 v. d. Z.), ein Tempel erstand, der dann im Jahr 408, wie in den Urkunden berichtet wird, von einer ägyptischen Militäreinheit zerstört wurde. Dieses Heiligtum war, so geht hervor, Israels Gott gewidmet. Aber die Verehrung anderer Götter neben Jahwe und die Fusion seines Namens mit dem Namen fremder Götter suggerieren, daß in Elephantine ein Synkretismus grassierte, der vielleicht eine Abart des Mischkultes darstellt, der im biblischen Israel in der Epoche des ersten Tempels um sich gegriffen hatte. Mit dem Bau eines Heiligtums in der Fremde, weniger als fünfzig Jahre nach der Zerstörung des Tempels in Jerusalem, wurde dessen Einmaligkeit, die die biblischen Schriften propagieren, grundsätzlich in Frage gestellt. Das Bestehen eines ersten jüdischen Heiligtums außerhalb des Landes Israel und das absolute Fehlen eines jeden Hinweises auf eine Restitutions-Hoffnung, lassen eine Diasporamentalität erkennen, die sich mit dem Exil, dem In-der-Fremde-Leben, endgültig abgefunden hatte. So verlor sich die Gemeinde von Elephantine in ihrer Umwelt. Elephantine illustriert das Los einer Emigranten-Diaspora, die sich auflöste, weil ihr die zusammenhaltende Kraft der Hoffnung auf eine Rückkehr in die alte Heimat verlorengegangen war.

b. Die Mehrheit der Einwohner Judas blieb auch nach der Eroberung des Staates durch die Babylonier im Heimatland zurück. Die Bevölkerung wurde durch Krieg und Pestilenz dezimiert und durch Deportation der Oberschichten ihrer führenden Persönlichkeiten beraubt. Die Zurückgebliebenen litten unter wirtschaftlicher Not und standen unter dem Druck der Eroberer (Jer 40f.; Klagelieder). Aber ihr Lebensstil änderte sich nicht wesentlich. Wir haben Grund annehmen zu dürfen, daß auch der herkömmliche Tempelgottesdienst in Jerusalem in rudimentärer Form weitergeführt oder erneuert wurde (Jer 41,4f.; Esr 4,2). Die Ackerbauern und Winzer, die die babylonischen Truppen im Lande belassen hatten (2 Kön 25,12; Jer 39,10; 52,16), lebten weiterhin auf ihrer Scholle, wenn auch ohne Eigenstaatlichkeit. Sie verkörpern den Teil des jüdischen Volkes, dessen Rückhalt am Land niemals durch Deportation auf die Probe gestellt wurde. Sie waren arm an religiösen Einsichten und intellektuellen Errungenschaften und an den Synkretismus gebunden, der sich seit der Eroberung Kanaans unter Josua und den Richtern, also seit etwa 1200 v.d.Z., entwickelt hatte. Dem palästinischen Landjudentum mangelte es an der geistigen Gärung, die die Vertreibung unter den Exilsjuden in Babylonien hervorbrachte.

Neben ihnen lebten Nachkommen der israelitischen nicht-exilierten Einwohner des einstmaligen Reiches Ephraim. Gemeinsam konstituierten sie zu jener Zeit die Mehrheit des Volkes Israel und die zahlenmäßig größte Komponente in der Bevölkerung des Landes. In dieser befanden sich auch ethnisch und religiös fremde Schichten: Reste der früheren nicht-israelitischen Einwohner des Landes und Menschen, die die Assyrer nach der Eroberung Samarias (722 v. d. Z.) in dem unterworfenen Land angesiedelt hatten (s. 2 Kön Kap. 17). Zu ihnen gesellten sich Neuankömmlinge, die nach dem Fall Jerusalems aus Transjordanien (u.a. aus Edom, Moab, Ammon) in das judäische Territorium immigrierten, und eine militärisch-administrative Beamtenschicht, die die Babylonier oder Perser aus dem Zweistromland ins Land Israel versetzt hatten, wo sie die Interessen der Eroberer wahrnahmen (Esr 4,6ff., u.a.a.O.).

c. Die dritte Gruppe etablierte sich als die Gemeinde der Deportierten in Babylonien (nach der Eroberung des babylonischen Imperiums durch Kyros, in Persien). In ihrer Zusammensetzung und Grundhaltung unterschieden sich die zwangsweise Verschleppten von der kontemporären jüdischen Emigrantenkolonie in Ägypten darin, daß eine beträchtliche Anzahl von ihnen sich mit dem erzwungenen Leben fern von der Heimat nicht abfinden wollte. Ohne Zweifel gab es auch in der babylonischen Diaspora Elemente, die sich mehr oder weniger erfolgreich an die Umwelt anpaßten und in diesem Prozeß ihre Bindung zum ‚Land', zur jüdischen Geschichte und den Restitutionshoffnungen Israels verloren.

Das Estherbuch kann mit Recht als typische Diasporaliteratur interpretiert werden. Ähnlich wie die Elephantine-Urkunden bringt auch die Esther-Erzählung keine wesentlichen Erwähnungen der Geschichte Israels oder seines Landes. Es findet sich nicht das geringste Anzeichen von einer Rückkehrhoffnung oder von einer messianischen Restaurationsideologie. Inmitten einer feindlichen Umgebung entwickelte sich in führenden Schichten dieser Diaspora eine Selbstbezogenheit, in deren Rahmen eine Rückkehrhoffnung sich kaum entfalten konnte. Die Beteiligung der Juden von Susa an den Festivitäten am Königshof des Ahasverus ohne die Hemmung, die im Hinblick auf die ihnen auferlegten Speisegesetze zu erwarten wäre, bezeugt eine außerordentlich laxe Einstellung zu den Geboten (vgl. das ganz andere Verhalten in ähnlichen Situationen von Daniel und seinen Freunden und von Judith). Esther, die Pflegetochter des berühmten Mordechai, konnte mit seinem Einverständnis die Frau eines heidnischen Königs werden, ohne daß der Autor des Buches darin Grund für eine Rüge sah. All dies spielt sich vor dem Hintergrund eines Judenhasses ab, angefacht von Haman und aufflackernd im gesamten persischen Reich, der als Prototyp des späteren Antisemitismus angesehen werden darf. Auch in Persien gab es demnach ein assimilationsbereites Judentum, das unter Verzicht auf eine Rückkehrerwartung die Diaspora als ein endgültiges Stadium seiner Geschichte auffaßte.

Aber im Gegensatz zum Estherbuch, dem einzigen Exponenten einer Diasporaliteratur in der hebräischen Bibel, gibt sich in den anderen nachexilischen Büchern eine völlig andere Geisteshaltung kund. Diese Schriften stammen zweifellos von Autoren, die alle oder deren größter Teil das Exil miterlebt hatten, ihre Werke aber nach der Rückwanderung im Heiligen Land verfaßten. Die Auffassungen, die sich in diesen Büchern darlegen, wurden ausschlaggebend für die spätere Gestaltung des Judentums. Sie sind erste Zeugnisse jener Hauptströmung, die sich im früh-rabbinischen und mittelalterlichen Judentum konsolidierte und bis auf den heutigen Tag das jüdische Denken kennzeichnet – in dem dem ‚Land' ein zentraler Stellenwert zu eigen ist. Das Ideal der Seßhaftigkeit im Land Israel und die aus ihm erwachsene Rückkehrhoffnung machten eine permanente oder auch nur langwährende Anwesenheit in der Fremde zu einer psychologischen und religiös-denkerischen Unmöglichkeit.

Daher konnte es in der babylonischen Exulanten-Diaspora im Gegensatz zu der Emigrantenjudenschaft in Elephantine (Ägypten), von der wir schon sprachen, nicht zum Bau eines (Ersatz)-Tempels kommen. Auch die Einrichtung von neuen religiösen Institutionen, die stellvertretend die Lücke füllen könnten, die nach der Zerstörung des Jerusalemer Tempels im geistigen und kultischen Leben der Exiljuden klaffte, wurde nicht betrachtet. Wir haben keinen Beweis für die oft vorgelegte Annahme, daß die ‚Synagoge' als neue religiöse Gemeindeinstitution im babylonischen Exil entstand, zwischen der Schleifung des Tempels 586 und der Rückkehr ins Land Israel nach 538, von der noch zu sprechen ist. Der Grund für diesen Verzicht auf jedwede Form von geregeltem Gottesdienst scheint in der abwartenden Haltung der Diaspora zu liegen, die ihr brennendes Hoffen auf eine baldige Restitution des Tempels und des durch Tradition geheiligten Opferdienstes nicht durch ein ‚Surrogat' schwächen wollte.

Zusammenfassend darf gesagt werden, daß das Judentum, das in dem Hauptteil der nachexilischen biblischen Bücher – Geschichtsschreibung, Psalmen und Prophetie – zu Wort kommt, in der Zeit zwischen Vertreibung und Rückkehr, also in der Diaspora, in einem existentiellen Stress befangen war, in einer Spannung zwischen dem in der Vergangenheit erfahrenen Leben im Land und der Hoffnung auf ein in absehbarer Zukunft erneutes Leben in der Heimat. Teils notgedrungen, teils aus freiem Willen abgesondert von der nichtjüdischen Umwelt, bewahrte das exilische Judentum seine Identität und damit die Kraft, eine Rückkehr erwirken oder zu einem gegebenen Zeitpunkt die Möglichkeit einer Rückkehr wahrnehmen zu können. Die Diaspora lebte in der Abgeschlossenheit eines messianischen Ghettos.

Die Absonderung von der Umwelt nährte eine besondere Diasporafrömmigkeit, hatte einen positiven Einfluß auf die geistige Welt des Judentums und seines Glaubens. Befreit von den Sorgen um die tagtäglichen Forderungen, die ein Staatswesen an seine Bürger stellt, befreit von dem unvermeidlichen Konflikt zwischen dem gottgegebenen, daher unveränderlichen ‚Gesetz' und den profanen Gegebenheiten eines geschichtlich bedingten und daher sich immer ändernden Alltagslebens, wurde die *Tora* die Achse, um die sich das Leben des einzelnen und der Gesellschaft drehte. Die Abwendung von der Umgebung förderte das Sich-nach-innen-Wenden und die Selbstbesinnung auf die urtümlichen Werte des jüdischen Glaubens. Die neugefundene Toratreue entfaltete einen Eigenwert, der nicht durch die besonderen Umstände der Diaspora-Existenz bedingt blieb. Sie kam zu voller Blüte, nachdem die Vertriebenen in ihr Land zurückkehrten. Dort wurde sie zur Grundfeste des erneuerten Bundes, durch den sich das wiederum bodensässige Volk seinem Gott verpflichtete. In dem Israel, das nach der Heimkehr ins Land unter der Leitung von Serubbabel, Esra und Nehemia sein Gesellschafts- und Staatsleben auf den Pfeilern der *Tora* aufbaute, spielen ineinander ein welthaft bezogener Realismus, der in der Faßbarkeit des Landes wurzelt, und ein messianisch gefärbter Glaube, der in seiner durch die *Tora* unterbauten Vollkommenheit ein Produkt der Diaspora-Erfahrung und des Klärungsprozesses des biblischen Glaubens war, der sich dort vollzogen hatte.

III

Etwa ein Vierteljahrhundert nach der Eroberung Judas begann das babylonische Imperium auseinanderzufallen. Zur gleichen Zeit stieg am politischen Horizont eine neue Macht auf, das Königtum von Persien. In Erwartung des Angriffs der Perser auf sein Territorium versuchte der babylonische König Evil-Merodach, Aufstände in den Vasallenstaaten zu verhindern. So läßt sich der Bericht am Ende von 2 Kön 25,27–30 (vgl. Jer 52,31–34) erklären, daß Evil-Merodach den noch immer in babylonischer Gefangenschaft lebenden König Jojachin amnestierte. Dieser Umstand spiegelt sich vielleicht auch in babylonischen Dokumenten, den sogenannten Weidner-Tafeln, obwohl deren Synchronisierung mit den biblischen Angaben gewisse chronologische Schwierigkeiten bereitet. Doch dieser Befriedigungsversuch Evil-Merodachs kam zu spät. Im Lande Israel und im Exil sah man mit Erwartung dem Fall des verhaßten Babylon entgegen (s. u.a. Jes Kap. 46–47; Ps 137). Wie in den Tagen Josias glaubte man, daß jede Änderung dem status quo vorzuziehen sei.

Die Erwartungen der Judäer und der anderen Vasallenstaaten wurden erfüllt, als Kyros den letzten babylonischen König Nabonidus entscheidend besiegte. Der Medier Kyros, Sohn des Kambyses I., König von Anschan, und der Mandane, Tochter des Königs von Medien, vereinigte in den sechziger Jahren des 6. Jahrhunderts die persischen Stämme unter seiner Herrschaft und eroberte im Jahre 550 die Hauptstadt Ekbatana. Im Jahre 547 verleibte er seinem Reich Armenien, Kappadokien und Lydien ein, dessen König, den sprichwörtlich reichen Krösos, er entscheidend besiegte. Dann war er bereit, den Angriff auf das babylonische Reich zu wagen. 539 wandte er sich gegen Nabonidus und nahm Babylonien ein. So kam das gesamte Zweistromland unter die Oberherrschaft der Perser. Kyros bezeichnet sich in einer Inschrift „König der Welt, der große König, legitimer König von Babylonien, Sumer und Akkad". Seine ausgesprochen liberale Politik brachte ihm die Loyalität der früheren Vasallen Babylons ein. Er berichtet, daß er die vielen Deportierten in ihre Heimatländer zurückkehren ließ, zerstörte Heiligtümer wiederherstellte und die aus ihnen geraubten Tempelgeräte restituierte. Die exilierten Judäer leisteten ihm vielleicht direkte oder indirekte Hilfe gegen Babylonien. Ihre positive Einschätzung von Kyros zeigt sich in den überschwenglichen Aussprüchen eines kontemporären Propheten. In Jes 44, 28–45, 1 ff., wird Kyros als „Gesalbter Gottes" bezeichnet, und als der von Gott bestimmte „Hirt (seines Volkes)" vorgestellt. Es werden ihm also Hoheitstitel verliehen, die die Bibel ansonsten nur Königen aus dem Hause Davids zueignet (z.B. 1 Sam 24,6.10; 26,9.16; 2 Sam 22,51; 23,1; Ps 2,2.7; 18,51; 105,15; Lam 4,20). Kyros war von Gott bestimmt, „seine Pläne auszuführen, Jerusalem wieder zu erbauen und die Grundfesten des Tempels zu legen" (Jes 44,28).

Es läßt sich nicht sagen, ob diese enthusiastische Einschätzung seiner Person durch die Judäer Kyros je zu Ohren kam und ob sie seine politischen Entscheidungen beeinflußten. Auf jeden Fall berichtet die Bibel, daß in seinem ersten Jahr als Herrscher über das gesamte ehemalige babylonische Reich (538 v. d. Z.) Kyros das berühmte Edikt erließ, in dem den Judäern erlaubt wird, den Tempel in Jerusalem wieder aufzubauen. Eine in Aramäisch, der damaligen Diplomatensprache, verfaßte Version des Dokuments ist in Esra 6,3–5 erhalten. Diese Version bezieht sich in der Tat nur auf den Wiederaufbau des Tempels, legt seine genauen Ausmaße fest, verfügt, daß die Tempelgeräte, die Nebukadnezar geraubt hatte, zurückerstattet und daß die Ausgaben des Unternehmens, inklusiv der für die Opfer benötigten Mittel, von den persischen Beamten in der Provinz Trans-Euphrat aus der königlichen Schatzkammer geliefert werden sollen.

Eine hebräische ‚Ausgabe' des Erlasses bietet Esra 1,1–4 (vgl. 2 Chr 36,22–23). Dieser Text enthält einen dem Kyros zugeschriebenen Aufruf an die exilierten Judäer, die ihnen gegebene Gelegenheit wahrzunehmen, nach Juda zurückzukehren und in Jerusalem den Tempel Gottes neu zu erbauen. All dies mit der finanziellen Unterstützung jener Exulanten, die sich zu einer Rückwanderung in das Land Israel nicht entschließen konnten oder wollten.

Vieles spricht für die Ansicht, daß beide Versionen genuin sind:

Das in Aramäisch verfaßte Dokument war für die persische Beamtenschaft bestimmt. Der hebräische Text wurde in Orten, in denen sich Juden angesiedelt hatten, vorgelesen oder ausgerufen (Esra 1,1; 2 Chr 36,22). Einer anderen Ansicht nach ist der hebräische Text als eine Paraphrase des Autors des Buches Esra zu verstehen, der das offizielle Edikt dem biblischen Geschichtsverständnis anpaßte und so den politisch motivierten Akt des Perserkönigs in einen göttlichen Heilsplan einordnete. Er interpretierte den Erlaß als die Erfüllung der von Jeremiah vorausgesagten Wendung zum Guten in der Geschichte Judas (Esr 1,1; 2 Chr 36,21–22; vgl. Sach 1,12; 7,5; 8,1–8; Dan 9,2; s. Jer 25,11.12; 29,10). Wie jener anonyme, in der Wissenschaft als Deutero-Jesaja bekannte Prophet sah der Autor von Esra in Kyros ein Instrument Gottes in der geplanten Erlösung Israels.

IV

Die Epoche der Rückkehr aus dem Exil läßt sich in drei Hauptphasen aufteilen:

1. Die Zeit des Serubbabel, neben dem Joschua, der Hohepriester, und die Propheten Haggai und Sacharja tätig waren. Der Beginn dieser Phase wird in den biblischen Büchern nicht präzisiert, dürfte aber noch in der Regierungszeit des Kyros anzusetzen sein, nicht später als 530 v. d. Zeitrechnung. Sie endete mit der Einweihung des neu erbauten Tempels im Jahre 516/515 (Esra 6,15).

2. Für die darauffolgende Zeitspanne von etwa sechzig Jahren (515–458) fehlt jedwede biblische oder außerbiblische Dokumentation, abgesehen von einer Anzahl – zum Teil vor nur wenigen Jahren veröffentlichten – mit Eigennamen und Titeln beschrifteten Siegelabdrücken, aus denen sich gewisse Vermutungen über die politische Führung der damaligen persischen Provinz *Jahud* (Judah) deduzieren lassen.

3. Die Esra-Nehemia-Periode. Den biblischen Angaben folgend, begann sie im 7. Jahr des persischen Königs Artaxerxes I. Longimanus (Esr 7,7), im Jahre 458. Sie erstreckte sich bis etwa

420, d.h. bis zum Ende von Nehemias Amtszeit, deren Anfang datiert wird (Neh 2, 1 = 445/44), aber nicht deren Abschluß.

Die biblische Darstellung des Ablaufs der Restitutions-Zeit suggeriert die folgende Rekonstruktion der geschichtlichen Vorgänge. Auf Grund des Kyros-Erlasses bereitete sich ein Teil der Exil-Juden auf die Rückkehr vor, unterstützt von denen, die in der Diaspora zurückblieben. Die Vorbereitungen erstreckten sich sicher über eine gewisse Zeitspanne. Wir müssen auch mit einigen Wellen von Rückkehrern rechnen. Die detaillierte Liste von „Vaterhäusern", die uns Esra Kap. 2 und die Parallele in Nehemia Kap. 7 bieten, kann als eine retrospektive Zusammenfassung betrachtet werden, die einen Gesamtüberblick über die Repatriierung von etwa 40000 Exulanten, wohl nicht nur unter der Leitung von Serubbabel, liefert. Durch die Rückkehr kam das ehemalige Diaspora-Judentum in direkten Kontakt mit den im Lande Israel Zurückgebliebenen. Dieser Umstand resultierte in einem Aufeinanderprallen von zwei verschiedenen Auffassungen von Judentum und jüdischem Glauben, die sich in verhältnismäßiger Isolation in Babylon und im Lande Israel während der Exilszeit entwickelt hatten. Jetzt mußte die Frage aufkommen, erläutert und ausgefochten werden, wer repräsentiert die wahre, einzig akzeptable Interpretation der israelitisch-jüdischen Ideenwelt?

Kurz nach der Ankunft der ersten Rückwandererwelle im Lande Israel, vermutlich noch in den letzten Regierungsjahren des Kyros, vor 530, begannen die Rückwanderer mit dem Aufbau des Tempels. Hierbei, so wird berichtet (Esr 3,1–3), stießen sie auf den Widerstand von im Lande ansässigen Gruppen, die als *ammej ha'arazot* ‚Landesbevölkerung' bezeichnet werden (Esr 3,3). Aus Furcht vor ihnen mußten die Repatriierten sich vorerst damit begnügen, den Altar zu renovieren. Dies ermöglichte die Wiedereinführung eines, vielleicht beschränkten, Opfer-Gottesdienstes.

Obwohl es nicht eindeutig klar ist, dürfen wir annehmen, daß die ‚Landesbewohner', die sich dem Tempelbau widersetzten, jene nichtisraelitischen Elemente der Bevölkerung repräsentieren, auf die schon hingewiesen worden ist. Man kann ferner vermuten, daß sie in ihren Feindseligkeiten von Beamten der ehemaligen babylonischen und jetzigen persischen Provinzregierung unterstützt wurden, die eine etablierte Rückkehrergemeinde als eine Gefährdung ihrer eigenen gesellschaftlichen Stellung und politischen Machtposition ansahen. Die Interventionen bewirkten, daß der Bau des Tempels sich verzögerte. Erst im Jahre 522/21, als Darius I. Hystapsis den persischen Thron bestieg, änderte sich die Situation. Im Unterschied zu seinem Vorgänger Kambyses (530–522), verfolgte Darius die liberale Politik des Kyros. Im Jahre 520 konnten sich die Rückkehrer wieder an den Tempelbau machen, angefeuert von den Propheten Haggai und Sacharja. Aber auch dann ging die Arbeit nicht ohne Störungen voran. In Esra 4,1–3 wird berichtet, daß eine als „Widersacher von Juda und Benjamin" bezeichnete Gruppe an die Rückkehrer mit dem Vorschlag herantrat, an der Restitution des Tempels teilzunehmen. Doch sie wurden von Serubbabel – vielleicht unter dem Einfluß des Propheten Haggai – unter dem Vorwand abgewiesen, daß der Kyros-Erlaß nur den *benej hagolah*, also nur den zurückgekehrten Diaspora-Juden, die Erlaubnis verleiht, den Tempel wiederherzustellen.

Es ist von Bedeutung, daß das Buch Esra die Bittsteller als „Widersacher von Juda und Benjamin" präzisiert und sie nicht ganz allgemein „Feinde Israels" nennt. Dies scheint darauf hinzudeuten, daß es sich in diesem Fall nicht um einen Zusammenstoß zwischen ethnisch-fremden Landbewohnern und den repatriierten Exulanten handelt, sondern um eine Auseinandersetzung zwischen Nachkommen von ehemaligen Ephraimiten, Einwohnern des ehemaligen Nordreiches, mit denen sich vielleicht einige nicht-exilierte Judäer alliierten, und den Rückkehrern, die sich als den Überrest von Juda und Benjamin, des früheren Südreiches, ansahen (Esr 1,5; 2,1; 10,9; Neh 11,36 u. a. a. O.). Die Rückweisung dieser palästinischen Bittsteller durch die repatriierten Exulanten, die vermutlich auch in Hag 2,10–14 reflektiert ist, erwuchs aus dem althergebrachten Verständnis des biblischen Glaubens der im Lande Zurückgebliebenen, das in einem schroffen Gegensatz zu der Auffassung stand, die sich im Exil herausgebildet hatte.

Die auf Glaubensunterschiede fundierte Spaltung zwischen Repatriierten und Zurückgebliebenen wurde durch Zwistigkeiten im

Wirtschaftsbereich verstärkt. Die Rückkehrer versuchten, in den alten Heimstätten ihrer Familien wieder Fuß zu fassen. So lassen sich wohl die genauen Details in den Rückkehrerlisten erklären, in denen neben Familiennamen auch Abstammungsorte im Lande Israel angeführt werden. Diese Aufzeichnungen ähneln den Stammeslisten des aus der ägyptischen Knechtschaft befreiten Volkes Israel, die das Buch Numeri bringt. Die Parallelität der historischen und soziologischen Umstände läßt vermuten, daß es in beiden Fällen darum ging, genau zu bestimmen, wer zu der eigenen Gruppe gehört: nach dem Exodus und in Vorbereitung auf die Landnahme die Absonderung von der in Kanaan seßhaften, ethnisch fremden Bevölkerung sicherzustellen; nach dem babylonischen Exil die Rückwanderergemeinde genau zu umschreiben und ihre Identität gegenüber den Volksgliedern zu wahren, die die Exilserfahrung nicht mitgemacht hatten. Sicher gab es auch unter den Rückkehrern Vertreter der Ansicht, daß man zu einem Verständnis mit den landsässigen Israeliten, Judäern und Ephraimiten, kommen sollte. Aber die von den nachexilischen Propheten vertretene Meinung drängte auf eine immer stärkere Absonderung von diesen Elementen. So vertiefte sich zunehmend die Kluft zwischen den repatriierten und den lokalen Israeliten.

Aus dieser Spannungs-Situation erklärt sich der Umstand, daß in den nach-exilischen biblischen Büchern der Exilserfahrung ein neuer Stellenwert zugeschrieben wird. Das biblische Schrifttum allgemein betrachtet ‚Exil' immer negativ, versteht es nur als Strafe für die Vergehen des Volkes und einzelner Volksmitglieder – vor allem der höheren sozialen Schichten. Im Unterschied dazu bekunden die nach-exilischen Bücher eine positive Einschätzung, die aus der retrospektiven Erkenntnis erwuchs, daß die Rückkehrer in ihrer vorherigen Exil-Situation jenes Verständnis des biblischen Glaubens ausgehämmert hatten, in dem ihre im Lande Israel erneuerte religiöse und gesellschaftliche Existenz ankerte. Die aus der Exilserfahrung gewonnenen Selbstbezeichnungen *benej hagolah* (Esr 4,1; 6,19.20; 8,35; 10,7.16), „Exulanten", oder *haolim mischewi hagolah* (ebd. 2,1; Neh 7,6; vgl. Esr 1,11), „Aus-der-Exilsgefangenschaft (ins Land) -Hinaufziehende", erhielten ein neues

Kolorit in dem Begriff *kehal hagolah* (ebd. 10,8; vgl. 9,4; 10,6), in dem die im Lande etablierte „Gemeinschaft der (ehemaligen) Exulanten" ihrer religiös-sozialen Eigenheit Ausdruck gibt. Dies in einem pointierten Gegensatz zu der „Landbevölkerung" in ihrer Vielschichtigkeit, deren Leben- und Ideenwelt von der Exilserfahrung nicht geprägt worden waren. Die Repatriierten identifizieren sich als „der heilige Same" (Esr 9,2), der auserwählte Rest, dem es gegeben war, den Untergang Judas und die Zerstörung Jerusalems zu überstehen und eine Renaissance zu erleben, wie sie schon Jesajah ben Amoz, ein Repräsentant der ersten Prophetengeneration, angekündigt hatte (Jes 6,11–13). Durch Kriegsnot und Exilsgefangenschaft waren sie über das gebührende Maß für ihre Sünden bestraft worden (Jes 40,1–2), hatten für ihre Verfehlungen gebüßt. So konnten sie nun in „Reinheit" (Esr 6,20; Neh 12,30) an der Wiederherstellung Israels wirken. Ihnen gegenüber stand die Bevölkerung des Landes, die durch keine Exilserfahrung von den Schlacken ihrer „Unreinheit" befreit worden war (Esr 6,21; 9,11; vgl. Hag 2,13–14). Von diesen Landesbewohnern mußte man sich „absondern" (Esr 6,21; 9,1; 10,11.16; Neh 9,2; 10,29; 13,3) und durfte sich nicht mit ihnen „vermischen" (Esr 9,2; Neh 13,3; vgl. Ex 12,38; Ps 106,35). So wollte man der Gefahr entgehen, daß die reine Tora-Frömmigkeit der Rückkehrergemeinschaft durch den Einfluß des von heidnischen Elementen durchwirkten lokalen ‚Mischglaubens' verwässert werden könnte, wie zuvor der monotheistische israelitische Glaube nach der Landnahme durch den Baal-Kult zersetzt worden war.

Vor diesem Hintergrund müssen Entwicklungsprozesse und Fragenkomplexe, die in den späteren Stadien der Rückkehr-Epoche ans Licht treten, betrachtet werden.

Der Tempelbau wurde im 6. Regierungsjahr von Darius I. (Esr 6,15) beendet, also im Jahre 516/15. Mit der Beschreibung der Einweihungsfeier, in der die führenden Persönlichkeiten der ersten Rückkehr-Etappe, Serubbabel und der Hohepriester Jeschua, nicht erwähnt werden (ebd. 6,16ff.), schließt der Serubbabel-Bericht (Esr Kap. 1–6).

V

Nach einem, wie schon erwähnt, nicht-dokumentierten Zeitabschnitt von ungefähr sechzig Jahren können wir den Faden des Geschichtsverlaufs wieder aufnehmen, beginnend mit der Rückwanderung einer zusätzlichen Exulanten-Welle unter der Führung von Esra im 7. Regierungsjahr des Artaxerxes I. (Esr 7,7 ff.), 458 v. d. Zeitrechnung. Eine weitere Gruppe immigrierte im 20. Regierungsjahr desselben Königs (446/45) unter der Leitung des Nehemia (Neh 2,1), den Artaxerxes als *Tirschata*, Statthalter der persischen Provinz *Jahud* (= Judah), einsetzte (Neh 8,9; 10,2; vgl. 7,65.69). Nehemia war ein Judäer, der eine prominente Stellung am persischen Hof erlangt hatte, wie Mordechai in der Esther-Erzählung oder Josef am Hofe des ägyptischen Pharaoh (vgl. Neh 1,11 ff.; Est 6,6 ff.; 8,15 ff.; 10,1 ff.; Gen Kap 41 ff.). Ähnlich wie der von den Babyloniern nach der Eroberung Judas als Stadthalter eingesetzte *Gedaljah ben Achikam* (s. o.) bezog Nehemia seine Autorität als zivil-militärisches Provinz-Oberhaupt von der persischen Behörde und nicht, wie vor ihm Serubbabel, von seiner davidischen Abstammung. Seine Funktionen komplementierten die des Esra, der zwar priesterlicher Abstammung war, aber nicht als Priester, sondern als ‚Schreiber', Interpret und Lehrer der Tora fungierte. Auf Grund seiner Wirkung als Proponent und Propagator der Tora, als dessen Autor oder Kodifikator Moses gilt, und ihrer Realisierung in religiös-gesellschaftlichen Institutionen bewertet die jüdische Tradition Esra als einen neuen Moses.

Entsprechend der biblischen Chronologie, die unserer Darstellung zugrunde liegt, aber deren Verläßlichkeit in der modernen Bibel- und Geschichtswissenschaft oft in Frage gestellt wird, deckte sich die Amtszeit Nehemias (445/4–420) zumindest zum Teil mit der Esras (458-). Die organisatorischen Maßnahmen, die Nehemia ergriff, unterstützten die religiös-kultischen Anordnungen Esras und verliehen ihnen die notwendige, von den persischen Behörden sanktionierte Rückendeckung. Es folgt, daß in der Regierungszeit des Artaxerxes I. die Rückkehrer besonders große Fortschritte in der Konsolidierung ihrer Gemeinschaft verzeichnen konnten, trotz immer wiederkehrender Versuche ihrer Gegner, dies zu verhindern (s. Esr 4,6–23; Neh 2,19–20; 3,33–35; bes. 4,1–17; 6,1–19). Die Mauern Jerusalems wurden wiederhergestellt durch den Einsatz der gesamten Bevölkerung der Provinz Juda, *Jehud Medinta* (Neh 2,11–3,38; 6,1; 7,1–3; 12,27–43), deren Umfang erheblich kleiner war als der des ehemaligen Südreiches Juda. Nehemia stärkte die Stadt auch intern durch die Ansiedlung von Einwohnern, die ihre Abstammung von Rückwanderer-Familien nachweisen konnten (ebd. 7,4 ff.; 11, 1–2). Er sorgte ferner dafür, daß die gesellschaftliche Struktur der kleinen Gemeinschaft nicht durch wirtschaftliche Mißstände untergraben würde. Er verhinderte eine Aufspaltung der Gesellschaft in Reiche und Arme dadurch, daß er die Wohlhabenden aufforderte, ihre rückständigen Schuldner nicht zu versklaven und ihnen verpfändete Häuser und Liegenschaften zurückzuerstatten (ebd. 5,1–13). In vorbildlicher Weise verzichtete er selbst darauf, die ihm als Statthalter gebührenden Steuern einzutreiben und begnügte sich mit der Lieferung von Lebensmitteln, die zum Unterhalt eines kleinen Beamten- und Militärstabes notwendig waren (ebd. 5,14–18).

In einer Gesamtübersicht vermitteln die nur fragmentarischen biblischen Berichte über die Tätigkeit Nehemias den Eindruck, daß es ihm gelang, der Rückkehrer-Gemeinde eine stabile gesellschaftliche Struktur zu verleihen und für die Provinz Juda ein wenn auch beschränktes Maß von Souveränität zu erzielen. Vor diesem Hintergrund sollen nun die Maßnahmen und Verfügungen betrachtet werden, die Esra mit der Unterstützung Nehemias im Bereich von Glauben und Kult einführte.

Die Beschreibung Esras (7,6) als „gewandter (oder: fachmännischer) Schreiber der Tora Moses *(sofer mahir betorat moscheh)*“ wird manchmal als die hebräische Übersetzung eines persischen Titels verstanden, der auf die Position Esras am Hofe als königlicher Berater im Ressort ‚Judäer-Juden‘ hinweist: „(Kanzlei)-Schreiber des Gesetzes des Himmelsgottes“ *(safar data' di elah schemaja)* (ebd. 7,12). Selbst wenn man dieser umstrittenen These beistimmt, muß doch gesagt werden, daß die biblischen Berichte über seine Tätigkeit seiner führenden Stellung in der Rückkehrer-Gemeinde Ausdruck geben, die auf einer vollen Anerkennung Esras von seiten seiner judäischen Zeitgenossen beruhte. So läßt es sich erklären, daß der Autor des Esra-Buches sich nicht damit begnügt, ihn nur mit dem vermutlich offiziellen Titel „Schreiber der Tora Moses" zu bezeichnen, sondern diese Tora als die, die „Gott Israel gegeben hat", identifiziert (ebd. 7,11) und Esra als Schreiber der „göttlichen, für Israel bestimmten Gebote und Anordnungen", die „zu exponieren und praktizieren und Israel zu lehren" er sich als Aufgabe gesetzt hatte (ebd.). In der Tat wird berichtet (Neh 8,1–8), daß in jener Zeit aus der Tora öffentlich vorgelesen und der Text von den Leviten interpretiert wurde. (Eine ähnliche Promulgierung der Tora schreibt 2 Chr 17,4.7–9 schon dem judäischen König Jehoschafat um 850 v. d. Z. zu.) Dabei geht es wahrscheinlich mehr um ad hoc Maßnahmen, die aus den Zeitumständen erwuchsen, als, wie oft vermutet wird, um den Beginn der danach sich kontinuierlich entwickelnden synagogalen Institutionen.

Zu beachten ist, daß die öffentliche Belehrung in der Tora einen Rationalisierungs- und Demokratisierungsprozeß aufweist, dessen Wurzeln bis in die Königszeit reichen (vgl. Dtn 31,10–13), der aber in der nach-exilischen Periode besonders gefördert wurde und in der darauf folgenden rabbinischen Ära zu voller Blüte gelangt. Gotteserkenntnis wird nun weniger durch individuelle Inspiration wie die der Propheten vermittelt als durch die Interpretation einer fortgehend mündlich und schriftlich tradierten Lehre, deren Verständnis jedem offensteht, der es durch Studium erwerben will. Allgemein verpflichtende Interpretationen der Lehre können nur auf Grund des festgelegten, von einer Gemeinschaft anerkannten Korpus literarischer Werke erarbeitet werden. So wird zu Recht postuliert, daß mit Esra ein Kodifizierungsprozeß der überlieferten Traditionen einsetzte. Dieser kulminierte schließlich in der Fixierung einer verpflichtenden Sammlung von Schriften, des Kanons der hebräischen biblischen Bücher des Judentums, des Alten Testamentes der Kirche.

Aus diesem Schriftenkomplex und seiner Interpretation entwikkelte man einen Normen-Kodex, der dazu bestimmt war, das gesamte Leben der Gemeinschaft und des Einzelnen zu regulieren. Die biblischen Quellen berichten, daß in den Tagen Nehemias die Rückkehrer-Gemeinde sich formell auf das Einhalten der Gesetze allgemein (Neh 10,1–30) und insbesondere der Bestimmungen bezüglich des Tempelgottesdienstes (ebd. 10,33–40; 12,44–47; 13,10–14) verpflichtete. Esra erneuerte das Feiern des Laubhüttenfestes in Formen, die wahrscheinlich durch eine frühe innerbiblische Interpretation aus den Gesetzeskorpora des Pentateuch eruiert wurden (ebd. 8,13–18; Esr 3,4; vgl. Lev 23,34 ff.; 36,39–43; Dtn 16-13-15). Vermutlich ist in jener Zeit, und nicht in den Tagen Serubbabels, die Inauguration des Passah-Festes anzusetzen, von der Esra 6,19–22 berichtet. Besonderer Nachdruck wurde auf die vorgeschriebene Einhaltung des Sabbats gelegt (Neh 13,15–22). Somit war der Jahreszyklus inklusiv des Alltags, des Sabbats und der Feste in vielen Einzelheiten festgelegt.

Die von Esra und Nehemia entwickelte und von der Rückkehrer-Gemeinde angenommene Interpretation und Applikation der Tora wurde nur bedingt von anderen Komponenten der israelitischen und sicher nicht von der fremdstämmigen Bevölkerung im Lande akzeptiert. So war die Rückkehrer-Gemeinde genötigt, ihre eigene Auffassung der biblischen Lehre durch eine strikte Absonderung von diesen Gruppen vor einer Verwässerung zu bewahren. Daraus läßt sich erklären, daß seit jener Zeit der Brauch der Beschneidung immer stärker ins Vorfeld des jüdischen Selbstverständnisses rückt. Sabbat und Beschneidung wurden als Parameter anerkannt, die extern und intern jüdisches Leben eindrücklich abgrenzen.

Diese Tendenzen bestimmten auch alle Perspektiven des Familienlebens. Das Heiraten von Nicht-Juden und nicht weniger von Juden, die sich mit der ihr eigenen Gesetzesinterpretation nicht identifizierten, gefährdete die geistig-religiöse und physische „Reinheit“ der Rückkehrer-Gemeinde. Aus Gründen, die sich aus den sozialen und wirtschaftlichen Umständen ergeben, waren solche Ehen zu jener Zeit verbreitet (Esr 9,1 ff.), vor allem in den gesellschaftlichen Oberschichten wie der der Priester (Neh

13,23–29). Dabei handelte es sich vorwiegend um die Einheirat von „fremden Frauen", wie es in einer Immigranten-Gesellschaft, in der die Anzahl der Männer die der Frauen meist übersteigt, zu erwarten ist, weil sich die Integration von Frauen in die Rückkehrer-Gemeinschaft – wie in die biblische Gesellschaft vor der Zerstörung Jerusalems – im Hinblick auf die mit ihrer Aufnahme verbundenen Vorschriften leichter bewerkstelligen ließ (s. u. a. Gen 16,1–16; 17,18–27; 38,1–30, vgl. Rut 4,12; Gen 41,50–52; Ex 2,16–22; 2 Sam 3,3; Rut pass., bes. 4,9–22). Vor diesem Hintergrund erklärt es sich, daß das Verbot von „Mischehen" in der nach-exilischen Epoche besonders scharf herausgestrichen wurde (Esr 9,1–14, vgl. 6,21; Neh 13,1–3), aber anscheinend mit nur beschränktem oder zeitweiligem Erfolg in Kraft gesetzt werden konnte (Esr 10,1–44; Neh 9,2; 13,23–28).

Die Selbst-Absonderung der Rückkehrer durch eine zunehmend striktere religiös-kultische Abgrenzung ihrer Gemeinschaft von den im Lande verbliebenen Nachkommen des ehemaligen Nordreiches Ephraim (Samaria) und vielleicht auch von nicht-exilierten Judäern bewirkte, daß auch jene abgewiesenen Gruppen ihrerseits eine eigene ‚jüdische' Identität zu entwickeln suchten. In dem ersten Jahrhundert der nach-exilischen Epoche von Serubbabel bis Nehemia wurde die Auseinandersetzung mit den Nonkonformisten noch im Rahmen des einen biblischen Volkes Israel ausgetragen. Aber die Fronten verhärteten sich immer mehr. Abweichende Auffassungen kristallisierten sich in abweichenden Normen und dann in unterschiedlichen inner-jüdischen religiös-geistigen Strömungen. Etwa 100 Jahre nach der in Esra 4,1–3 geschilderten Episode (520), etwa zu Ende der Nehemia-Periode (420), besteht der Prophet Malachi (3,13–21) auf einer rigorosen Scheidung zwischen denen, die „gottesfürchtig" sind und „Gott dienen", und denen, „die nicht gottesfürchtig" sind. Die einen werden als „Gerechte" bezeichnet, die anderen als „Sünder" oder „Bösewichte". Den einen stellt der Prophet eine hoffnungsvolle Zukunft in Aussicht, den anderen ewige Verdammung. Anstelle des „von allen Völkern auserwählten Volkes Israel", *segulah* (Ex 19,5), tritt nun „das Volk der Auserwählten aus Israel", *segulah* (Mal 3,16–17).

Für den letzten biblischen Propheten Malachi und für die Zeitgenossen, die seine Meinung teilten, konnte nur die Rückkehrer-Gemeinde einen Anspruch auf „Auserwählung“ geltend machen. Diese Ansicht wurde von den ‚ausgeschlossenen‘ Gruppen nicht akzeptiert. In den kaum dokumentierten Jahrhunderten nach Nehemia entwickelten einige dieser Gruppen eine religiös-gesellschaftliche Eigenständigkeit, die sich schließlich in der Form von ‚Sekten‘ kristallisierte: Um 300 v. d. Z. konstituierten sich die Samaritaner als das ‚Volk Israel‘; zu Beginn des zweiten Jahrhunderts entstand die „Gemeinde des Neuen Bundes“, die uns aus den Qumran-Schriften bekannt wurde. Im letzten Jahrhundert v. d. Z. und im ersten Jahrhundert d. Z. vermehrten sich dergleichen Bewegungen in einer Weise, die das Judentum von innen zerrütten mußte und es seiner Widerstandsfähigkeit einer feindlichen Umwelt gegenüber beraubten. Die Weisen erblickten in diesen internen Zwistigkeiten, in dem Aufkommen von separatistischen Strömungen einen der Faktoren, die die Zerstörung des zweiten jüdischen Staates im Jahre 70 d. Z. verursachten.

Der interne Differenzierungsprozeß, der im Volke Israel in der nach-exilischen Epoche einsetzte, hat seither das Schicksal des Judentums geprägt.

Peter Schäfer

Juden, Griechen, Römer

„Juden, Griechen, Römer" – dieser Titel faßt schlagwortartig zusammen, in welchem politischen, kulturellen und wirtschaftlichen Raum die Epoche anzusiedeln ist, mit der sich dieser Beitrag über die Geschichte der Juden beschäftigt. Wir befinden uns in der Zeit nach der Rückkehr der Juden aus dem babylonischen Exil und am Ende der persischen Herrschaft über Palästina. Das Zentrum des Judentums ist (wieder) die kleine Provinz Judäa mit dem von der kleinen Schicht der Tempelaristokratie beherrschten Jerusalem als Hauptstadt und Mittelpunkt, sein Partner und über weite Strecken auch sein Gegner – Partner- und Gegnerschaft des Judentums zur Umwelt stehen in einem spannungsreichen, aber auch fruchtbaren Verhältnis – ist die von den Griechen geprägte, nahezu weltumfassende Kultur des Hellenismus, die im 1. Jahrhundert v. Chr. von den Römern übernommen und weitergeführt wird. Zeitlich gesehen umfaßt diese Epoche der gemeinsamen Geschichte der Juden mit den Griechen und Römern die gewaltige Spanne von beinahe eintausend Jahren, nämlich von ca. 300 v. bis ca. 600 n. Chr., dem Beginn der arabischen Eroberung Palästinas, die die Auseinandersetzung mit der politischen und kulturellen Macht des Islam einleitet.

I

Wie kann man dieses Judentum, das weitgehend von der Begegnung mit den Griechen und Römern bestimmt ist, genauer bezeichnen? Wir sprechen für die Zeit vorher vom „biblischen Judentum" und auch vom „Judentum des Exils" sowie dem „nachexilischen Judentum", aber bei der Suche nach einer kurzen und charakteristischen Bezeichnung für unsere Epoche geraten die Fachleute in Verlegenheit. Man könnte vom „nachbiblischen Judentum" sprechen – doch gilt dies im Grunde für das ganze Judentum bis heute, denn jede Form des Judentums ist nachbiblisches Judentum – oder auch vom „antiken Judentum", doch ist dies wenig konkret und aussagekräftig. Das Problem ist deswegen wichtig und keine müßige terminologische Spielerei von einigen wenigen Spezialisten, weil sich die christliche Theologie seiner angenommen hat, die ganz elementar an dem Judentum dieser Zeit, in der das Christentum entstand, interessiert ist. Die christliche Theologie hat für diese Epoche zwischen dem Ende des Exils und dem Beginn des Christentums (und in abgeleiteter Form gilt dies erst recht für das Judentum *nach* dem Aufkommen des Christentums) den verräterischen Begriff „Spätjudentum" geprägt, der beinhaltet, daß dieses „nachbiblische Judentum" eine – im Vergleich zum einmaligen und unwiederholbaren Höhepunkt der biblischen Zeit – sekundäre, abgeleitete Entwicklung ist, ein sowohl fremden Einflüssen erliegendes als auch zu starrer „Gesetzlichkeit" degenerierendes Judentum. Erst das Christentum, so lautet die zugrundeliegende geschichtliche Konzeption nicht weniger christlicher Theologen bis heute, habe wieder direkt an die biblische Zeit angeknüpft und diese, indem es die dazwischenliegende „Fehlentwicklung" gleichsam übersprang, vollendet. Dies ist eine Geschichtskonstruktion, die ganz gewiß nicht dem Judentum gerecht wird, aber letztlich auch dem Anliegen der christlichen Theologie einen Bärendienst erweist. Die Fachleute, die sich mit der Wissenschaft vom Judentum befassen, haben daher, z. T. im bewußten Gegenzug gegen den dogmatisch vorbelasteten Begriff des „Spätjudentums", den Terminus „Frühjudentum" geprägt und bezeichnen damit die Epoche vom Ausgang des Exils bis zum 1. jüdisch-römischen Krieg 70 n. Chr. – Frühjudentum deswegen, weil in dieser Zeit das Judentum sich als die kulturelle, soziale und politische Größe konstituierte, die für die weitere Entwicklung maßgebend wurde. Der Vorteil dieses Terminus „Frühjudentum" ist es, primär den Ablauf der *jüdischen* Geschichte im Blick zu haben und gegenüber christlich-theologischen Ansprüchen die Legitimität und

Kontinuität dieser Geschichte des Judentums zum Ausdruck zu bringen, die sich eben nicht darin erschöpft, im besten Falle den Zuträger und im schlechtesten Falle die dunkle Hintergrundfolie für das junge Christentum abzugeben. Für die Zeit von 70 n. Chr. bis zur arabischen Eroberung Palästinas verwendet man am besten den Ausdruck rabbinisches oder talmudisches Judentum – „rabbinisch" nach den Rabbinen, den geistigen Führern dieser Epoche und „talmudisch" nach dem Talmud, ihrem literarischen Hauptwerk.

II

Das Palästina, in dem wir uns zu Beginn der hellenistischen Zeit befinden, ist alles andere als eine wirtschaftliche und kulturelle Einheit. Die herrschende Macht vor der Eroberung durch Alexander den Großen waren die Perser, also ein orientalisches Großreich, das den Gipfel seiner Machtentfaltung längst überschritten hatte. Die westlichen Gebiete dieses Perserreiches (und hier vor allem die seefahrenden Küstenstädte) waren schon seit langem nach Griechenland hin orientiert, dem wirtschaftlichen, kulturellen und nicht zuletzt auch militärischen Einfluß der Griechen ausgesetzt (griechische Söldner spielten auch im Orient schon lange eine entscheidende Rolle). Zahlreiche Einzelfunde in Palästina haben bewiesen, daß griechische Keramik, griechische Kunstwerke und griechische Münzen in diesem Gebiet weit verbreitet waren, ja daß ganze Städte (vor allem in der Küstenebene) schon vor der Eroberung des Landes durch Alexander gewissermaßen als „griechisch" zu bezeichnen sind.

Dennoch eröffnete der Siegeszug des jungen Alexander, der mit der berühmten Schlacht bei Issos (333 v. Chr.) eingeleitet wurde, ein neues Kapitel in der Geschichte des Vorderen Orients und damit auch des jüdischen Palästina. Dieser Orient, der die Griechen bisher vorwiegend als Handelsleute und Künstler kannte, lernte sie bzw. die stammesverwandten Makedonen nun als harte und sogar brutale Eroberer kennen. Innerhalb kurzer Zeit eroberte Alexander das palästinische Küstenland, unterwarf Ägypten und begab sich von dort – wieder über Palästina – nach Mesopotamien, um das persische Großreich endgültig zu besiegen und bis nach Indien vorzustoßen. Die kleine jüdische Provinz Jehud (so hieß sie unter den Persern) war für ihn ganz unwichtig und hat sich der Eroberung durch die griechischen Truppen mit Sicherheit nicht widersetzt; jüdische Berichte, daß Alexander Jerusalem besucht habe, gehören in den Bereich der Legende. Sehr wahrscheinlich hat der politische Machtwechsel von den Persern zu den Griechen in der jüdischen Provinz zunächst keine einschneidenden Änderungen bewirkt; Alexander wird sich mit der Anerkennung der griechischen Oberhoheit durch den Hohenpriester als Repräsentanten des Volkes begnügt haben und ließ vermutlich die organisatorische Struktur Judäas mit dem Hohenpriester und dem Ältestenrat an der Spitze des Volkes unangetastet. Wenn er dennoch in der jüdischen Geschichtsschreibung nicht besonders gut wegkommt, so geschieht dies vor allem aus der Sicht der späteren Entwicklung. So nennt ihn das Danielbuch zwar noch einen „Heldenkönig" (Dan 11,3), schildert aber das durch ihn eingeleitete Reich, das „vierte Reich" der Makedonen und Griechen, als Inkarnation des Bösen schlechthin: „Danach erblickte ich in den Nachtgesichten ein viertes Tier, furchtbar und schrecklich und außerordentlich stark. Es hatte mächtige Zähne von Eisen und Klauen von Erz, es fraß und zermalmte; was übrigblieb, zertrat es mit seinen Füßen." (Dan 7,7) Und auch das 1. Makkabäerbuch beginnt seinen Bericht mit einer Charakterisierung Alexanders, die an Deutlichkeit nichts zu wünschen übrig läßt: „Viele Kriege hat er geführt, fester Plätze hat er sich bemächtigt, Könige der Erde hat er abschlachten lassen. Bis an die Grenzen der Welt ist er gezogen, eine Unmenge Völker hat er ausgeplündert. Und als die Welt vor ihm zur Ruhe gekommen war, wurde er hochmütig, und sein Herz überhob sich." (1 Makk 1,1–4)

Als Alexander der Große 323 v. Chr. auf dem Höhepunkt seiner militärischen Erfolge in Babylon starb, begann zwischen seinen Generälen der Machtkampf um sein Erbe. Auch über die Nachfolger Alexanders weiß das 1. Makkabäerbuch aus jüdischer Sicht wenig Schmeichelhaftes zu berichten, sondern meint lapidar:

„Alexander starb nach 12jähriger Regierung, und es herrschten nun seine Diener, ein jeder an seinem Ort. Nach seinem Tode aber setzten sich alle das Diadem auf und ebenso ihre Söhne nach ihnen viele Jahre lang; und sie verübten viel Böses auf der Erde." (1 Makk 1,7–9) Palästina, das in seiner exponierten Lage seit alters her zwischen den beiden großen Kulturzentren im Norden (Syrien-Mesopotamien) und im Süden (Ägypten) umkämpft war, geriet in den Mittelpunkt rivalisierender Interessen. Die Nachfolger Alexanders – im Norden die Seleukiden, im Süden die Ptolemäer – zeigten sich an Palästina (und hier wieder vor allem an den Küstenstädten, deren Besitz die Kontrolle der wichtigsten Handelswege garantierte) ebenso interessiert wie in biblischer Zeit die babylonischen Könige und die Pharaonen. Für die ersten einhundert Jahre setzten sich die Ptolemäer in Ägypten durch und brachten Palästina eine Zeit relativen Friedens und wirtschaftlichen Aufschwungs.

Auf jüdischer Seite scheint insbesondere die Familie des jüdischen Lokalfürsten Tobias, die ursprünglich im Ostjordanland beheimatet war, die neuen wirtschaftlichen Möglichkeiten genutzt zu haben (überhaupt ist es wohl so, daß vor allem die Oberschicht an den neuen Segnungen partizipierte, während die arme Landbevölkerung eher intensiver ausgebeutet wurde als vorher). Unter den sog. Zenonpapyri, dem Archiv der Ptolemäer, das 1915 wiederentdeckt wurde, finden sich jedenfalls auch zwei Briefe dieses Tobias an den ptolemäischen Wirtschafts- und Finanzminister Apollonios, in denen Tobias Geschenke für Apollonios und den König selbst ankündigt. Es scheint also eine rege Korrespondenz zwischen diesem jüdischen Lokalfürsten und seinem Herrn in Ägypten gegeben zu haben, und in der Tat wurden die aus dieser Zeit datierenden und auf der Grundlage gemeinsamer Handelsinteressen beruhenden proptolemäischen Neigungen der Familie des Tobias ein wichtiger Faktor der jüdischen Politik. Der griechische Einfluß während dieser Zeit in Palästina läßt sich übrigens daran ermessen, daß Tobias für seine Korrespondenz selbstverständlich einen griechischen Sekretär hatte und daß auch die Söldner in seiner Festung Juden *und* Makedonier waren.

Politisch noch erfolgreicher war der Sohn des Tobias, Josef, gleichzeitig ein Neffe des amtierenden Hohenpriesters Onias II. Er verschaffte sich beim König in Ägypten, indem er schlicht die doppelte Steuersumme versprach, das Amt des „Generalsteuerpächters" für die ganze Provinz, sowie, zur wirksamen Unterstützung dieser Aufgabe, das Kommando über 2000 Soldaten. Dieses Amt übte er 22 Jahre lang aus und verstand es, die ihm zur Verfügung stehenden Machtmittel zur Ausbeutung des Volkes radikal einzusetzen. Er brachte nicht nur die versprochenen Steuern auf, sondern auch, wie es bei dem jüdischen Historiker Flavius Josephus vorsichtig heißt, „einen ansehnlichen Gewinn, den er zur Befestigung seiner Macht verwandte, da er es für klug und vorteilhaft hielt, mit seinem Reichtum sein Glück zu begründen" (Ant. XII § 184). Sehr viel näher der historischen Wirklichkeit als Josephus dürfte das etwa zeitgenössische biblische Buch Prediger kommen, in dem wohl nicht nur die Ausbeutungspraxis der Ptolemäer, sondern auch der Tobiadenfamilie angeprangert wird: „Wenn du die Unterdrückung der Armen und die Beseitigung von Recht und Gerechtigkeit in der Provinz siehst, so wundere dich nicht darüber, denn ein Hoher belauert den (anderen) Hohen, und Hohe sind über ihnen." (Pred 5,7)

III

Nach ungefähr einhundert Jahren, genau im Jahre 200 v. Chr., ging die ptolemäische Oberhoheit in Palästina zu Ende und wurde durch die Herrschaft der mit den Ptolemäern konkurrierenden Seleukiden abgelöst. Die Juden scheinen sich den neuen Herren, von denen sie sich – wie immer bei einem Herrschaftswechsel – eine entscheidende Verbesserung ihrer Verhältnisse erhofften, willig unterworfen zu haben. Der neue König machte ihnen zunächst auch einige wichtige Zugeständnisse, so u. a. Steuererleichterungen und vor allem die Erlaubnis, „nach den Gesetzen ihrer Väter zu leben", wie es in einem bei Flavius Josephus überlieferten Erlaß ausdrücklich heißt (Ant. XII § 138–44). Letzteres bedeutet – wie schon unter den Persern und unter Alexander dem Großen, aber wahrscheinlich nicht unter den Ptolemäern – die Anerkennung der Torah (also der 5 Bücher Mose der Bibel) als Staatsgesetz und somit die Gewährung der inneren Autonomie.

Die Geschicke Judäas unter den Seleukiden sind weitgehend von einem Machtkampf zwischen den beiden rivalisierenden Familien der hohepriesterlichen Dynastie der Oniaden (die offiziell an der Spitze der jüdischen Provinz stand) und der Tobiaden (nach dem erwähnten Tobias, dem Ahnherren dieser Familie) bestimmt. Beide hatten die Zeichen der Zeit erkannt und den politischen Kurswechsel zu den Seleukiden rechtzeitig vollzogen – die Tobiaden zunächst zwar etwas zögernder als der Hohepriester; dafür stellten sie sich aber bald um so kompromißloser auf die Seite der neuen Herren und profilierten sich zunehmend als eine Art griechenfreundliche „Hellenistenpartei" im Unterschied und Gegensatz zum eher konservativen und torahtreuen Hohenpriester. Der interne Machtkampf spitzte sich zu, als im Jahre 175 v. Chr. Antiochos IV. Epiphanes den seleukidischen Thron bestieg. Die Tobiaden nutzten die Wirren des Thronwechsels und versprachen dem neuen König eine Erhöhung der steuerlichen Abgaben, wenn er Jason, den ihnen genehmeren Bruder des Hohenpriesters Onias III., zum Hohenpriester ernenne. Antiochos IV., dessen Stellung noch nicht völlig gefestigt war, ging auf diese Bitte ein, zumal die Vergabe von Ämtern nach finanziellen Gesichtspunkten für ihn sicher ein normaler Vorgang war. In der Optik gesetzestreuer Kreise in Jerusalem stellte sich dieser Machtwechsel allerdings ganz anders dar. Für die gesetzestreuen Juden – und damit wohl für die Mehrheit der Bevölkerung – war die Ernennung Jasons zu Lebzeiten eines rechtsgültig amtierenden Hohenpriesters ein gewaltsamer staatlicher Eingriff in die Autonomie des jüdischen Stadtstaates.

Mit Jason war nicht nur ein Vertreter der Tobiaden, sondern – dies bedingt sich gegenseitig – einer der Führer der sogenannten hellenistischen Reformpartei in Jerusalem an die Macht gekommen. Hauptziel der Reform, die primär von der herrschenden Schicht in Jerusalem ausging und von der Mehrheit der (größtenteils armen) Bevölkerung nicht getragen wurde, war eine Verfassungsreform im Sinne einer hellenistischen Polis, also eines Stadtstaates nach griechischem Vorbild. Antiochos IV. genehmigte die Umwandlung Jerusalems in eine Polis mit allen Konsequenzen, zu denen vor allem die Errichtung eines Gymnasiums gehörte. Dieses Gymnasium wurde in der Nähe des Tempels gebaut, und sogar die Priester sollen es vorgezogen haben, statt den Altardienst zu versehen, sich an den dort stattfindenden Wettspielen zu beteiligen. Daß diese Kampfspiele nach griechischer Sitte nackt ausgetragen wurden und manche Jünglinge sich daher sogar zum Epispasmos, der operativen Wiederherstellung der Vorhaut, verstiegen, wird die Empörung gesetzestreuer Kreise ebenso gesteigert haben wie die Tatsache, daß der Sportbetrieb auch in Jerusalem kaum vom Kult des Herakles und Hermes, der Schutzgötter des Gymnasiums, zu trennen war. Letztlich setzte somit die Umwandlung Jerusalems in eine Polis die Torah als Verfassung außer kraft und bedeutete eine völlige Abkehr vom jüdischen Tempelstaat, wie er seit Jahrhunderten bestanden hatte.

Die Ereignisse spitzten sich weiter zu, als es der Tobiadenpartei gelang, den ihnen noch zu gemäßigten Jason zu stürzen und beim König einen neuen Hohenpriester durchzusetzen. Dieser neue Hohepriester, Menelaos, war mit der Hohepriesterdynastie nicht einmal verwandt. Damit wurde nicht nur, wie im Falle Jasons, die interne Erbfolge im Hohenpriesteramt durchbrochen (Jason war immerhin noch ein Bruder des rechtmäßigen Hohenpriesters), sondern es kam erstmals ein völliger Außenseiter an die Macht – in den Augen der Frommen ein unerhörter Frevel.

Der Machtkampf zwischen den beiden Rivalen Jason und Menelaos und ein Aufstand in der Bevölkerung Jerusalems veranlaßten den König, persönlich in Jerusalem einzugreifen. Er eroberte Jerusalem und plünderte den Tempel, wobei ihm der von ihm gestützte Hohepriester Menelaos persönlich assistierte. Zwei Jahre später ließ er die Mauern Jerusalems schleifen und im Zentrum der Stadt eine Zwingburg mit einer ständigen nichtjüdischen Besatzung errichten, „gottloses Volk, gesetzlose Männer", wie das 1. Makkabäerbuch sie nennt. „Waffen und Proviant legten sie dort nieder, das Beutegut Jerusalems rafften sie zusammen und stapelten es auf; sie (= die Burg) wurde zu einem großen Fallstrick. Sie wurde zu einem Hinterhalt für das Heiligtum, zu einem gar schlimmen Verderber für Israel." (1 Makk 1,34 ff.)

Die letzte und entscheidende Phase der Hellenisierungsbestrebungen und damit der Höhepunkt der Entwicklung war erreicht, als der König seine berühmt-berüchtigten Dekrete gegen die freie Ausübung der jüdischen Religion erließ (1 Makk 1,44–50): „Hierauf sandte der König durch Boten Briefe nach Jerusalem und den Städten Judäas: Sie sollten sich fortan nach den Gebräuchen richten, die dem Land fremd waren, die Brandopfer ... und Trankopfer im Heiligtum abstellen, die Sabbate und Feste entweihen, das Heiligtum und die Heiligen verunreinigen, Opferhöhlen, heilige Haine und Götzentempel errichten, Schweine und unreine Tiere opfern, ihre Söhne unbeschnitten lassen und sich durch allerlei Unreines und Greuliches beflecken, so daß sie das Gesetz vergäßen und alle Ordnungen (Gottes) abschafften. Und wer dem Gebot des Königs nicht Folge leisten würde, der sollte sterben."

Auf dem großen Brandopferaltar im Jerusalemer Tempel wurde ein heidnischer Altar errichtet und der Tempel insgesamt dem höchsten griechischen Gott, dem Zeus Olympios, geweiht. Das 1. Makkabäerbuch überliefert sogar das Datum dieses einschneidenden Ereignisses: der 15. Kislev des Jahres 145 der seleukidischen Ära, das entspricht genau dem 6. Dezember 167 v. Chr.

Die Frage, wie es zu dieser Eskalation der Ereignisse kam, ist bis heute umstritten. Schon die antiken Historiker waren sich nicht einig. Während der König von den heidnischen Schriftstellern als Kulturträger und Kämpfer gegen die abergläubische Barbarei der Juden verherrlicht wird, gilt er den jüdischen Geschichtsschreibern als Personifikation des Bösen und religiöser Hybris schlechthin: „Reden führt er wider den Allerhöchsten, dessen Heilige reibt er auf. Zu ändern trachtet er Fristen und Satzung. Sie sind gegeben in seine Gewalt bis auf eine Zeit, zwei Zeiten und eine halbe Zeit. Das Gericht nimmt Platz, beseitigt wird seine Macht; sie sei bis zum Ende zerstört und vernichtet" – so urteilt das biblische Danielbuch (7,25 f.) über ihn. Auch in der modernen Geschichtsschreibung stehen sich zwei Meinungen gegenüber. Für die einen ging die Verfolgung ausschließlich von den Syrern aus, und diese Verfolgung war eine *Religions*verfolgung im strengen Sinne des Wortes, mit dem erklärten Ziel, die jüdische Religion auszurotten. Die anderen sehen die Verfolgung eher als Konsequenz eines primär *innerjüdischen* Vorgangs, als direktes und nahezu zwangsläufiges Ergebnis des von bestimmten jüdischen Kreisen, also *innerhalb* des Judentums, eingeleiteten Prozesses der Hellenisierung.

Die Wahrheit liegt, wie häufig bei ganz entgegengesetzten Anschauungen, eher in der Mitte. Antiochos IV. war sicher nicht einfach ein barbarischer und primitiver Verfolger der jüdischen Religion – dafür gehören in der Antike Religion und Staat viel zu eng zusammen –, der König war aber auch ebensowenig nur ein Werkzeug der extremen Hellenisten in Jerusalem, gewissermaßen ein Akteur ohne die genaue Kenntnis der Spielregeln. Man darf auch nicht die außenpolitische Konstellation vergessen, in der Antiochos als hellenistischer Potentat agierte. Inzwischen hatten nämlich die Römer begonnen, sich als neue Großmacht im Nahen Osten zu etablieren und auch Antiochos schon deutlich in seine Grenzen gewiesen. Es lag also nahe, daß der König versuchte, den ihm verbleibenden Spielraum auszunutzen und seine Autorität und seine Vorstellung von einem hellenistischen Staat rigoros durchzusetzen. Die Hellenistenpartei in Jerusalem kam ihm dabei zweifellos entgegen, so daß die Initiative zwar beim König lag, es aber niemals zu einer solchen Eskalation hätte kommen können, wenn die jüdische Oberschicht den König nicht aktiv unterstützt hätte.

Die Edikte des Antiochos führten zu einer unerträglichen Polarisierung innerhalb des Judentums. Einer relativ kleinen, aber politisch tonangebenden Minderheit von „Hellenisten" stand die torahtreue Mehrheit des Volkes gegenüber, die am ererbten „Gesetz der Väter" (im religiösen wie politischen Sinne) festhalten wollte. Dieser Gegensatz ist unbedingt auch sozial zu sehen, denn die Hellenisten rekrutierten sich überwiegend aus der wirtschaftlich dominierenden Oberschicht, die torahtreuen „Frommen" dagegen aus der ärmeren Bevölkerung. Die Polarisierung führte zur Explosion, als eine Gruppe von „Frommen" (hebräisch *Chasidim*) um den Priester Mattathias und seine fünf Söhne vom passiven zum aktiven Widerstand gegen die Seleukiden nach außen und die Hellenistenpartei im Inneren überging. Dieser Widerstand, zunächst ein Guerillakrieg, dann ein offener Aufstand mit beträchtlichem militärischem Potential auf beiden Seiten, ging als „makkabäische Erhebung" in die Geschichte ein („Makkabi", der Hammer, war der Beiname des ältesten Sohnes Judas; nach ihm wurde die ganze Familie benannt).

Mit dem Aufstand der Makkabäer begann ein Prozeß, der stufenweise zur völligen Befreiung Judäas von der seleukidischen Oberherrschaft führte. In dem Maße, in dem das Seleukidenreich zunehmend außenpolitischem Druck ausgesetzt war und sich im Inneren in dynastische Streitereien verstrickte, gelang es der Makkabäerfamilie, politische und religiöse Handlungsfreiheit zu gewinnen. Schon am 14. Dezember 164 v. Chr. (auch dieses Datum ist überliefert) konnte Judas den legitimen Tempelkult wiederherstellen; das Fest der Tempelweihe lebt als Chanukka-Fest bis heute im Judentum fort. Jonathan, der Bruder des Judas, wurde ungefähr zehn Jahre später Hoherpriester, und nach weiteren zehn Jahren gelang Simon, dem dritten Sohn des Mattathias, die Eroberung der Jerusalemer Zwingburg, des letzten syrischen Bollwerkes in Judäa. Das 1. Makkabäerbuch feiert Simon in fast messianischen Tönen als Erretter des Volkes und Friedensfürst. Höhepunkt dieser Entwicklung war dann der Beschluß der Jerusalemer Volksversammlung vom Jahre 140 v. Chr., die Makkabäerfamilie formell zu legitimieren und Simon die Ämter des Fürsten, des Hohenpriesters und des Heerführers als erbliche Würde zu verleihen.

Spätestens zu diesem Zeitpunkt wird das Dilemma deutlich, in dem sich die makkabäische Bewegung befand. Angetreten als eine Gruppe von gesetzestreuen „Frommen", die gegen den wachsenden Einfluß des Hellenismus kämpfte, entfernte sie sich um so weiter von den ursprünglichen Zielen, je mehr Eigendynamik sie entwickelte, je aktiver sie politisch wurde (die Makkabäer unternahmen immer ausgedehntere Eroberungszüge über das judäische Kernland hinaus und knüpften außenpolitisch Beziehungen zu Rom und zu Sparta) und vor allem, je mehr sich der dynastische

Gedanke durchsetzte. Schon unter Jonathan hat sich wahrscheinlich die extreme Sekte von Qumran, die durch ihre erst in diesem Jahrhundert wiederentdeckten Schriftrollen berühmt geworden ist, in die Wüste zurückgezogen, weil sie die Ziele der Makkabäer nicht mehr billigte. In der zweiten Generation regierte der Sohn Simons, Johannes Hyrkan, bereits wie ein hellenistischer Potentat; er tat also genau das, wogegen seine Väter gekämpft hatten. Damit wurde der Konflikt zwischen den ursprünglichen Zielen der makkabäischen Bewegung und dem, was daraus geworden war, offenkundig. Konsequenterweise forderte die aus der alten Partei der „Frommen" hervorgegangene Richtung der Pharisäer von Johannes Hyrkan den Verzicht auf das Hohepriesteramt und die Beschränkung auf die staatliche Gewalt. Hyrkan weigerte sich, brach mit den Pharisäern und wandte sich der alten staatstragenden Partei der Sadduzäer zu, des vermögenden Priesteradels, der infolge seiner wirtschaftlichen Interessen eher zu religiösen Kompromissen bereit war und diese Bereitschaft schon vor der makkabäischen Erhebung unter den Hellenisten unter Beweis gestellt hatte.

Der Gegensatz zwischen der regierenden Dynastie der Makkabäer (man nennt sie dann später auch Hasmonäer), die die ursprünglichen Ideale der makkabäischen Bewegung mehr und mehr in ihr Gegenteil verkehrte, und der stark im Volk verwurzelten „Partei" der Pharisäer wurde ein maßgebender Faktor in der weiteren Geschichte. Aristobul I., der Sohn Johannes Hyrkans, nahm offiziell den Königstitel an; sein Bruder und Nachfolger Alexander Jannai ist der erste Hasmonäer, der mit Sicherheit eigene Münzen prägte und darauf seinen Königstitel verwendete. Da die pharisäischen „Frommen" nicht länger bereit waren, die „hellenistische Tyrannis" des Hasmonäerfürsten zu dulden, kam es zur offenen Rebellion und einem sechs Jahre dauernden Bürgerkrieg. Alexander Jannai konnte den Aufstand nur durch ein brutales Schrekkensregiment unterdrücken, das ihm in der zeitgenössischen Literatur den Titel „Zorneslöwe" eintrug und zahlreiche innenpolitische Gegner veranlaßte, das Land für den Rest seiner Regierungszeit zu verlassen. Doch schon seine Witwe und Nachfolgerin Salome Alexandra war klug genug, den Ausgleich mit den Pharisäern zu suchen. Sie vollzog eine völlige Kehrtwendung in der Innenpolitik und räumte den Pharisäern – vor allem auf Kosten der Sadduzäer – so weitgehende Rechte ein, daß diese zur einflußreichsten Partei im Staate wurden.

Inzwischen lag jedoch die Initiative im Machtkampf der verschiedenen Parteien in Jerusalem nicht mehr ausschließlich bei den unmittelbar Betroffenen. Die Römer waren unter Pompejus bis nahe an die Grenzen des jüdischen Staates vorgedrungen und besiegelten im Jahre 64 v. Chr. das Schicksal des seleukidischen Reiches. Als sich nach dem Tode der Salome Alexandra deren Söhne Aristobul und Hyrkan sowie die Pharisäer um die Herrschaft stritten, griff Pompejus ein und eroberte im Jahre 63 v. Chr. Jerusalem. Er ordnete den jüdischen Staat völlig neu, indem er alle Gebiete außerhalb des judäischen Kernlandes der neugegründeten römischen Provinz Syrien unterstellte und nur über den verbliebenen Reststaat, der zudem den Römern zinspflichtig wurde, Hyrkan (II.) als Hohenpriester ohne Königstitel einsetzte. Damit war die von den Makkabäern gegenüber den Seleukiden errungene Selbständigkeit des jüdischen Volkes nach weniger als einhundert Jahren der Großmacht Rom zum Opfer gefallen.

IV

Wir stehen damit an einer entscheidenden Wende in der Geschichte des Judentums. Das römische Reich, das unter den ersten Makkabäern noch der Verbündete gegen die Fremdherrschaft der Seleukiden war, wurde nun selbst zum verhaßten Zwingherrn und für lange Zeit, bis es vom Staatschristentum abgelöst wurde, der Prototyp der widergöttlichen Macht.

Die Dynastie der Makkabäer/Hasmonäer war mit dem Auftreten der Römer in die politische Bedeutungslosigkeit abgesunken. Stattdessen gelang es Herodes, der in der nicht-jüdischen Geschichtsschreibung den Beinamen „der Große“ erhalten sollte, die Macht an sich zu reißen. Herodes war von Geburt ein Idumäer, d. h. Abkömmling eines Volksstammes, der erst von Johannes Hyrkan zwangsjudaisiert worden war. Dieser Umstand trug ihm von vorneherein das Mißtrauen seiner Landsleute ein, das auch nur dadurch wenig gemildert wurde, daß er weitsichtig planend die Hasmonäerprinzessin Mariamme geheiratet hatte. Als er 37 v. Chr. mit massiver Unterstützung der Römer an die Macht kam, setzte er sich rigoros gegen alle echten wie vermeintlichen Widerstände durch, nicht zuletzt auch gegen die Reste der Hasmonäerdynastie. Nacheinander ließ er Mattathias Antigonos, den letzten rechtmäßigen Hasmonäerkönig, Aristobul, den Bruder seiner Frau Mariamme und letzten hasmonäischen Hohenpriester, Hyrkan II., den Sohn Alexander Jannais, und schließlich auch seine Frau Mariamme sowie seine Söhne aus dieser Ehe, Alexander und Aristobul, hinrichten. Auf diese Weise gelang es ihm, seine Macht im Inneren zu konsolidieren. Nach außen hin war er völlig von den Römern abhängig, doch erreichte der jüdische Vasallenstaat unter ihm fast dieselbe Ausdehnung wie zur Glanzzeit der Hasmonäer. Er regierte wie ein hellenistischer Monarch und führte die Hellenisierung Palästinas zu einem neuen Höhepunkt. Charakteristisch dafür ist seine extensive Bautätigkeit: Er erbaute nicht nur den Tempel völlig neu und machte ihn zu einem der meistbewunderten Bauwerke seiner Zeit, sondern er gründete oder erneuerte zahlreiche Städte, Festungen und Paläste (berühmt geworden sind Herodium, wo er sich sein Grabmal errichtete, und Masada).

Das Urteil über Herodes ist zwiespältig. Für seine jüdischen Zeitgenossen war er ein Emporkömmling, der die „legitime“ hasmonäische Dynastie ausrottete, Hohepriester nach Gutdünken ein- und absetzte, ein Vasall Roms, der sein Volk verraten hatte. Die Ironie der Geschichte, nach der sich alles nur zum Schlechteren entwickelt, will es, daß seine verhaßte Herrschaft sogar das Königtum der Hasmonäer in ganz neuem Glanz erstrahlen läßt, das den Zeitgenossen gar nicht so glanzvoll erschien – doch waren die Hasmonäer eben die Nachkommen der Makkabäer, so sehr sie sich von den ursprünglichen Zielen entfernt und nicht viel anders als Herodes zu hellenistischen Despoten entwickelt hatten, und Herodes war und blieb nur ein unvollkommen judaisierter Fremdling. Ohne Zweifel ist ein solches Urteil einseitig. Übersehen wird dabei, daß seine Regierung dem Volk eine Zeit des relativen Friedens brachte. Sicher war er nur ein römischer Vasall, aber er hat es auch verstanden, das heikle und komplizierte Verhältnis zu seinem römischen Herrn so zu gestalten, daß er wenigstens einen Rest (und wahrscheinlich sogar den unter den Römern größtmöglichen Rest) der nationalen jüdischen Identität bewahren konnte. Für die, die alles wollen, ist dies natürlich zu wenig, aber der Fortgang der Geschichte sollte zeigen, wohin die Politik des unbedingten „Alles oder Nichts" führte. Fest steht jedenfalls, daß die Regierungszeit des Herodes die letzte längere Zeit der begrenzten jüdischen Selbständigkeit gewesen ist – bis zur Gründung des Staates Israel.

Nach dem Tode des Herodes 4 v. Chr. wurde das Reich unter seine Söhne aufgeteilt, zerfiel aber innerhalb kurzer Zeit. Schon 6 n. Chr. kam das jüdische Kernland unter die Leitung eines römischen Prokurators, der weitgehend dem Statthalter der Provinz Syrien verantwortlich war und blieb in dieser Stellung – abgesehen von dem kurzen Zwischenspiel der Regierung Agrippas I. – bis zum Ausbruch des ersten großen jüdisch-römischen Krieges.

Das wichtigste Kennzeichen der Epoche unter unmittelbarer römischer Verwaltung ab 6. n. Chr. ist die Zunahme revolutionärer Bewegungen. Schon Herodes hatte sich damit auseinanderzusetzen, doch steigerte sich diese Entwicklung unter den Prokuratoren zusehends. Die Rebellen rekrutierten sich überwiegend aus den ärmeren Schichten des Volkes, die der wirtschaftlichen Übermacht der Großgrundbesitzer hilflos ausgeliefert waren. Es verband sich in ihrer Bewegung eine starke soziale Komponente mit dem in der jüdischen Religion immer vorhandenen Messianismus – ein explosives Gemisch, das besonders dann gefährlich wurde, wenn die Bereitschaft im Volke nachließ, den Anbruch der messianischen Heilszeit in Ruhe und politischem Wohlverhalten abzuwarten. Die verschiedenen Gruppen mit wechselnden Messiasprätendenten, die in dieser Zeit entstanden, faßt man unter dem Namen „Zeloten" („Eiferer") zusammen. Gemeinsam war all diesen Bewegungen, daß sie die gewaltsame Veränderung der bestehenden politischen Verhältnisse anstrebten und somit auf einen militärischen Konflikt mit den Römern zusteuerten.

In diesen Zusammenhang der sozialen und politischen Umwälzungen zu Beginn des 1. Jahrhunderts n. Chr. gehört auch die Entstehung des Christentums. Ob und in welchem Maße das frühe Christentum als zelotische Bewegung verstanden werden kann, ist umstritten. Zweifellos finden sich auffällige Gemeinsamkeiten. Dazu gehört etwa die starke Betonung des sozialen Elements in der Predigt Jesu, die Mißachtung familiärer Bindungen, die Forderung nach bedingungsloser Hingabe bis hin zum Martyrium, die ausgeprägte Naherwartung (d.h. der unmittelbar bevorstehenden Erlösung) in den ältesten Schichten des Evangeliums und auch die in manchen Passagen deutlich erkennbare Spannung zur römischen Obrigkeit. Auf der anderen Seite ist die für die Zeloten so charakteristische Bereitschaft zur Gewalt bis hin zum politischen Mord gewiß kein Kennzeichen des Neuen Testaments, wie sich überhaupt die radikale neutestamentliche Liebesethik kaum mit der Ideologie der Zeloten vereinbaren läßt. Zu bedenken ist auch, daß mit zunehmender Entfernung von den Anfängen des Christentums das aktiv-politische Moment immer mehr in den Hintergrund trat, daß man also bei der Beurteilung der historischen Ereignisse die Entwicklung im Neuen Testament selbst mit zu berücksichtigen hat. Auf jeden Fall ist das frühe Christentum, wie immer man die Nähe zu den Zeloten beurteilt, ein Teil der *jüdischen* Geschichte und gehört damit in das bunte Bild der verschiedenen religiös-politischen Gruppierungen des Judentums zu Beginn der christlichen Zeitrechnung. Eine Sonderrolle dieses frühen Christentums läßt sich mit historischen Maßstäben nicht begründen, es sei denn, man überträgt aus dogmatisch-theologischen Motiven die spätere Entwicklung auf die Anfänge. Ein solches Vorgehen ist sicher schon theologisch problematisch und entspricht ganz gewiß nicht der historischen Wirklichkeit.

Die ungeschickte Politik der Prokuratoren, die im wesentlichen auf eine wirtschaftliche Ausbeutung des Landes ausgerichtet war und die religiösen Empfindungen der Juden ständig provozierte, führte zwangsläufig zur Radikalisierung der Lage und zur Verstärkung des zelotischen Einflusses. Die Partei der Pharisäer blieb zwar in ihrer Mehrheit gemäßigt und auf den Ausgleich mit den

Römern bedacht, doch bildeten sich auch radikale Gruppierungen innerhalb der Pharisäer, die sich den Zeloten anschlossen. Weniger durch besonders herausragende Ereignisse, als Schritt für Schritt und in einer fast unausweichlichen Eskalation glitt man in einen Aufstand gegen Rom hinein, der zu einer der folgenschwersten Zäsuren in der Geschichte des jüdischen Volkes führen sollte.

Der Aufstand brach im Jahre 66 n. Chr. in Jerusalem aus und ergriff bald das ganze Land. Der römische Prokurator mußte sich nach Caesarea zurückziehen, und den Aufständischen gelang ein spektakulärer Sieg über den zur Hilfe geeilten Statthalter der Provinz Syrien, Cestius Gallus. Nach dem Tode des Cestius sandte der römische Kaiser Nero eine gewaltige Armee unter dem Kommando des Vespasian nach Palästina, und dieser begann, den Aufstand von Norden her zu unterdrücken. Während dieser Ereignisse starb Nero, und Vespasian ließ sich im Jahre 69 n. Chr. zum Kaiser ausrufen. Er übergab seinem Sohn Titus das Kommando über die römischen Truppen in Palästina, in dem nur noch einige wenige Festungen und die Hauptstadt Jerusalem Widerstand leisteten. Titus belagerte Jerusalem und eroberte die Stadt im Spätsommer des Jahres 70 n. Chr. Der Tempel, das sichtbare Zentrum der jüdischen Religion, ging in Flammen auf. Dieses Ereignis, das wie kaum ein anderes das Bewußtsein des jüdischen Volkes für Jahrhunderte geprägt hat, wird von dem jüdischen Historiker Flavius Josephus ausführlich geschildert (Bell. VI, 236 ff.):

„Als nun (die Römer) den zurückweichenden Juden nachsetzten und bis zum Tempelgebäude vorgedrungen waren, ergriff einer der Soldaten, ohne einen Befehl dazu abzuwarten oder die schweren Folgen seiner Tat zu bedenken, wie auf höheren Antrieb einen Feuerbrand und schleuderte ihn, von einem Kameraden emporgehoben, durch das goldene Fenster ... ins Innere. Sowie die Flammen aufloderten, erhoben die Juden ... ein gewaltiges Geschrei und rannten, ohne der Gefahr zu achten oder ihre Kräfte zu schonen, von allen Seiten herbei, um dem Feuer zu wehren: Denn es drohte unterzugehen, was sie bisher vor dem Äußersten zu bewahren versucht hatten."

Josephus behauptet, daß Titus persönlich die Zerstörung des

Tempels zu verhindern suchte, seine Truppen ihm aber nicht gehorchten, doch ist sein Bericht in diesem Punkt nicht unbedingt glaubwürdig, da er dem Kaiserhaus eng verbunden war.

„Keine gütlichen Vorstellungen, keine Drohungen vermochten den stürmischen Andrang der Legionen aufzuhalten: Die Wut allein führte das Kommando. ... In die Nähe des Tempels gekommen, stellten sie sich, als hörten sie nicht einmal die Befehle des Feldherrn, und schrien ihren Vordermännern zu, sie sollten Feuer in den Tempel werfen. ... Auch ganze Haufen von Bürgern, lauter schwache, wehrlose Leute, fielen, wo der Feind sie traf, dem Schwert zum Opfer. Besonders um den Altar herum türmten sich die Toten in Massen auf: Stromweise floß das Blut an seinen Stufen, und dumpf rollten die Leichen derer, die oben auf ihm ermordet wurden, an seinen Wänden herunter."

Mit der Eroberung Jerusalems und der Zerstörung des Tempels war der Aufstand gebrochen. Die Zeloten leisteten noch einige Zeit in der schwer zugänglichen Festung Masada Widerstand, bis auch diese im Jahre 74 n. Chr. erobert wurde.

V

Das Ende des ersten jüdisch-römischen Krieges markiert nicht nur eine einschneidende politische Zäsur, sondern gleichzeitig auch einen weitreichenden Bruch im religiösen Leben des Judentums. Das jüdische Volk, das seit Jahrhunderten auf den Tempelkult als Mittelpunkt des religiösen Lebens ausgerichtet war, mußte sich nun völlig umorientieren und auf ein Leben nicht nur ohne Staat, sondern auch ohne Tempel einrichten. Zwar sollte die Bedeutung des Tempelkultes für die jüdische Religion nicht überschätzt werden – sie war unter den letzten Hasmonäern und vor allem unter Herodes ohnehin immer mehr zurückgegangen –, dennoch verlangte die Zerstörung des Tempels, vor allem als je endgültiger sie sich erwies, eine grundsätzliche Neubesinnung, einen radikalen Neuanfang. Dieser wurde von der Gruppe vollzogen, die das Fiasko des Krieges einigermaßen unbeschadet überstanden hatte und als einzige fähig war, sich mit den Römern längerfristig zu arrangieren, dem gemäßigten Flügel der Pharisäer. Diese gemäßigten Pharisäer gingen als „Rabbinen“ (nach ihrem Titel „Rabbi“) in die Geschichte ein und prägten das Gesicht des Judentums für die folgenden Jahrhunderte. Sie schufen in der Mischna und im Talmud, den Hauptwerken der rabbinischen Literatur, das Instrument, das das Überleben des Judentums ermöglichen sollte.

Das erste Zentrum des rabbinischen Judentums nach der Katastrophe des Jahres 70 n. Chr. war die kleine Stadt Javne in der Küstenebene, südlich vom heutigen Tel Aviv. Hier versammelten sich die neuen Führer des Volkes um Rabbi Jochanan ben Zakkai, der sich nach einer Erzählung im Talmud im Sarg aus dem belagerten Jerusalem hatte herausschmuggeln lassen, um von Titus die Erlaubnis zu erbitten, sich mit seinen Anhängern in Javne niederzulassen. Diese Geschichte ist sicher eine Legende; sie zeigt aber, welche Bedeutung man schon bald dem Neuanfang in Javne zumaß.

Die äußere Entwicklung blieb zunächst verhältnismäßig ruhig. Die gemäßigten Rabbinen hatten nach der Katastrophe des Krieges keine Schwierigkeiten, das Volk von weiteren politischen Abenteuern zurückzuhalten. Judäa war eine römische Provinz mit einem eigenen Statthalter und einer ständigen Besatzungstruppe, und die Römer gestatteten nur sehr langsam die Wiedererrichtung einer begrenzten jüdischen Selbstverwaltung. Die wichtigste politische Instanz war dabei der Patriarch, der die Doppelfunktion des höchsten Lehrers und Richters in der innerjüdischen Gerichtsbarkeit und des politischen Repräsentanten gegenüber der römischen Obrigkeit ausübte.

Die äußere Ruhe dauerte freilich nicht allzu lange. Der erneute Widerstand ging diesmal nicht von Palästina aus, sondern von der jüdischen Diaspora in Ägypten, vor allem in der Stadt Alexandria, sowie in Nordafrika und auf Zypern. Alexandria war eines der Zentren der jüdischen Diaspora in der Antike – neben Babylonien und auch Kleinasien und Rom – mit einer zahlenmäßig und kulturell sehr bedeutsamen jüdischen Gemeinde. Ursache des sogenannten Diaspora-Aufstandes in den Jahren 115–117 n. Chr. waren neben dem allgemeinen Haß auf Rom vor allem die ständig wachsenden Spannungen zwischen der jüdischen und der griechischen Bevölkerung in großen Städten wie Alexandria. Die brutale Unterdrückung auch dieses Aufstandes durch die Römer beendete weitgehend die kulturelle Blüte des Diasporajudentums.

Ob und in welchem Maße die Unruhen in der Diaspora sich auch auf Palästina ausgewirkt haben, wissen wir nicht genau. Die Römer haben sehr wahrscheinlich vorgebaut und die Zahl ihrer ständig in Judäa stationierten Truppen erhöht; so kam es, wenn überhaupt, nur zu lokal begrenzten Ausschreitungen, die schnell unter Kontrolle gebracht werden konnten. Doch sollte es nicht mehr lange dauern, nämlich bis zum Jahre 132 n.Chr., bis unter dem römischen Kaiser Hadrian auch in Judäa ein Aufstand ausbrach, der dem ersten jüdisch-römischen Krieg in seiner Bedeutung und vor allem in den dadurch ausgelösten Folgen für die Juden Palästinas kaum nachstand.

Wie konnte es zu diesem zweiten großen Krieg gegen Rom kommen? Abgesehen von möglichen Auswirkungen des Diaspora-Aufstandes auf Palästina finden wir – ganz anders als beim ersten Aufstand – keine Hinweise auf ein rapide sich verschlechterndes Verhältnis zu Rom. Ein Verbot der Beschneidung, das manche als Kriegsgrund ins Feld führen, läßt sich nicht beweisen. Dagegen ist es sehr wahrscheinlich, daß die Absicht Hadrians, das noch weitgehend zerstörte Jerusalem als römische Kolonie mit einem heidnischen Tempel neu zu erbauen, einer der Auslöser des Krieges gewesen ist. Hadrian, ein begeisterter Freund der Griechen, trat im ganzen römischen Reich und vor allem in den Randprovinzen als *restitutor* auf, als Neubegründer und Erneuerer bedeutender Städte. Als er diese Politik auch in Palästina verfolgte, durfte er der Unterstützung der hellenisierten und assimilierten Kreise im Judentum gewiß sein, mußte aber ebenso sicher auf den erbitterten Widerstand der torahtreuen Frommen stoßen. Letztlich war also, wie beim Aufstand der Makkabäer unter Antiochos IV., der Konflikt zwischen der Kultur des Hellenismus und der traditionellen jüdischen Auffassung von Religion und Staat der Grund für diesen neuen Aufstand gegen Rom.

Der Führer des Aufstandes war ein Jude namens Bar Kosiba; seine Anhänger nannten ihn Bar Kochba („Sternensohn"), in Anspielung auf den Bibelvers Numeri 24,17: „Ein Stern (hebr. *kochav*) tritt hervor aus Jakob, ein Zepter erhebt sich aus Israel." Dies zeigt deutlich den messianischen Charakter des Aufstandes. Wir wissen nicht, ob Bar Kochba sich selbst als Messias verstanden hat, aber die rabbinische Literatur überliefert, daß Rabbi Aqiva, einer der einflußreichsten Rabbinen seiner Zeit, ihn ausdrücklich als Messiaskönig begrüßte.

Der genauere Verlauf des Aufstandes ist weitgehend dunkel. Sicher ist allerdings, daß die Aufständischen zunächst große Erfolge verbuchen konnten und weite Teile Judäas in ihren Besitz brachten. Hadrian war gezwungen, zahlreiche Truppen in Palästina zu konzentrieren und seinen besten General, den Statthalter von Britannien, mit der Niederwerfung des Aufstandes zu beauftragen. Dies führte erst nach einem langwierigen Guerillakrieg zum gewünschten Erfolg. Das Zentrum des Widerstandes, die Bergfestung Bethar wenige Kilometer süd-westlich von Jerusalem, wurde im Jahre 135 n. Chr. erobert – nach jüdischer Überlieferung an demselben Datum, an dem im ersten Krieg Jerusalem gefallen und der Tempel in Flammen aufgegangen war. Doch auch danach zog sich der Krieg noch einige Zeit in den schwer zugänglichen Gebieten der judäischen Wüste westlich des Toten Meeres hin. Die letzten Aufständischen flüchteten sich in die Höhlen der Wüste Juda und wurden dort von den Römern regelrecht ausgehungert. Zu den zahlreichen Funden aus diesen Höhlen gehören Originalbriefe in hebräischer, aramäischer und griechischer Sprache vom und an den Rebellenführer Bar Kochba und auch die Gebeine der dorthin geflüchteten, verhungerten und verdursteten Aufständischen, die diese Briefe mit sich genommen hatten.

Wie schwierig und verlustreich der Aufstand auch für die Römer war, geht daraus hervor, daß Hadrian in seinem Bericht an den Senat auf die sonst übliche Formel „Mir und den Truppen geht es gut" und auch auf einen Triumphzug verzichtete. Für die Juden waren die Folgen allerdings noch weit einschneidender. Hadrian konnte nun ungehindert seinen Plan verwirklichen und auf dem

Boden des zerstörten Jerusalem die Stadt Aelia Capitolina errichten (benannt nach dem Jupiter Capitolinus und Hadrians vollem Namen Aelius Hadrianus). An der Stelle des zerstörten Tempels wurde eine Jupiterstatue aufgestellt und den Juden das Betreten der Stadt unter Androhung der Todesstrafe verboten. Gleichzeitig erließ Hadrian einige antijüdische Dekrete, darunter das Verbot der Beschneidung (das allerdings schon bald wieder aufgehoben wurde). Vor allem auch die wirtschaftlichen Folgen des Aufstandes waren erdrückend. Jüdischer Landbesitz wurde enteignet und zahlreiche jüdische Siedlungen verschwanden völlig von der Landkarte. Judäa hatte seine Rolle als Mittelpunkt des jüdischen Lebens endgültig ausgespielt, das Zentrum verlagerte sich von nun an nach Galiläa.

Es folgte ein relativ friedlicher Zeitabschnitt, in dem es das auf Galiläa beschränkte Judentum Palästinas wieder zu wirtschaftlicher und vor allem zu kultureller Blüte brachte. Der messianische Traum war für lange Zeit ausgeträumt. Statt politischer Aktion konzentrierten sich die Kräfte der Rabbinen auf eine immense literarische Produktion, mit der die geistige Grundlage des Judentums für viele Jahrhunderte gelegt wurde. Um 200 n. Chr. redigierte der Patriarch Rabbi Jehuda die Mischna, äußerlich eine Sammlung religions- und zivilgesetzlicher Entscheidungen, in Wirklichkeit ein imponierender Gesamtentwurf des Weltbildes, wie es sich den Rabbinen nach der endgültigen Zerstörung des Tempels darstellte; um 400 n. Chr. entstand daraus der Talmud, zunächst in seiner palästinischen Form, dann (etwa 200 Jahre später) in der Fassung des babylonischen Judentums.

VI

Die letzte große Zäsur in der Geschichte des antiken Judentums war erreicht, als zu Beginn des 4. Jahrhunderts n. Chr. Konstantin der Große sich dem Christentum zuwandte und damit einen Prozeß einleitete, der das Christentum auch in Palästina seinen Triumphzug nicht zuletzt auf Kosten des Judentums antreten ließ.

Die geistige Auseinandersetzung zwischen Judentum und Christentum wurde mit um so ungleicheren Mitteln geführt, je mehr der Staat zugunsten des Christentums intervenierte. Zahlreiche Gesetze schränkten das religiöse und gesellschaftliche Leben der Juden zunehmend ein, vor allem, nachdem das Christentum unter Theodosius I. 391/92 n.Chr. Staatsreligion geworden war. Der Übertritt zum Judentum wurde verboten; Juden durften keine christlichen Sklaven halten (dies richtete sich vor allem gegen die wirtschaftliche Existenz der Juden, da die Sklaven ein unabdingbarer Bestandteil der antiken Wirtschaftsordnung waren) und keine neuen Synagogen mehr bauen; gleichzeitig blieben sie von allen öffentlichen Ämtern im Staatsdienst und Militär ausgeschlossen. Die verhaßte römische Herrschaft war gleichbedeutend geworden mit „Christentum" – die Rabbinen verwenden für beide denselben symbolischen Namen, nämlich „Edom" – und die Unterdrückung der Juden noch viel effektiver, da staatliche Macht und religiöser Anspruch untrennbar miteinander verbunden waren.

Ein kurzes Intermezzo, auf das die Juden noch einmal alle Hoffnungen setzten, war die persische Eroberung Palästinas zu Beginn des 7. Jahrhunderts. Die Juden, die unter dem Druck einer sich ständig verschärfenden Gesetzgebung standen, erwarteten die Perser als Befreier vom christlichen Joch und scheinen diese auch militärisch unterstützt zu haben. Jedenfalls überließen die Perser nach der Eroberung Jerusalems (614 n.Chr.) den Juden die Stadt, die dort eine radikalmessianische Herrschaft errichteten. Doch schon nach drei Jahren gaben die Perser den Christen die Stadt zurück und beendeten damit die politischen Ambitionen der Juden.

Aber auch die Tage der christlichen Herrschaft in Palästina waren gezählt. 632 n.Chr. begannen die Araber ihren Vormarsch, 636 fiel Tiberias, 638 wurde Jerusalem erobert. Damit ist die Epoche des frühen und des rabbinischen Judentums zu Ende, die durch die Auseinandersetzung mit Griechen und Römern, zuletzt in der Gestalt des Christentums, geprägt war; auf Edom folgt Ismael, wie die Rabbinen sagen, die Auseinandersetzung mit dem Islam.

Pnina Navè

Kirche und Synagoge

Als vor sechzig Jahren in Portugal durch abgelegenes Gebiet eine Bahnstrecke gelegt wurde, kamen die Arbeiter eines Tages in ein besonders menschenscheues Dorf. Die Leute hier schienen noch ängstlicher dreinzuschauen als in anderen Dörfern. Beim Bautrupp befand sich ein jüdischer Ingenieur namens Schwarz, der die Geschichte der Judenverfolgungen in Spanien und Portugal kannte. Waren diese frommen Katholiken etwa heimliche Juden, hatten sie Angst, entdeckt zu werden, fragte sich Schwarz. Er sprach sie an: Schma Israel – Höre Israel. Das jüdische Glaubensbekenntnis war der Schlüssel für ihr Vertrauen.

Sie waren Marranen, Nachkommen von zwangsgetauften Juden des Mittelalters. Das Geheimnis war seit Jahrhunderten weitervererbt worden. Gebete wurden gesprochen, Feiertage unter strengster Abschirmung begangen. Wenn sie heimlich die Mazzen buken, das ungesäuerte Brot des Passah-Festes, baten sie: „Der Herr mache meine Seele so rein und klar wie dich." Sie fühlten, daß sie Verrat an ihren Seelen begingen, weil sie sich nicht offen zum Gott Israels bekannten. Ihren Kindern prägten sie die biblischen Gebote in portugiesischen Versen ein. Einer lautet: „Im Zorne erschlage keinen, / er ist ein Mensch wie du. / Und bewahre den Haß nicht, / sondern vergiß ihn im Nu." Wenn sie heimlich die erlaubten Tiere nach biblischer Vorschrift schlachteten, baten sie das Tier um Verzeihung: „Um der Liebe Gottes willen verzeih den Tod, den ich dir zufüge." Die zurückgezogen lebenden Leute meinten, daß sie allein von allen Juden der Welt überlebt hatten. Daher mußten sie dafür sorgen, daß das Bundesvolk Gottes auch künftig bestehen bleibt.

Kam ein Fremder, so hatten sie Angst, daß es ein Häscher der Inquisition war, der sie auf den Scheiterhaufen bringen wollte. Sie wußten nicht, daß es seit 100 Jahren keine Inquisition mehr gab, der letzte Ketzer 1826 verurteilt worden war. Sie wußten nur, daß sie Marranen waren, zu deutsch: Schweine. So nannte die Christenheit auf der Iberischen Halbinsel die sogenannten Neuchristen, denen nur die Wahl geblieben war, ermordet zu werden oder sich taufen zu lassen.

Nicht nur in Portugal lebten viele Marranen bis ins 20. Jahrhundert in der Angst vor Entdeckung durch das Heilige Offizium und der Verachtung ihrer christlichen Mitmenschen. Auf Mallorca gibt es bis heute Chuetas. Auch dieses Schimpfwort für Zwangschristen bedeutet: Schweine. Man aß und trank nicht mit ihnen, sie durften nur untereinander heiraten, als Soldaten wurden sie nicht befördert, im Klerus konnten sie nicht aufsteigen und noch vor einigen Jahrzehnten mußten sie in den Kirchen auf einer Sünderbank sitzen. Die mallorkinische Gesellschaft war empört, als Forscher vor nicht langer Zeit die Namen aller Chueta-Familien veröffentlichten und man nun wußte, daß ein Großteil von Handel und Intelligenz auf der Insel zu diesen Verachteten gehörte.

Da die Marranen – Enkel und Urenkel der Zwangsgetauften – sich in protestantischen Ländern zum Judentum bekennen konnten, flohen viele von ihnen nach Nordamerika oder in den protestantischen Teil Europas und gründeten dort spaniolische, portugiesische und sephardische Gemeinden (Sepharden nennt man bis heute die Juden iberischer Herkunft).

Viele flohen zum Beispiel um 1605 nach Amsterdam und förderten dort den auswärtigen Handel und das Finanzwesen. Bald nannten sie die Stadt ihr Neues Jerusalem. Hier entstanden Schriften in Portugiesisch und Hebräisch über Mystik und Geschichte, sowie weltliche Dichtung. Von Amsterdam gingen einige von ihnen nach Hamburg und legten dort den Grund für den Handel mit Spanien und Portugal. Als fanatische Lutheraner forderten, die Synagogen zu schließen, weil es unzumutbar sei, wenn Juden anders beteten als Christen, antwortete der Senat: Juden beten den wahren Gott an, soll man ihnen das verbieten? Und kann man riskieren, daß sie daraufhin wegziehen? Dann würde Hamburg unbedeutend werden wie ein Dorf! – So blieben sie in Sicherheit vor der gefürchteten Inquisition. Niemand schickte sie nach Iberien zurück.

Die Inquisition hatte seit dem 14. Jahrhundert die Aufgabe, Jagd auf katholische Ketzer zu machen. Ihre Hauptopfer waren heimliche Juden. Der Dominikanerorden bespitzelte die Menschen nach jüdischen Verhaltensweisen: wer bereits am Samstag seine Sonntagskleidung trug; welche Hausfrau besonders viel Geschirr kaufte, um getrenntes Geschirr für Milch- und Fleischspeisen zu haben; oder wer verdächtige Gebete sprach. Über all dies wurde in jahrelangen Prozeßakten genau Buch geführt. Die Akten im Vatikan sind bislang nur wenig erforscht, lediglich aus Spanien, Portugal und Südamerika wurde ein kleiner Teil veröffentlicht. Der Schätzung zufolge verbrannte die Inquisition vom 14. Jahrhundert bis zu ihrer Aufhebung durch Napoleon mehr als 30 000 Marranen.

Dies war nach kirchlichem Verständnis die sogenannte unblutige Hinrichtung zur Rettung der Seele vor der ewigen Verdammnis. Weitere 17 000 Menschen, die geflohen waren, wurden *in effigie* hingerichtet, eine Puppe mit ihrem Namensschild wurde unter dem Johlen der Menge vor feierlichem Tribunal verbrannt. Solche Vorgänge heißen auch Autodafés – zu deutsch: Akte des Glaubens. Denn ein Angeklagter galt erst dann als überführt, wenn er ein Geständnis ablegte. Über Jahrhunderte hinweg wurden in Anwesenheit der priesterlichen Richter, die auf das ersehnte Geständnis warteten, die grauenhaftesten Foltern durchgeführt. Unter den Gefolterten waren Staatsmänner und Dichter, Priester und Hausfrauen. Besonders begehrt als Beweis der Schuld waren Gebete der Reue über das christliche Bekenntnis, das unter Zwang abgelegt wurde.

Prozeßakten schildern zum Beispiel die jahrelangen Foltern einer alten Frau, bis sie endlich die verbotenen Gebete sprach. Darunter war dieses:

„Erhöre meine Stimme, wie du die Stimme deines Volkes Israel erhörtest, als sie gefangen waren in der Macht des Königs Pharao. Wie du das Rote Meer teiltest und ihnen Wege bahntest, ... so, Herr, bitte ich dich um Erbarmen.

Erhöre die Stimme meiner Liebe, errette mich aus dieser großen

Schuld, in der ich bin. – Lasse alle meine Feinde vergehen und alle, die mich fälschlich hassen."

Spanien war für eineinhalb Jahrtausende die Heimat zahlreicher Juden. Verfolgungen hatte es mehrfach im Laufe der Geschichte gegeben. Dennoch war es seit dem 10. Jahrhundert das berühmteste jüdische Zentrum. Hier blühten Dichtung und Philosophie, Mystik und Naturwissenschaften. Die Reisen des Kolumbus ermöglichte der Finanzminister Don Isaak Abrabanel. Aber während die Entdeckung Amerikas für Christen den Beginn der Neuzeit bedeutet, ist 1492 für Juden ein Datum der Katastrophe, wie die Zerstörung Jerusalems durch die Römer, oder der Holocaust unserer Zeit. Denn 1492 mußten alle Juden, die sich nicht noch schnell taufen ließen, ohne ihren Besitz innerhalb weniger Tage Spanien verlassen. Der offizielle Grund war, daß die Juden weiterhin Umgang mit den Zwangsgetauften pflegten.

In dem Ausweisungsdekret der Katholischen Majestäten Ferdinand und Isabella heißt es: „Die Juden unterrichten die Neuchristen im Glauben und in den Zeremonien ihres Gesetzes. – Sie veranlassen sie, sich und ihre Kinder beschneiden zu lassen und geben ihnen Gebetbücher. Sie sagen ihnen, wann sie fasten, wann sie das Passah feiern müssen. Sie geben ihnen ungesäuertes Brot und rituelles Fleisch. – Sie ermahnen sie, die mosaischen Gesetze zu beobachten."

Daher sollte Spanien umgehend judenrein gemacht werden. Don Isaak versuchte, das Unheil abzuwenden. Er war hochgeachtet als Fürst aus dem Hause David, als Denker und Bibelerklärer.

Später schrieb er: „So ergriffen nun an einem Tage 300000 Menschen, alt und jung, Greise und Kinder, Männer und Frauen den Wanderstab, und auch ich gehörte zu ihnen ... Viele suchten auf Schiffen die Fremde auf, aber nur wenige erreichten das Ziel ihrer Wünsche. Vom Sturm heimgesucht, fanden viele den Tod in den Fluten. Manche wurden von Seeräubern gefangengenommen und als Sklaven verkauft. Ich und meine Hausgenossen entgingen einem solchen traurigen Geschick. Ich kam in die berühmte Stadt Neapel, die sich einer milden und frommen Regierung erfreut, und konnte dort ... in Ruhe und Frieden leben."

Ein christlicher Chronist aus Genua schreibt: „Nur wenige nahmen den Glauben an Christus an. Die übrigen wanderten nach Italien, Griechenland, Syrien und Ägypten aus. Auf den ersten Blick könnte man diese Austreibung lobenswert finden, da sie ja unserer Religion Ruhm einbringt. Aber sie scheint doch ein wenig grausam zu sein, wenn man bedenkt, daß es sich nicht um Tiere handelt, sondern um Menschen, die von Gott erschaffen wurden. – Viele, besonders Säuglinge und Kinder, starben vor Hunger. Mütter trugen ihre sterbenden Kinder an der Brust und starben mit ihnen. – Nicht wenige kamen in unsere Stadt Genua, durften aber nach einem alten Gesetz nur drei Tage dort verweilen."

Don Isaak Abrabanel war in Italien ein gerngesehener Gast und wirkte bald als Staatsmann. In seinen Bibelkommentaren behandelte er nun vor allem das Thema der Erlösung Israels und die Widerlegung der christlichen Deutung, wo diese gegen den jüdischen Glauben gerichtet ist. Die Vertreibung aus Spanien erklärte er als die Schreckenszeit, die das Kommen des Messias ankündigt. Eine solche Hoffnung haben Juden bei jeder Verfolgung gehabt: Bald, bald wird Gott das Volk Israel in sein Land zurückführen. Gottes Gesalbter aus dem Hause David wird alle Menschen dem Willen Gottes nahebringen, alle werden nach Jerusalem pilgern, um dem Vater und Schöpfer zu dienen. Dem Einen Gott wird sich jedes Knie auf der ganzen Erde beugen, die Menschen werden ihre Schwerter in Pflugscharen umschmieden und ihre Lanzen in Winzermesser.

Diese Vision des biblischen Propheten Jesaja erfüllte nach jeder Katastrophe mit neuer Macht die Herzen. Besonders die Mystiker, die Kabbalisten, versuchten eine solche Deutung der Geschichte in unzähligen Liedern, Legenden und theologischen Werken.

Andere, die dem Exodus von 1492 entkommen waren, gründeten spaniolische, sephardische Gemeinden im Türkenreich rings ums Mittelmeer. Bedeutende Gemeinden entstanden in Galiläa, vor allem in Safed, dem Zentrum der Mystiker. Hier wuchs die Schule der Kabbala, die vom Jemen bis nach Deutschland und Polen die Zionssehnsucht entfachte und am Leben hielt. Aber die Sefarden bewahrten auch ihrer heimatlichen Kultur die Treue.

Bis heute sprechen die Nachkommen altkastilisch und singen spanische Romanzen des 15. Jahrhunderts. Oft kamen in diese Gemeinden flüchtende Marranen. Für sie verfaßten die Rabbiner eine eigene Zeremonie der Rückkehr in das Judentum, darunter ein Gebet der Reue:

„O Herr, geleite diesen deinen Knecht zum Guten. Laß deine Gnade über ihn walten. Du führtest sein Herz zu dir hin, pflanze nun in sein Herz deine Liebe und Ehrfurcht. Öffne es deinen Geboten. Leite ihn auf deinen Pfaden um deiner Gnade willen."

Aber noch ist über die Familie Abrabanel zu berichten. Don Isaaks Sohn Jehuda war ein berühmter Arzt. Die spanische Königsfamilie wollte ihn nicht verlieren. Um ihn zum Bleiben und zur Taufe zu zwingen, sollte sein kleiner Sohn geraubt werden. Die Eltern erfuhren es, sandten Baby und Amme nachts über die portugiesische Grenze, während sie per Schiff nach Italien flohen. Bald wurden alle nach Portugal Geflohenen zwangsgetauft. Das Kind wurde trotz feierlicher Zusagen der christlichen Freunde in ein Kloster gesteckt. Die Mutter erholte sich nie wieder von diesem Schlag, obwohl sie weitere Kinder gebar. Jehuda Abrabanel schrieb eine hebräische „Klage und Mahnung" für den geraubten Sohn, als dieser im 13. Jahr stand und Bar Mizwa, Konfirmand, hätte werden sollen. Darin heißt es:

„Deine Gestalt ist in mein Herz eingegraben. In lautes Weinen habe ich meinen Gesang verwandelt. Mein Sohn, der Riß deiner Vertreibung zerreißt mich. Ich höre deine Mutter alle Tage weinen."

Er fordert ihn zum Studium der jüdischen Tradition auf und berichtet ihm von der großen Geistesaristokratie, aus der er stammt:

„Mein Erstgeborener, merk auf! Erkenne, daß du ein Sohn von Weisen bist, die Weisheit ist dir vererbt. O laß doch ja nicht weiterhin die Jugendtage, du mein Liebling, verloren sein!"

Der um den Sohn beraubte Vater wurde in Italien einer der berühmtesten Denker der Renaissance. Unter dem Namen Leone Ebreo verfaßte er drei „Dialoge von der Liebe". Sie wurden ein Grundbuch der europäischen Bildung. Viele Christen lernten von ihm, daß die Liebe das bewegende Prinzip des Weltalls ist.

Trotz der Mitwirkung am Wohl der Gesellschaft blieben Juden in den verschiedenen Ländern von der Willkür einzelner Herrscher abhängig. Heute wohlwollend aufgenommen, morgen mittellos und vertrieben, während Staat, Kirche, Mitbürger sich an ihrem Besitz bereichern – dieses Muster wiederholt sich immer wieder.

Oft waren es Prediger, die den Zorn der Christen auf die Juden richteten, um von gesellschaftlichen Mißständen abzulenken. In der Wut auf Andersgläubige konnte man sich solidarisieren.

Heutige Theologen fragen kritisch nach diesem Schandfleck ihrer Tradition. Sie versuchen, das Neue Testament so zu deuten, daß seine antijüdischen Aussagen nicht glaubensverpflichtend für den Christen sein müssen. Eine solche Aussage ist zum Beispiel die sogenannte Selbstverfluchung der Juden: „Sein Blut komme über uns und unsere Kinder!“ (Matthäus 27, 25)

Dazu sagt das christliche Handbuch „Kirche und Synagoge“ (Stuttgart 1968): „Vielfach ist die ganze unglücksvolle Geschichte des Judentums seit der Zerstörung Jerusalems durch die Römer ... als die Erfüllung dieser ‚Selbstverfluchung‘ angesehen und zugleich zur Rechtfertigung kirchlicher Unmenschlichkeit gegen das Volk der ‚Gottesmörder‘ bereitwilligst verwendet worden. Der Vers ist ein Schulbeispiel, wieviel für das richtige Verständnis und die richtige Verwendung eines Schriftwortes ... von der Gewissenhaftigkeit des Auslegers abhängt und was an Folgen eintreten kann, wenn sie fehlt.“

Der Vorwurf des „Gottesmordes“ findet sich noch nicht im Neuen Testament selbst. Er stammt von Bischof Melito von Sardes in Kleinasien, aus dem 2. Jahrhundert. In einer Schrift über das Passah-Fest beschuldigte er die Juden, daß sie „den Herrn geschlachtet“ und einen beispiellosen Mord begangen hätten: „In Jerusalem ist Gott getötet worden!“ Um 400 folgten die antijüdischen Reden des Kirchenvaters Chrysostomus, zu deutsch: „Goldmund“.

Seine volkstümlichen Predigten „beeinflußten weite Kreise der christlichen Bevölkerung und so auch indirekt die staatliche Gesetzgebung“, als damals das Christentum Staatsreligion wurde. Für

Chrysostomus und seine Anhänger bestand ein Entweder-Oder: wenn ein Christ findet, daß auch das Judentum eine gute Religion ist, könne er kein echter Christ sein. Wer Christus liebt, müsse seine Mörder hassen. Deshalb sollte man die Juden aus der Gesellschaft ausschließen.

Chrysostomus und alle frühen Kirchenväter gingen natürlich davon aus, daß die Juden tatsächlich am Tode Jesu Schuld trugen. Neuere Theologen befassen sich sehr ausführlich mit dieser Frage und meinen, daß dem nicht so sei. Die Kreuzigung ist keine jüdische Todesstrafe, sondern eine römische. Sie wurde tausendfach an Juden durchgeführt.

In den frühen Jahrhunderten kam die Konkurrenz zwischen christlicher und jüdischer Mission dazu. Das Judentum lehrte, daß alle Gottesfürchtigen aus den Völkern das ewige Heil erlangen. Viele dieser Gottesfürchtigen kamen in die Synagogen, um sich an den jüdischen Gebeten und der Schriftauslegung zu erbauen.

Das war bereits zur Tempelzeit so gewesen, und zwar sowohl in den Synagogen vieler Länder, wie auch im Jerusalemer Tempel. Hier gab es einen großen Platz für die Nichtjuden.

Das Gebet der Tempelweihe, im Namen König Salomons, weist auf diese Frommen aus den Völkern hin. Es heißt im biblischen Buch der Könige (I, 8, 41):

„Wenn ein Fremder hierher kommt, der nicht von deinem Volke Israel ist, und nun kommt er aus einem fernen Lande um deines Namens willen ... so erhöre du im Himmel sein Gebet."

Nach den Worten des Jesaja-Buches (66, 21) werden künftig auch Nichtjuden Gottes Priester und Leviten im Tempel sein. Ein rabbinisches Gleichnis spricht vom Reh in der Herde. Der Herr der Herde sagt dem Hirten: „Passe mir gut auf das Reh auf, denn obwohl es nicht zur Herde gehört, will es dabei sein. Dieses Reh, diesen Fremden, der Gott sucht, liebe ich ganz besonders."

Die jüdische Mission war erfolgreich, viele wollten ganz und gar zu Israel gehören, obwohl es nicht zu ihrem Seelenheil notwendig war, wie sie von den Rabbinen hörten. Große jüdische Meister waren Proselyten gewesen. Die hebräische Bibel rühmt König Davids Urgroßmutter, Ruth, die aus dem fremden Volk der

Moabiter stammte und als erste gesagt hatte: „Dein Volk soll mein Volk sein und dein Gott auch mein Gott." (Ruth 1, 16)

Durch Jahrhunderte gab es allein im Römischen Reich mindestens vier Millionen Juden. Viele davon waren Konvertiten aus den verschiedensten Völkern. Die christliche Kirche schaffte sich diese Konkurrenz vom Leibe, als sie im 4. Jahrhundert kurzerhand jede öffentliche Verkündigung des jüdischen Glaubens an Nichtjuden verbot. Wer zum Judentum übertrat, wurde mit dem Tode bestraft, und ebenso der ihn aufnehmende Jude. Und obwohl das Judentum als solches nicht verboten wurde, gab es Haßausbrüche schlimmster Art. So steckte man einmal eine Synagoge in Brand und raubte die Kultgegenstände. Kaiser Theodosius befahl, daß sie wieder erbaut und der Diebstahl zurückerstattet werden sollte.

Daran hinderte ihn der berühmte Bischof Ambrosius von Mailand. Er übernahm die Schuld für die Frevel: „Ich erkläre, daß ich die Synagoge in Brand gesteckt habe, daß ich jedenfalls es ihnen zu tun befohlen habe, um den Ort zu beseitigen, an dem Christus geleugnet wird. ... Warum ich nicht hier in Mailand die Synagoge in Brand steckte? Sie ist schon dank einem göttlichen Urteilsspruch durch Blitz verbrannt, und damit ist mein Werk überflüssig geworden. ... Soll denn der Ort jüdischen Unglaubens ... erbaut werden? ... diese Heimat der Gottlosigkeit, dieser Schlupfwinkel des Wahnsinns, der von Gott selbst verdammt worden ist ... Mit dem Ungläubigen müssen auch die Bezeugungen des Unglaubens ausgerottet werden!"

Das war im Jahre 388. Den damals angeschlagenen Ton hörte man immer wieder in der gesamten abendländischen Geschichte. Wo immer gute Beziehungen zwischen Juden und Christen bestanden, genügte eine Reihe von Predigten dieser Art, um die Nachbarn zu berauben, zu vertreiben, zu ermorden. Nun waren sie wieder Gottesmörder, Ungläubige, Söhne des Teufels (Johannes 8, 14), die Synagoge Satans (Offenbarung Joh. 2, 9; 3, 9).

Gewiß ist die jüdische Geschichte nicht nur eine Kette von Verfolgungen. Aber welche Lebensbejahung, welche innere Disziplin gehörte dazu, immer wieder neu zu beginnen mit zerstörten Existenzen, traumatisierten Überlebenden, – immer wieder Schulen zu gründen, ohne die es kein Judentum gibt; Bücher für Lehrer und Schüler mit der Hand abschreiben zu müssen, weil kirchliche Stellen alles vernichtet hatten.

Oft verbrannte man erst kostbare Handschriften, weil Juden aus ihnen lernten, und später die Juden selbst, weil sie an ihrem Glauben festhielten.

Daß dieser Glaube den hohen Wert des Lebens predigt, mag so manchen Andersgläubigen frustriert haben, wenn man ihn auf die Freuden im Jenseits vertröstete. Die jüdische Weltverantwortung und Weltbezogenheit kann vielleicht erst heute auch von Christen gewertet werden. Die Pflege der Naturwissenschaften und Medizin war bei Juden immer religiös erlaubt, ja sogar befohlen. Das ist verständlich in einer Religion, die in ihrem verbindlichen Recht sagt: Die Sorge für den Kranken ist höher als der Sabbat.

Dennoch gab es im Mittelalter Zeiten der Gemeinsamkeit. Oft lernten Christen aus der jüdischen Bibelerklärung. Schon der Kirchenvater Hieronymus ging nach Bethlehem, als er die hebräische Bibel in das Lateinische übersetzte. Er wollte von den Juden im Land Israel lernen. Gewiß, er konnte nicht alles annehmen, da ja für den Christen das Alte Testament auf Christus hin übersetzt wird. Der französische Bibelerklärer Nikolaus von Lyra übernahm zum Beispiel viel von Raschi, dem führenden Rabbiner des 11. Jahrhunderts, dessen Hochschule schon vor der Sorbonne bestand. Als Luther mit geringen Hebräisch-Kenntnissen seine deutsche Bibel erarbeitete, stützte er sich auf Raschis Abschreiber Nikolaus von Lyra. Ein bis heute gültiges Vorbild der Zusammenarbeit gab es am Hof des Stauferkönigs Friedrich auf Sizilien: Christen, Juden und Muslime arbeiteten an den Übersetzungen wichtiger Werke für ganz Europa. Es war eine Vorbereitung des Humanismus, die Wiederentdeckung des klassischen Erbes.

So läuft durch die Geschichte von Kirche und Synagoge beides nebeneinander: Miteinander-Sprechen und Voreinander-Angst-Haben. Auch heute dürfte das kaum anders sein.

Wovor Juden Angst hatten und haben, ergibt sich aus dem bisher Gehörten: vor Verteufelung ihres Glaubens, Ausschluß aus der Gesellschaft, vor Vertreibungen, die aus heiterem Himmel kamen, vor dem Raub ihrer Kinder. Sie haben Angst vor immer wieder auftauchenden Greuelgeschichten, die eine zerstörerische Leidenschaft bei Christen erzeugen. Daher versuchten sie stets, an die Vernunft zu appellieren. Sie wiesen auf Bücher hin, aus denen man sich sachlich informieren konnte. Aber oft wurden jüdische Selbstaussagen verboten, weil sie dem Glauben der Kirche widersprachen. Besonders anstößig war der Glaubenssatz vom Einen, körperlosen Gott.

Erst beim Zweiten Vatikanischen Konzil 1965 konnte man unbefangen von Heilswegen außerhalb der Kirche sprechen. Durch die Kirchengeschichte hindurch benutzte man jedoch die Juden meistens als dunkle Folie für den eigenen Glauben. Heute meinen Christen, daß ihr Glaube der ihnen gewiesene Weg zum Gott Israels ist. Der frühere Triumphalismus widerspricht ihrer Meinung nach dem Geist Christi. Theologen und Historiker arbeiten an dieser Thematik seit vielen Jahren, besonders in Holland, England und Amerika. Die kritische Selbstbesinnung in Deutschland zeigen Schriften wie der „Freiburger Rundbrief" von Dr. Gertrud Luckner, die Denkschrift „Christen und Juden" der Evangelischen Kirche mit dem Arbeitsbuch dazu und der „Traktat über die Juden" des katholischen Bibelprofessors Franz Mussner.

Besonders bedenklich erscheint im Nachhinein, daß man einst zum Judenmord aufrief, um den Tod des Erlösers zu rächen. Ein Beispiel ist der Erste Kreuzzug, 1096. Die aus Frankreich kommenden Kreuzfahrer überfielen die jüdischen Gemeinden. Die Bischöfe konnten es nicht verhindern. In Mainz kamen 1100 Juden um, in Worms 800. Auch die Kölner Gemeinde wurde vernichtet. Als die Kreuzfahrer in das Heilige Land kamen, verbrannten sie die Juden in den Synagogen in Jerusalem und den anderen Gemeinden. Das entsprach ihren Vorstellungen von gottgefälligem Verhalten. Juden galten ihnen als Feinde des Glaubens.

Christliche Forscher zählen jene „verhängnisvollen Legenden" auf, durch die man Christen immer wieder fanatisierte. An solchen Untersuchungen beteiligen sich auch heutige Dominikaner. Einer von ihnen, der Historiker Pater Eckert aus Köln, nennt als Hauptursache der Verfolgungen die sogenannte Blutbeschuldigung:

„Keine Anklage wurde so häufig und so hartnäckig wiederholt wie die des Ritualmordes. Auch Theologen haben sich an der Verbreitung dieser Erzählung beteiligt. Sie haben dadurch den Haß gegen die Juden in verhängnisvoller Weise gefördert und die Begegnung von Juden und Christen erheblich erschwert."

Der Vorwurf behauptet, daß Juden für das Passah-Fest Christenblut brauchen und daher Christen umbringen. Das Ganze wurde oft in blutrünstigen Bildern dargestellt, um zu Pogromen aufzurufen. Der Vorwurf ist uralt. Schon ein ägyptischer Heide schrieb, daß man im Jerusalemer Tempel jährlich einen Griechen mästen und schlachten würde.

Jede vernünftige Entgegnung fällt dort auf taube Ohren, wo man Dinge dieser Art glauben will. So wurden die Juden 1290 aus England vertrieben, nachdem einige solche „Berichte" in Umlauf gebracht wurden. Erst 400 Jahre später durften Juden wieder in England wohnen. Die großen Dichter, wie Shakespeare, kannten Juden nur aus antijüdischen Schriften.

Der erste kirchliche Prozeß wegen angeblichen Ritualmords fand 1171 in Frankreich statt. Eine kleine Gemeinde wurde verdächtigt, ein Kind gekreuzigt zu haben. Da sie die Taufe verweigerten, wurden 34 Männer und 17 Frauen verbrannt. Das gleiche geschah 1288 unweit von Paris. Das Klagelied über die unschuldig Verbrannten gehörte zu den Gebeten der französischen Juden, bis sie 1394 aus dem Lande vertrieben wurden, in welchem ihre Väter seit der Römerzeit gelebt hatten.

Aber auch in der Neuzeit glaubte man in Frankreich solchen Anklagen. 1840 verschwand in Damaskus ein französischer Priester. Klerus und Konsul beschuldigten die Juden. Noch vor wenigen Jahren ging ein ähnliches Gerücht in Frankreich um, angereichert mit antisemitischen Parolen. Der moderne Antisemitismus benutzte die Blutbeschuldigung immer wieder: 1882 in Ungarn, 1912 in Rußland und in der Nazi-Zeit in Deutschland. Stets gab es sogenannte theologische „Experten", die die Vorwürfe bestärkten. In Deutschland war im Mittelalter ein berühmter Fall der seliggesprochene Knabe Werner in Bacharach am Rhein. Heinrich Heine schrieb darüber seine Erzählung „Der Rabbi von Bacherach". Erst neuerdings wurde die Verehrung des angeblichen Märtyrers aufgehoben. Aber das macht keinen der zahllosen *jüdischen* Märtyrer wieder lebendig, die deshalb umgebracht wurden.

Eng verwandt mit dieser Greuelvorstellung ist die Anschuldigung des Hostienfrevels. Juden sollen geweihte Hostien gestohlen haben, um den Leib Christi zum Bluten zu bringen. An eine solche Möglichkeit zu glauben, ist vielleicht nicht die beste christliche Theologie. Ganze jüdische Gemeinden deshalb zu ermorden, auch wo Bischöfe und Päpste dagegen sprachen – das gehörte oft genug zur Realität. Unter anderem in Deggendorf. Die Bilder dazu galten als bedeutende Kunst und schmückten bis vor einigen Jahren die Wallfahrtskirche. Um 1300 ermordeten Christen im Hostienwahn innerhalb weniger Monate 100000 jüdische Nachbarn in Franken, Bayern und Österreich.

Ebenso verhängnisvoll war der Vorwurf der Brunnenvergiftung. So wollte man die Pestseuchen des 14. Jahrhunderts erklären. Manchmal starben weniger Juden als Christen an der Pest, da sie strikte Hygiene-Bestimmungen der Religion einhielten. Das galt als Beweis, daß sie die Christen vergiften wollten. Dazu schreibt Pater Eckert: „Die Anklage auf Brunnenvergiftung führte zu zahlreichen Prozessen, die mit der weitgehenden Vernichtung der Juden, vor allem in rheinischen Gemeinden, endeten. Vergeblich erhoben einsichtige Menschen Protest. Der Straßburger Geistliche Jakob Twinger macht die Habsucht der christlichen Mitbürger für den Mord an den Juden verantwortlich."

Dennoch wurden die Juden im Mittelalter niemals ganz aus Deutschland vertrieben. Nur allzugern nahm sie der benachbarte Stadtrat oder Fürst auf, da sie zur Stabilität der Wirtschaft beitrugen. Um so mehr schürten die Inquisitoren gegen sie mit den alten Vorwürfen, daß Juden in ihren Schriften ketzerische Ansichten lehrten. Um 1500 wurde wieder einmal versucht, das religiöse Schrifttum zu vernichten. Dabei berief man sich darauf, daß man unter König Ludwig dem Heiligen im 13. Jahrhundert vierundzwanzig Wagenladungen kostbarer jüdischer Handschriften in Paris öffentlich verbrannte. Daher sollte das auch in Deutschland geschehen. Besonders haßte man das nach der Bibel zentrale Werk des Judentums, den Talmud. Hier vermutete man die schlimmste Hetze gegen die Christen – eine Projektion des eigenen Hasses. Federführend war der Dominikanerorden in Köln, vor allem Professoren der Theologischen Fakultät. Da sie selbst die Schriften nicht lesen konnten, legten sie ihre Anklagen einem getauften Juden in den Mund. Auf kaiserlichen Befehl sollten ihm alle jüdischen Gemeinden ihre Bücher ausliefern.

Zur Verteidigung der Juden meldete sich der Mann, der das Hebräisch-Studium in Deutschland eingeführt hatte: der Humanist Johannes Reuchlin aus Pforzheim. Gegen Kaiser und Inquisition schrieb er ein Gutachten, in dem er sagt: Christus selbst hat den Juden geboten, in ihren eigenen Schriften und Überlieferungen zu forschen, um zu erkennen, daß die Weissagungen sich erfüllt haben. Die jüdischen Überlieferungen zur Bibel befinden sich im Talmud. Daher rechtfertigt das Wort Christi, daß man den Talmud nicht verbrennt. – Außerdem, schreibt Reuchlin, schelten wir die Juden jährlich am Karfreitag „treulose Juden". Daher darf man ihnen nicht das Recht nehmen, sich nach ihrem eigenen Glauben zu verteidigen. Gegen die Kölner Fakultät schrieb er: „Ungerechtigkeit ist Roheit, die alle Menschlichkeit verleugnet und den, der ihr nachstrebt, zum wilden Tier macht."

Der Kaiser forderte Gegengutachten zugunsten Kölns von mehreren Universitäten. Sie waren einstimmig der Meinung, daß man Reuchlin den Ketzerprozeß machen müsse, da er zu günstig für die Juden geschrieben habe. Sein Buch solle vernichtet werden.

Dieser Prozeß beschäftigte halb Europa von 1513 bis 1520. Für den Kölner Oberinquisitor war es notwendig, Reuchlin zu widerlegen, denn er wollte den Talmud verbrennen, weil sich nach seiner Meinung dann die Juden taufen lassen würden. Fürsten, Patrizier und Gelehrte aus ganz Süddeutschland ergriffen Partei für Reuchlin. Nach einem Freispruch folgten weitere Prozesse. Schließlich wurde Reuchlins Buch verboten, und als Verlierer mußte der berühmte, aber mittellose Gelehrte die hohen Gerichtskosten zahlen. Zum Glück wurden die Talmudhandschriften nicht verbrannt, der Papst erlaubte sogar seinen Druck in Italien. Der Freund und Verteidiger der Juden wurde von den „Dunkelmännern", wie nun die Fanatiker genannt wurden, so gekennzeichnet: Ein Doktor namens Reuchlin, der in Gunst und Freundschaft zu der verblendeten und vermaledeiten Judenschaft steht, obwohl der Kaiser den Universitäten Köln, Erfurt, Mainz und Heidelberg befohlen hat, zu Ehren Gottes und der glorreichen Himmelskönigin Maria die Ketzerschriften der Juden anzuprangern.

Für Humanisten ist Reuchlins Name auf immer mit dem Studium des Judentums und mit Toleranz verbunden. Wenige Jahre nach seinem Tode entstanden in den protestantischen deutschen Fürstentümern Lehrstühle für Hebräisch, Druckereien für hebräische Werke, auch aus der Kabbala, der Mystik, die viele Christen besonders interessierte, sowie hebräische Grammatik und Bibelkommentare. Reuchlins Vaterstadt Pforzheim ehrt heute ihren großen Sohn mit dem Reuchlin-Preis für jüdische und christliche Gelehrte, die im Sinne des Humanismus forschen und lehren.

Zwar hatten auch die Dunkelmänner fanatische Nachfolger. Aber sie mußten zunehmend mit dem Protest aufgeklärter Christen rechnen. Die Verteufelung des Talmud wurde bis in die Gegenwart weiterbetrieben. Ein christlicher Gelehrter, der bei Juden in Breslau Talmud studiert hatte, half dem Nazi-Regime mit mittelalterlichen Lügen.

Deshalb besannen sich nach dem Kriege so viele Theologen auf ihre Pflicht zur Wahrheit, zur Aufhellung alter christlicher Fehlentwicklungen, zur Solidarität mit dem Volk der Bibel und des Talmud. Sie verstehen, daß vor allem eines der Kirche Angst gemacht hatte: die Freiheit zur Diskussion, die Achtung vor dem Andersdenkenden, die der Talmud lehrt. Da ist der Rechtgläubige noch mit dem Ketzer befreundet, die Meinung der überstimmten Minderheit wird erhalten und seit Jahrtausenden in neuen Situationen wieder diskutiert. Das Talmud-Studium hat das Judentum erhalten.

Daß die jüdische Gemeinschaft im Mittelalter nicht unterging, lag jedoch nicht nur am Studium. Es ist ja durchaus nicht so, daß alle Juden besonders intellektuell sind. Richtig ist, daß das Studium und die Deutung der Hebräischen Bibel hochgeachtet waren, weil sie eine religiöse Verpflichtung sind. Jeder Knabe, jeder Mann sollten nach der Berufsarbeit zuhören oder aktiv an einem solchen Unterricht teilnehmen. Die Frauen hatten ebenfalls ein umfangreiches Wissen. Oft waren sie es, die aus ihren erheblichen Einkünften die Studenten unterstützten und Bücher für sie abschreiben ließen.

Jedoch war das Studium nur eine Seite eines hochorganisierten Gemeinwesens. Das Wesentliche ist, daß es eine innere jüdische Verwaltung gab, die von den Staaten anerkannt wurde. Bis zur Schaffung eines säkularen Staatsbürgertums nannte man die Juden nicht „Gemeinde“, sondern „die hebräische Nation“. Damit war gemeint, daß sie ethnisch, religiös und rechtlich eine allgemein anerkannte, autonome Selbstbestimmung hatten.

Damit hängt auch die Funktion des Rabbiners zusammen. Er ist kein geweihter Geistlicher, denn das Judentum kennt keine Sakramente, die in der Obhut einer Priesterkaste sind. Der Rabbiner ist geistiges Oberhaupt seiner Gemeinde und ein ordinierter, mit dem Lehramt beauftragter Fachmann für das jüdische Recht, das das ganze Leben umfaßt. Es gibt weder Bischöfe noch Päpste. Rabbiner erhalten ihre Autorität durch die Anerkennung ihrer Kollegen und das Vertrauen der Gemeinden. Manchmal ernannten christliche Herrscher einen Rabbiner als sogenannten Judenbischof, der für die jüdischen Belange, auch für die Einziehung der Steuern, verantwortlich war.

Erst im späteren Mittelalter wurde es üblich, daß die Rabbiner ein Gehalt von den Gemeinden erhielten. Vorher ernährten sie ihre Familien durch einen Brotberuf. Es gab unter ihnen Handwerker, Winzer, Kaufleute, Ärzte. Andere lebten von einem Familienunternehmen, das oft von ihrer Frau geleitet wurde. Heute gibt es viele ordinierte Rabbiner, die in keiner Gemeinde amtieren, sondern akademische oder praktische Berufe ausüben. Die Doppelgleisigkeit der Ausbildung findet sich in der gesamten jüdischen Geschichte.

Das religiöse Leben der Gemeinden hing niemals davon ab, daß der Gottesdienst von einem Rabbiner geleitet wird. Jeder Religionsmündige soll vom 13. Lebensjahr an imstande sein, die Gebete zu leiten und aus der hebräischen Heiligen Schrift vorzutragen.

Auch wo es faktisch nur wenige können, ist die Durchführung der Gottesdienste gesichert. Dazu kamen stets Studienkreise am Morgen vor der Arbeit, am Nachmittag und am Sabbat. Wo ein Teil der Gemeinde mitmachte, war man gegen Assimilation gefeit. Denn Selbstaufgabe gab es natürlich schon vor der Neuzeit. Auch im Mittelalter wählten viele den leichten Weg, sich der Mehrheit in Glauben und Lebensform anzuschließen. Das geschah zwar meist unter Druck, manchmal aber auch freiwillig, sowohl im Islam wie im Christentum.

Um als Minderheit zu bestehen, genügte es niemals, sich nur an die Tradition der Väter zu halten. Es genügte nicht, die biblischen Grundgedanken und einige Stücke aus dem Talmud zu kennen. Rabbiner schrieben in Hebräisch, Arabisch und Spanisch theologische und philosophische Werke über das Judesein. Sie wurden in volkstümlicher Form bearbeitet und übersetzt. Die Autoren verwerteten das Gedankengut der allgemeinen Bildung ihrer Zeit. Anekdoten, Gleichnisse und vor allem die Lebensregeln der Ehtik spielen in dieser Literatur eine große Rolle.

Im 12. bis 14. Jahrhundert war die Blütezeit christlicher Mystik, Bußbereitschaft und Askese in Europa. Zugleich entstanden parallele Bewegungen bei den Juden. In Katalonien, der Provence, dem Rheinland und in Süddeutschland gab es Querverbindungen christlicher und jüdischer Mystik. Auch die Lieder in Kirche und Synagoge hatten große Ähnlichkeit in Strophenform, Bildsprache und Melodien. Besonders wichtig war hierbei die Bildsprache des biblischen Hohenliedes. Das Liebespaar dieser alten israelitischen Lieder wurde sinnbildlich gedeutet: Gott und Israel; Christus und die Kirche; Gott und die Seele des Beters. Brückenfunktion hatten spanische Zwangschristen, die in christlichen Traditionen aufwuchsen und bei ihrer Rückkehr ins Judentum bestimmte Gedankengänge mitbrachten, die sie in die mystischen Traditionen des Judentums einbauten.

Der christliche Glaube an die Parusie, die Wiederkehr des Auferstandenen, faßte bei vielen Juden Fuß. Dies zeigte sich im 17. Jahrhundert. Damals jubelten fast alle Juden dem angeblichen Messias Sabbatai Zwi zu. Sie erwarteten, daß er sie bald mit Gottes

Hilfe in das Land Israel zurückführen würde. Auch viele Christen meinten, dies sei der Messias der Juden. Der Sultan nahm ihn gefangen, und nun wählte er den Übertritt zum Islam anstelle des angedrohten Todes. Als er starb, schrieben seine Anhänger: der Messias ist erst in die Hölle gefahren – durch die freiwillige Annahme eines anderen Glaubens; dann ist er auferstanden und wird wiederkehren. Im 18. Jahrhundert verursachten Propheten des angeblichen Messias Sabbatai Zwi tiefe Spaltungen in der ganzen jüdischen Welt vom Nahen Osten bis Hamburg.

Dies verschärfte die Abneigung gegen endzeitliche Spekulationen. Viele Juden konnten mehr mit Bildern der eigenen mystischen Tradition anfangen, zum Beispiel mit der Vorstellung, daß alle Völker gemeinsam das Ebenbild Gottes, der Mensch, sind. Dazu kommt das Bild von Israel als dem Herzen der Völker: es spürt die Krankheiten aller anderen Glieder, bevor sie dort bemerkbar sind. Und es schlägt weiter, solange Leben im Körper ist.

An der Schwelle der modernen Verständigung von Christen und Juden steht diese Bildsprache und die Idee, die sie beseelt. Der italienische Kabbalist und Ökumeniker Elia Benamozheg brachte sie im 19. Jahrhundert seinen christlichen Schülern und Lesern bei. Als Rektor des Rabbinerseminars in Livorno schrieb er:

„Trotz aller gottgewollten, von Anfang an bestehenden ethnischen Unterschiede gehören alle einem einzigen Plan an. Diese Solidarität drückt der Geist des Judentums am vollkommensten in der Idee des menschlichen Organismus aus. Parallel dazu sieht der Hebraismus die Völkerwelt dieser Erde als Familie. – (Auch) Gott, die Natur und Adam bilden eine wirkliche Familie. Die Wohnung der Familie ‚Gott und Menschen' ist die Welt ... Die Völker sind geschichtlich in Adam vereint, psychologisch in der Gegenwart Gottes in der Welt, ... und gedanklich im Wort oder Logos, der Welt des Verstehens ... Der Kabbala zufolge ist nicht allein Adams Körper allen gemeinsam, sondern auch seine Seele enthielt die gesamte künftige Menschheit. Idealiter gründet die ganze Menschheit sozusagen in einem einzigen Bewußtsein. Die Kabbala stellte all dieses in einem Stammbaum dar, der in grafischer Form die Sefirot (die göttlichen Kräfte) zeichnet. Jeder von ihnen ist dabei eines der großen geschichtlichen Völker zugeordnet: Ägypten, Babylonien, Perser, Meder, Griechen, das heidnische Rom, das Christentum, der Islam. Dies ist eine Art Skizze der gesamten Geschichtsphilosophie.“ (Israël et l'humanité. 3. Aufl. Paris 1961)

Ein anderer Kabbalist war Rabbi Kook, der 1935 in Jerusalem starb. Über die Konflikte der Menschen meinte er, der Mensch sei noch auf dem Wege zur vollen seelischen Entwicklung. Es ist nicht sicher, ob er von dem Katholiken Teilhard de Chardin etwas wußte, der Ähnliches schrieb. Beide, der Rabbi und der jesuitische Ordensmann, wurden von vielen ihrer Brüder nicht geduldet und von einigen diffamiert. Rabbi Kook meinte jedoch, daß die Dialektik der menschlichen Existenz vorerst noch den Konflikt benötigt. Er sagte im kabbalistischen Bild vom menschlichen Körper: Hätten die roten und weißen Blutkörperchen ein Bewußtsein, so würden sie sich als ärgste Gegner betrachten. Und sie wüßten nicht, daß das Leben von ihrem Gegensatz abhängt.

So mag das künftige Leben von Kirche und Synagoge davon abhängen, daß die Unterschiede bewahrt, die Differenzen ausgetragen werden – aber im Bewußtsein, keine Gegner zu sein, sondern Mitverantwortliche für das Leben der Menschheit.

Alfred Morabia

Die Begegnung der Juden mit der Welt des Islam

Zwei Bemerkungen seien vorausgeschickt:

Es wäre anmaßend, ein so weitgestecktes Thema im Rahmen dieses Beitrags erschöpfend abhandeln zu wollen. Wir werden uns darauf beschränken, eine Übersicht über die Beziehungen zu geben, die es im Lauf der Jahrhunderte zwischen der ersten und der letzten der großen Tochterreligionen der Bibel gegeben hat; dabei werden wir einige typische Aspekte herausstellen.

Ferner ist zu berücksichtigen: Das islamische Reich war größer als das römische und hat sich über mehr als 13 Jahrhunderte erstreckt. So wäre es unredlich, wollte man von *einem* moslemischen Verhalten gegenüber den Juden und dem Judentum sprechen. Man möchte fast sagen, daß es ebenso viele Geschichten dieser Beziehung gibt, wie es Gemeinden gegeben hat, die dort über die Zeit hin in unterschiedlichen soziopolitischen und kulturellen Zusammenhängen verschiedenen Herren unterworfen waren. Immerhin erlauben zahlreiche gemeinsame Züge, gleichbleibende Aspekte in dieser Vielfalt zu unterscheiden. Und auf diese werden wir uns stützen.

I

Die Geschichte der sozialen, kulturellen und religiösen Berührungen zwischen Juden und Arabern reicht bis in unvordenkliche Zeiten zurück. Die Bibel spricht häufig von der arabischen Halbinsel und ihren Bewohnern, denn im Lauf der Jahrhunderte stellten sich verwandtschaftliche, kriegerische, friedliche oder kommerzielle Beziehungen zwischen den Hebräern und ihren südlichen Nachbarn her. In der Genesis, im ersten Buch der Könige, in den beiden Büchern der Chronik, im zweiten Buch der Makkabäer, im Buch

Hiob, in den Psalmen, in den Büchern Jesaja, Jeremia, Hesekiel und Joel findet man reichlich Zeugnis dafür. Ismael, der älteste Sohn Abrahams, wird von den Arabern als ihr Stammvater beansprucht, auch hatte Abraham mit seiner Konkubine Ketura eine zahlreiche arabische Nachkommenschaft. Muß man an die legendäre Liebe zwischen König Salomo und der Königin von Saba erinnern, oder an die mit Gold und Edelsteinen beladenen Schiffe von Ophir?

Aufgrund neuerer Forschungen gab es im Jemen große jüdische Gruppen, sogar schon vor der ersten Zerstörung des Tempels. Die Niederlassung der Juden in Mittel- und Nordarabien geht mindestens auf das 1. Jahrhundert vor Christus und die Zeit Herodes des Großen zurück, der selbst der Sohn einer arabischen Prinzessin war, oder auf die Zeit Hadrians (Anfang des 2. Jh. nach Christus). Um diesen palästinischen Kern scharten sich zahlreiche arabische Proselyten. Zu Beginn des christlichen Zeitalters nahm das arabische Königreich der Nabatäer einen beträchtlichen Teil Syriens ein; und im 3. Jh. hatte ein anderes arabisches Königreich, das von Palmyra/Tadmor, seine Glanzzeit in unmittelbarer Nachbarschaft eines Mesopotamien, in dem das Judentum blühte.

In dieser Zeit hatten sich jüdische landwirtschaftliche Siedlungen im nördlichen Hedschas gebildet – eben der Provinz, die die Wiege des Islam werden sollte –, und hatten dort dem Ackerbau den Weg bereitet. Schließlich lebten bis zum 6. Jh. unserer Zeitrechnung die Juden von Babylonien und von Syrien-Palästina in der Nachbarschaft zweier arabischer Königreiche: des lakhmidischen und des ghassanidischen.

II

Am Vorabend des Islam war die letzte Bastion des semitischen Heidentums, Mittel- und Nordarabien, auch die einzige Region im Vorderen Orient, die der Herrschaft der beiden Riesen dieser Epoche, der Byzantiner und der Perser, entging. Dafür waren im Süden der Halbinsel Judentum und Christentum verbreitet. Das himyaritische Königreich des Jemen hatte sogar einen jüdischen König, Yusuf Ach'ar, mit dem Beinamen Dhu Nuwas. Die über Nordarabien und den Hedschas verstreuten jüdischen Gemeinden betrieben außer Landwirtschaft auch Handwerk und Handel. Im hundertjährigen Konflikt zwischen Byzanz und Ktesiphon um die Herrschaft über den östlichen Mittelmeerraum waren die Sympathien der Juden sehr wahrscheinlich eher auf Seiten der Hauptstadt der persischen Sassaniden-Dynastie. Man weiß, welchen Aufschwung das rabbinische und talmudische Denken in Babylonien zu einer Zeit nahm, in der die Schikanen und Gemeinheiten des byzantinischen Christentums sich verschärften. Da der Koran von einer ausgesprochenen Sympathie Mohammeds für die „Römer" – so die arabische Bezeichnung der Byzantiner – zeugt, trug dieser unterschiedliche Standpunkt später dazu bei, die Spaltung zwischen Juden und Moslems zu vertiefen.

Ebenso wenig wie man die Situation der Juden vom politischen Zusammenhang der Epoche trennen kann, ist es möglich, die Entstehung des Islam aus seinem jüdischen und christlichen Umfeld herauszulösen; denn diese beiden Religionen waren Bestandteil des geistigen Besitzes der Halbinsel. Durch seine Lage an der Straße, die das christliche Nadjran mit Medina verband, wo es zahlreiche Juden gab, und durch seine Karawanen, die zwischen dem Jemen und Syrien verkehrten, konnte sich Mekka dem zweifachen monotheistischen Einfluß nicht entziehen.

Die erste Erscheinungsform des Islam in Mekka trug das Zeichen des Judentums: Vom Judentum übernahm der Islam unter anderem die Richtung des rituellen Gebets nach Jerusalem. In der von Mohammed nach seiner Niederlassung in Medina ausgearbeiteten „Verfassung" waren die Juden ein Teil der „umma", der um den Propheten versammelten Gemeinde. Er glaubte sich berechtigt, den Übertritt der Juden zu der neuen Religion zu erhoffen.

Tatsächlich kam es anders. Wenn die Juden Medinas die politische Autorität des Herrn aus Mekka auch respektierten, so akzeptierten sie diese Autorität auf religiöser Ebene keineswegs: eine kleine Minderheit konvertierte, während die überwältigende Mehrheit Vorbehalte gegenüber einer Predigt äußerte, die dem

Wesentlichen ihres Glaubens und des Bibeltextes widersprach oder es entstellte. Mohammed sah in dieser Verweigerung eine Beleidigung seiner Berufung als Gesandter des einen Gottes und eine Verleugnung der Offenbarung, deren Verkünder er war. Von da an änderte der Koran gegenüber den „Kindern Israels“ seinen Ton und seine Terminologie. Gleichzeitig wurden gewisse Veränderungen des Kultus bekanntgegeben, die den Bruch deutlich machten: das rituelle Gebet wurde von da an in Richtung auf die Kaaba verrichtet, das Heiligtum Mekkas, das als der älteste Ort monotheistischen Gottesdienstes, von Abraham selbst erbaut, verherrlicht wurde; der Fastenmonat Ramadan verdrängte die Fastenzeit Aschura, die zu sehr an Jom Kippur erinnerte.

Mohammed profitierte von seinem zunehmenden Einfluß im Hedschas und von der Zwietracht unter den wichtigsten jüdischen Stämmen in Medina: er schaltete sie nacheinander mit zunehmender Härte aus.

Die Offenbarung des Koran enthält also – man wird nicht überrascht sein – zugleich sehr lobende Passagen über die „Kinder Israels“ und andere Passagen von unversöhnlicher Strenge: Sie sind das auserwählte Volk kraft eines mit dem Herrn geschlossenen heiligen Bundes; das Wissen ihrer Gelehrten wird gelobt; das Heilige Land ist ihnen verheißen worden, ... aber auch: Sie haben den Bund verraten und Ungläubigkeit und Blindheit zur Schau gestellt; sie haben die Propheten getötet, die Gott ihnen gesandt hat; sie haben die Botschaft entstellt, die von Moses überbracht wurde und die die Ankunft Mohammeds ankündigt; sie haben sich als hochmütig, treulos und arrogant erwiesen.

Schließlich wird der Koran auf Mohammeds Treue gegenüber der Botschaft Abrahams bestehen, der im übrigen weder Jude noch Christ war. Der Islam, dessen Lehre die mosaische und die christliche Lehre verstärkt und ergänzt hat, ist eine Rückkehr zur Urreligion, zu diesem ewigen Monotheismus, der dem Universum in seiner Totalität von Allah bestimmt ist.

Die Nachfolger des Propheten errichteten in weniger als einem Jahrhundert ein riesiges Reich, das sich vom Indus bis zu den Pyrenäen erstreckte. Es gab mehr oder weniger bedeutende, fast immer alt eingesessene jüdische Gemeinden in den meisten Gegenden auf der iberischen Halbinsel, in Nordafrika, Ägypten, Vorderasien, Mesopotamien, auf dem iranischen Hochland ... Auf diese Weise unterstellten die arabischen Eroberer fast das gesamte Judentum der Zeit ihrer Lehnsherrlichkeit. Die Quellen bestätigen übereinstimmend, daß mit Ausnahme der berberisierten oder berberischen Juden Nordafrikas die jüdischen Gemeinden diese neuen Eroberer eher freundlich – zumindest nicht feindselig – empfingen und ihnen manchmal sogar die Arbeit erleichterten.

Das einzige negative Faktum, das in den ersten Jahrzehnten des 7. Jahrhunderts hervorzuheben ist, war die Vertreibung der jüdischen und christlichen landwirtschaftlichen Siedler aus Arabien durch den Kalifen Omar. Wahrscheinlich verfügten die Moslems in dieser Zeit schon über genügend Arbeiter, um sich dieser Bauern zu entledigen. Die Vertreibung war übrigens weder allgemein noch endgültig. Die Nachfolger Omars hatten keine ausreichende administrative Erfahrung, um ein so großes Reich, das Länder mit alter Kultur und mit wohlgegründeten politischen Traditionen umfaßte, zu verwalten. Im allgemeinen behielten sie die alte Gesetzgebung und den politischen Apparat im wesentlichen bei.

Eroberungskriege rufen bei den Siegern in der Regel einen Hochmut hervor, der ihre Überlegenheit rechtfertigt und zugleich erklärt. Ein Gesetz der Geschichte, dem die Araber nicht entgingen. Nach und nach wurde von den moslemischen Gelehrten eine Theorie des „heiligen Kampfes“ (djihad) und des „Schutzes“ (adh-dhimma) der konfessionellen Minderheiten ausgearbeitet, die auf einer Reihe von Postulaten beruhte:

1. Das Wort Allahs hat alle anderen Offenbarungen „berichtigt“ und damit aufgehoben. Der Islam ist also die „wahre Religion“ für die gesamte Menschheit.

2. Ein unüberwindbarer Graben trennt den Islam vom Nicht-Islam, das Reich des Glaubens vom Land der Gottlosigkeit.

3. Die Muslimgemeinde, „die beste, die der Herr unter den Menschen geschaffen hat“ (so die Worte eines Koranverses), hat eine allgemeine Vormundschaft inne. Die Muslimgemeinde muß die Hand über die anderen Nationen halten.

4. Während die Polytheisten und Götzendiener keine andere Alternative haben, als den Islam anzunehmen oder über die Klinge zu springen, haben die Adepten der monotheistischen Religionen (Juden, Christen, Zoroastrier und Sabäer) das Recht auf ein besonderes Statut, das ihnen den „Schutz" des moslemischen Staats zusichert. Sie können ihre Religion behalten und praktizieren, mit der Auflage, gewisse Einschränkungen zu akzeptieren und unter Wahrung ihrer rechtlich-sozialen Besonderheit als Bürger zweiten Ranges zu leben.

Der „Schutz" konfessioneller Minderheiten ist ein unwiderruflicher und ewig sich erneuernder Pakt, dessen Bedingungen in den sogenannten „Verordnungen Omars" gesammelt wurden. Der Nicht-Moslem verpflichtet sich freiwillig, gewisse Beschränkungen anzuerkennen:

– keine neuen Kultstätten zu bauen;

– seinen Glauben nicht zur Schau zu stellen und nicht dazu aufzufordern;

– den Moslems nicht zu gleichen hinsichtlich Kleidung und Aufzug;

– ein Erkennungszeichen zu tragen gemäß einem alten orientalischen Brauch für Minderheiten;

– keine Waffen zu besitzen; nicht in den Dienst der moslemischen Armeen zu treten und diese nicht auszuspionieren;

– Steuern zu zahlen (Kopfsteuer und Grundsteuer, die bedeutend höher waren, als die, die auf den Gläubigen lasteten);

– den Islam, seinen Propheten und seine Offenbarung nicht anzugreifen;

– keine Mohammedanerin zu heiraten und keine körperlichen Beziehungen zu einer Mohammedanerin zu unterhalten ...

Man sollte sich jedoch von der Strenge dieser Vorschriften nicht beeindrucken lassen, die das Ergebnis von Juristen-Theologen waren. Die Toleranz war in der Praxis tatsächlich viel größer als in der Theorie. Aber die Theorie konnte doch wie ein Damoklesschwert jederzeit auf die „Schützlinge" niederstürzen, deren Situation prekär blieb.

III

Die Geschichte der Juden auf islamischem Boden kann in drei große Abschnitte eingeteilt werden: das sogenannte klassische Zeitalter, die Periode der jüdisch-moslemischen Symbiose (7. bis 11. Jh.); die nachklassische Epoche, die insgesamt, freilich mit bedeutenden Ausnahmen, eine Phase der Stagnation oder des Verfalls der jüdischen ebenso wie der moslemischen Gemeinden darstellt (12. bis 18. Jh.); und schließlich die moderne Zeit, in der zumeist eine jüdisch-moslemische Konfrontation stattfand und viel tiefere Kluften als zuvor entstanden.

In der sogenannten klassischen Epoche finden wir in den Bereichen des gesellschaftlichen, ökonomischen, geistigen und kulturellen Lebens eine tatsächliche Veränderung der Lage der Juden. Einige Umstände wirkten sich günstig für die vom Islam lehnsabhängigen „Kinder Israels" aus:

– der Empfang, den sie im allgemeinen den Eroberern, Semiten wie sie, bereitet hatten;

– die Tatsache, daß Mesopotamien alsbald zum Mittelpunkt des moslemischen Reiches wurde;

– die Erarbeitung von Gesetz und Dogma des Islam in Babylonien, das auch die Wiege des Talmud war;

– ihre Zugehörigkeit zu dem einen islamischen Staat, was ihrer Abkapselung ein Ende setzte;

– ihre Unabhängigkeit von den umliegenden Mächten. Von ihrer Seite war nicht zu befürchten, daß sie eine fünfte Kolonne im Schoß des arabisch-moslemischen Staates bilden könnten;

– und schließlich die Tatsache, daß der Status als „Tributpflichtige", den ihnen die neuen Herren mit allen dazugehörenden Einschränkungen gegeben hatten, ihre vorherige Situation nicht verschlimmerte. Das traf auf die Christen und die Zoroastrier, die Anhänger der altpersischen Religion nicht zu, die die Masse der neuen Untertanen des moslemischen Staates ausmachten.

Über die Lage der jüdischen Gemeinden während der ersten beiden moslemischen Jahrhunderte sind wir nur wenig informiert.

Was den unmittelbar darauffolgenden Zeitabschnitt betrifft, befinden wir uns auf viel sichererem Boden dank der Dokumente der Geniza von Kairo.

Zur Zeit der arabischen Eroberung Mesopotamiens lebten dort viele Juden, die sich dem Ackerbau widmeten. Im Lauf der ersten beiden moslemischen Jahrhunderte wurden diese Juden allmählich von ihrem Land vertrieben oder verließen es freiwillig, um den schweren Auflagen zu entgehen. Das begünstigte eine schnelle Verstädterung: die benachteiligten Schichten wandten sich vielfältigen handwerklichen Tätigkeiten zu, während sich die wohlhabenderen Kreise – im Einklang mit ihren moslemischen und christlichen Artgenossen – in die „bürgerliche Revolution" stürzten (Goitein). Die Elite der jüdischen Händler ersetzte an der Spitze der Gemeinden immer mehr die aristokratischen Familien wirklich oder angeblich davidischer Abstammung. Bankiers und Kaufleute wurden Mäzene der „Geonim", der Oberhäupter der beiden großen babylonischen Akademien in Sura und Pumbeditha.

Die arabische Eroberung hatte zum ersten Mal seit vielen Jahrhunderten die gesamten Handelswege West- und Zentralasiens, des Indischen Ozeans und des Roten Meeres und fast das ganze östliche Mittelmeer wieder einer Autorität unterstellt. Konkurrierend mit seinem Rivalen Konstantinopel wurde Bagdad zu einer Drehscheibe des internationalen Handels; und die jüdische Bevölkerung war dort zahlreich und aktiv. So verhielt es sich auch später mit anderen Handelsstädten wie Kairo, Alexandria, Kairuan oder Cordoba, die alle kommerzielle und kulturelle Zentren waren, in denen das Judentum blühte.

Viele Juden trieben Finanzgeschäfte als Wechsler, Steuereinnehmer, Bankiers, begünstigt durch das im islamischen Reich gebräuchliche Doppelwährungssystem (Dinar aus Gold und Dirhem aus Silber). Es entfalteten sich moderne Formen des Transfers von Schulden und Vergütungen zwischen den Händlern: Schuldbriefe, Wechsel und Kreditbriefe. Es wäre ein Irrtum, daraus zu schließen, Finanz und Handel wären in irgendeinem Moment ein Monopol der Juden gewesen. Gewiß hatten sie Vorteile durch ihre politische Neutralität, ihre internationalen Verbindungen und Beziehungen und ihren Unternehmergeist, den sie der jahrhundertelangen Situation als Minderheit verdankten. Sie konnten leichter als Moslems und Christen die Grenzen passieren. Es ist eine zufällige Rolle, die den Juden erst spät, im 10. Jahrhundert, aufgedrängt wurde. Ein ähnliches Phänomen werden wir in einer anderen Epoche auf christlichem Boden kennenlernen. Außerdem hatten das gemeinsame Leben und die gemeinsamen Gefahren bei den Juden einen Geist der Zusammengehörigkeit geschaffen. Daher kommt die enorme Beweglichkeit der jüdischen Gemeinden innerhalb und außerhalb des großen moslemischen Reiches. Das erleichterte die wirtschaftlichen, kulturellen, geistigen, sogar familiären Beziehungen zwischen den auf islamischem Gebiet lebenden Juden und ihren Glaubensbrüdern unter christlicher Oberhoheit.

Es muß erwähnt werden, daß im klassischen Zeitalter jüdische Personen Zugang zu sehr hohen Ämtern im Zentrum des moslemischen Staatsapparates hatten. Zum Beispiel: Chasdaï ibn Schaprut (gestorben 970), Arzt und Berater des Kalifen von Cordoba, der mutmaßliche Autor des berühmten Briefes an den König der Khazaren über die Tugenden der jüdischen Religion. Jacob ibn Killis, ein Zeitgenosse Hasdaïs, gestorben 991, war eine hochgestellte Persönlichkeit des fatimidischen Ägypten; er wurde Wesir in Kairo, nachdem er zum Islam übergetreten war, und einer der Gründer der großen Moschee und Universität Azhar, deren Ruhm bis in unsere Zeit reicht. Des weiteren Abu Sa'd ibn Sahl de Tustar, gestorben 1047, Bankier und Berater der Fatimiden; über ihn soll ein moslemischer Dichter berühmte Verse geschrieben haben, in denen er – mit scharfer Ironie – seine Glaubensbrüder aufruft, das Judentum anzunehmen, um Zugang zu den hohen Ämtern zu erlangen, denn, so fügte er hinzu, „der Himmel selbst ist jüdisch geworden!" Schließlich Samuel ibn Naghrela, bekannt unter dem Namen Samuel ha-Nagid, Dichter, Staatsmann und Militärkommandeur des moslemischen Granada, gestorben 1055/56. Sein Sohn, Joseph, folgte ihm nach als Wesir des Nassridenherrschers der spanischen Stadt, aber er wurde 1066 hingerichtet, und seiner Hinrichtung folgte ein Judenmassaker in der ganzen Region.

Die Toleranz nährte also in dem Maße, wie sie „Ungläubigen"

erlaubte, sich Reichtum oder glänzende Karrieren zu schaffen, auch die Intoleranz. Noch dazu, wenn man – in flagrantem Widerspruch zu den Grundprinzipien des islamischen Rechts und zur großen Empörung der Masse der Gläubigen – Ungläubige ermächtigte, die Finanz- und Steuerverwaltung der moslemischen Gegenden zu kontrollieren. Die meisten Juden, die in der islamischen Verwaltung zu höchsten Würden kamen, hatten ernstliche Schwierigkeiten oder fanden einen tragischen Tod in Aufständen, für die die jüdischen Gemeinden zur Rechenschaft gezogen wurden.

Die Leiter der jüdischen Gemeinden, die Exilarchen, wurden von den Kalifen beibehalten und genossen beachtliche Privilegien. Da sie sich als direkte Nachkommen des davidischen Königshauses bezeichneten und der Koran David als gesandten Propheten betrachtet, dem Gott die Psalmen offenbarte, war ihr hohes Amt von einer Aura der Heiligkeit umgeben. Aber das Amt der Geonim, der Oberhäupter der jüdischen Lehrhäuser (Akademien), bekam bald eine größere Bedeutung als das Exilarchat, und die Beziehungen zwischen den Inhabern dieser beiden Ämter waren zuweilen gespannt. Die religiösen Führer waren unter anderem für den Einzug der Steuern verantwortlich und regierten ihre Untergebenen in allem, was das Gemeinschaftsleben und den Rechtsstand der Person betraf. Das war eine interne Autonomie unter wachsamer moslemischer Kontrolle, die man optimistisch als „mittelalterliche religiöse Demokratie“ (Goitein) bezeichnet hat.

Der Erfolg einer neuen semitischen Religion, die vielfache Ähnlichkeit mit dem Judentum aufwies, etwa in Hinsicht auf den strengen und starren Monotheismus, auf Ernährungsvorschriften, Beschneidung, Waschungen, usw., und die den Juden den gleichen Status gab wie ihren früheren Unterdrückern, erweckte Hoffnungen auf Erlösung. Dies erklärt das Entstehen zahlreicher Bewegungen ausgesprochen messianischen Charakters und eine Vermehrung schismatischer Sekten nach der arabischen Eroberung. Wir erwähnen nur Abu Isa aus Isfahan (Ende des 7. Jh.), der sich zum Propheten und Verkünder des Messias erklärte, und Jehuda Judghan (8. Jh.), der sich als Bote des Himmels bezeichnete und der Thora einen allegorischen Sinn zuschrieb. Beide sind in gewisser Weise Vorläufer von Anan ben David in der zweiten Hälfte des 8. Jahrhunderts, in dem man den Wortführer einer geheimen Bewegung gegen die Exegese des Talmud und für ein „Zurück zu den Quellen", in diesem Fall zur Heiligen Schrift, sehen sollte.

Der im 6./7. Jahrhundert vollendete babylonische Talmud hatte sich drei Jahrhunderte später verbreitet, begünstigt durch die Konstituierung des arabischen Reiches und das Verschwinden der Grenzen innerhalb der orientalischen Welt. Die Verbindungen der jüdischen Gemeinden untereinander ermöglichten es, daß die Lehre des Talmud allmählich Europa erreichte.

Im 9. Jahrhundert förderten die abbasidischen Herrscher von Bagdad eine breite Übersetzungsbewegung, um indisches und griechisches Gedankengut über das Syrische und über Pehlewi in die arabische Sprache zu übertragen. Das war der Beginn einer Periode heftiger intellektueller, doktrinärer und politischer Erregung, sowohl unter den Moslems als auch unter ihren jüdischen, christlichen oder zoroastrischen „Schützlingen". In der Tat nahmen die rechtlich-theologischen Ideen des Islam und des Judentums im Verlauf ihrer Herausbildung eine parallele Entwicklung, ohne daß man präzise, sichere Abhängigkeiten festmachen könnte. Die Ähnlichkeiten sind noch manifester bei den den Talmud verwerfenden, „karaitischen" Denkern, die stark beeinflußt sind von der dogmatischen Theologie der moslemischen Schule der Mutaziliten, einer Schule, die den Glauben verstandesmäßig zu unterbauen suchte. Und die karaitische Herausforderung zwang die rabbinischen Gelehrten, auf eine rationalistische Argumentation zurückzugreifen, wodurch die theologische Reflexion im jüdischen Milieu wieder belebt und angeregt und von volkstümlichem Aberglauben befreit wurde. In diesen Zusammenhang muß man den entscheidenden und außergewöhnlichen Beitrag von Saadia Gaon zum rabbinischen Denken stellen und das Aufblühen einer echten jüdischen Theologie, die sich der großen Probleme der Theodizee, der Gotteserkenntnis und der Versöhnung von Vernunft und Religion annahm. Diese „scholastische" Strömung gab dem traditionellen Judentum eine metaphysische

Basis und begründete einen jüdischen Humanismus, der in das monumentale Werk des Moses Maimonides münden sollte.

Über die eigentlich religiöse Reflexion hinaus wirkte die intellektuelle Erregung im moslemischen Herrschaftsbereich, am Kreuzungspunkt so vieler Wege, zurück auf die jüdischen Denker, deren Werk zum größten Teil arabisiert war. Das Aufblühen des jüdischen Denkens im Schoß dieser moslemischen Kultur, die selbst ein Schmelztiegel verschiedener orientalischer Elemente war, bedrohte weder die Integrität noch die Unabhängigkeit des Judentums, im Gegensatz zu dem, was sich auf christlichem Boden abspielte, wo die Gefahr, absorbiert zu werden, groß war. Das erklärt ein scheinbares Paradox: der Beitrag des von den Juden abgelehnten griechischen Denkens im hellenisierten Alexandria Philons im ersten Jahrhundert unserer Zeitrechnung hinterließ eine tiefe Spur im mittelalterlichen Judentum, und zwar über den Umweg arabischer Übersetzungen und der theologischen Reflexion im islamischen Bereich.

Die bewundernswertesten Erscheinungen auf kulturellem Gebiet bewirkte die Symbiose von Judentum und Islam auf der iberischen Halbinsel. Der Neuplatonismus eines Salomon ibn Gabirol, in der westlichen Welt unter dem Namen Avicebron bekannt (gestorben um 1058), die pietistische Askese eines Bahya ibn Paquda (gestorben um 1080), die poetische, orthodox-religiöse und synthetische Wirksamkeit eines Jehuda ha-Levi (gestorben 1141), der rationale Enzyklopädismus eines Abraham ben David (gestorben um 1180), die rationalistische, aristotelische Philosophie eines Maimonides (gestorben 1204) – um nur die berühmtesten Namen aufzuführen –, legen Zeugnis davon ab. Alle diese Persönlichkeiten waren inmitten einer moslemischen Umwelt von einer tief jüdisch-talmudischen Kultur geprägt.

Es fällt uns leichter, die Synthese, die Maimonides in seinem berühmten „Führer der Unschlüssigen“ aus der griechischen Philosophie und der jüdischen Tradition vollzogen hat, in ihrer wirklichen Dimension zu erfassen, wenn man bedenkt, daß seine Betrachtung zur gleichen Zeit wie die seines berühmten, 1198 gestorbenen Landsmannes Averroes entstanden ist. Beide interpretierten die

Prophetologie im Sinne einer von Platons idealem Staat inspirierten politischen Doktrin. Beide verstanden sich als Erzieher der Gesellschaft, die sich ihrer Pflicht gegenüber ihrem Gemeinwesen ebenso wie gegenüber der Philosophie bewußt waren. Beide erlebten, daß ihre philosophischen Werke wegen ihrer mangelnden „Orthodoxie“ verurteilt wurden, während man ihre juristischen Beiträge rühmte.

Noch zwei andere Gebiete erlebten einen intellektuellen Aufschwung: die hebräische Philologie und die jüdische Poesie hebräischer oder arabischer Sprache. Die Renaissance der hebräischen Sprache und ihre wissenschaftliche Analyse sind in höchstem Maße der Sprachforschung verpflichtet, die mit dem Studium des Arabischen in Zusammenhang steht, einer semitischen Sprache, die große Ähnlichkeiten mit dem Hebräischen aufweist. Die mittelalterliche jüdische Poesie, besonders im moslemischen Spanien, glich oft in der Form, in der Rhetorik, in den Themen der arabischen Poesie. Liturgische Kompositionen und profane Stücke konnten von ein und demselben Dichter stammen.

IV

Die nachklassische Epoche des Judentums auf islamischem Gebiet ist gekennzeichnet

– durch die offizielle Feststellung einer „Orthodoxie“

– durch eine engere Verbindung zwischen Geistlichen und Juristen,

– durch einen Heiligenkult und den Aufschwung mystischer Bruderschaften,

– durch einen Rückgang der unabhängigen Reflexion zugunsten von Abrissen und Auslegungen.

Der Niedergang der moslemischen Kultur, die bis dahin den vielfältigen Einflüssen ihrer Umgebung offengestanden hatte, war das Ergebnis eines ganzen Bündels innerer und äußerer Faktoren, nicht zuletzt der Herausforderung durch das Christentum und der Kreuzzüge. Er brachte entscheidende Veränderungen in den interkonfessionellen Beziehungen mit sich und war begleitet von Ausbrüchen religiöser Intoleranz. Man ist verblüfft über die Übereinstimmung des jüdischen und des moslemischen Verfalls im arabisch-islamischen Orient am Ende des Mittelalters wie über die Gleichzeitigkeit des Aufblühens der jüdischen und moslemischen Kultur zu Beginn der osmanischen Ära: ein zusätzlicher Beweis für die enge Bindung der beiden Kulturen an denselben politisch-sozialen Kontext.

Insgesamt verschlechterte sich die Lage der Tributpflichtigen immer mehr. Von Zeit zu Zeit provozierten Ausbrüche von Fanatismus Verfolgungen und machten die Situation von Juden und Christen auf dem Gebiet des Islam unhaltbar. Sehr häufig dienten diese Ausbrüche schwachen oder nach populärer Unterstützung suchenden Regierungen als Ventil. Eine abschätzige Duldsamkeit und eine eingewurzelte Verachtung, die manchmal schwerer zu ertragen sind als offene Feindseligkeit, spielten sich gegenüber den jüdischen Minderheiten ein, die, anders als die Christen, nicht den Schutz einer fremden Macht genossen; was zugleich ein Vorteil und ein Mangel war.

In der sogenannten almohadischen Epoche, das heißt im Nordafrika und Spanien des 12. und 13. Jahrhunderts, drangsalierten einzelne Herrscher die konfessionellen Minderheiten mit allerhand Schikanen und bedrohten sie manchmal mit Zwangskonversionen. Aber diese Verfolgungen wurden nicht von allgemeinen Vertreibungen begleitet, wie sie Europa periodisch erlebte. Man weiß außerdem, daß viele Konvertiten zu ihrem ursprünglichen Glauben zurückkehren durften (so war es zum Beispiel bei den Maimoniden). Wir befinden uns jetzt vor einer Wanderbewegung in umgekehrter Richtung wie in der klassischen Epoche, also von Westen nach Osten: Ägypten und Palästina nahmen Emigranten aus dem Maghreb auf; und das Judentum erlebte im östlichen Mittelmeerraum einen neuen Aufschwung. Wurde das Tragen der Chikla, eines gelben Erkennungszeichens, bei den Juden Nordafrikas, das vom Vierten Lateranischen Konzil 1215 vorgeschrieben wurde, der islamisch-nordafrikanischen Sekte der Almohaden entlehnt?

Die am Ende des 15. Jahrhunderts von der iberischen Halbinsel vertriebenen Juden fanden indessen auf moslemischem Gebiet liberale Aufnahme. Diese sogenannten Sephardim neigten dazu, in den Ländern, in denen sie sich niederließen, das Gemeinschaftsleben zu beherrschen; sie bewirkten eine kulturelle und religiöse Erneuerung des orientalischen Judentums. Das erklärt teilweise die gegenwärtige (unberechtigte) Tendenz, das ganze Judentum des Orients als „Sephardim" zu bezeichnen. Ferner muß das außergewöhnliche Beispiel Konstantinopels im 16. und 17. Jahrhundert erwähnt werden: dort befanden sich die Juden in einer beneidenswerten Lage, die sich sehr von der ihrer Glaubensbrüder in der übrigen islamischen Welt unterschied.

Die im 13. Jahrhundert im marrokanischen Königreich Fez gegründete Gemeinde war das erste jüdische Ghetto auf moslemischem Gebiet. Dieses erste Ghetto blieb im übrigen lange Zeit das einzige. Die Lebens- und Elendsgemeinschaft mit der moslemischen Bevölkerung führte zu einer beschleunigten Assimilation; aber diesmal nach unten. Wir sind in einer Phase, in der Mentalität, Sitten und Aberglaube eine Verbindung eingehen; die Glaubensrichtungen und die religiösen Bräuche, die beiderseits auf einem alten Grund semitischer Anschauung von der Seele beruhen, greifen ineinander. Aber neben der entrechteten Masse der alteingesessenen Juden, die in zunehmender Absonderung und Vereinzelung lebten, genoß eine kleine Elite eine bevorzugte Behandlung und war beauftragt, Beziehungen zu den europäischen Mächten zu unterhalten.

V

Im 18. und 19. Jahrhundert verteilten die Großmächte untereinander die Vormundschaft über die Minderheiten im islamischen Bereich. Diese „Protektionen" bereiteten der Intervention der europäischen Länder im „kranken Orient", der von der Hohen Pforte Konstantinopels beherrscht wurde, den Weg. Diese neue Situation bestimmte die Mentalität und mußte die Kluften vertiefen.

Die emanzipierten Juden Westeuropas übernahmen die Vormundschaft über ihre Religionsbrüder, die, oft erbärmlich, im Schatten des Islam lebten. Man kennt unter anderem die Rolle, die die „Alliance Israélite Universelle“ in diesem Zusammenhang spielte. Aber die diplomatischen Interventionen der europäischen Staaten waren nicht immer uneigennützig.

Für die Juden der arabischen Welt wurde der Westen, trotz der Unterschiedlichkeit der Situationen, alsbald zu einem neuen Anziehungspunkt; denn eine menschliche Dimension von beträchtlichem Ausmaß hatte sich entwickelt: alle Menschen sind vor dem Gesetz gleich, welcher konfessionellen oder ethnischen Zugehörigkeit sie auch immer sein mögen. Der Staatsbürger unterscheidet sich vom Gläubigen. Er besitzt eine Identität, die eine andere als die seiner Religion ist. Dieser Gedanke nahm in Nordafrika Gestalt an, das unter der Vormundschaft Frankreichs stand; der berühmte Erlaß Crémieuxs gewährte in Algerien den Juden des Landes die volle französische Staatsbürgerschaft. Man versteht die sozialen und psychologischen Umwälzungen, die die koloniale und „emanzipatorische“ Sache hervorrufen mußte. Allmählich wurden die Untauglichkeiten der alten Abhängigkeit beseitigt, und die Türen der liberalen und intellektuellen Stände öffneten sich den Minderheiten. Ein mittelständisches Bürgertum bildete sich unter den Juden und vermischte sich mit den Europäern. Die Anpassung geschah oft sehr schnell. Jahrhundertealte Traditionen unterlagen dem Ansturm des Weltlichen und dem Wunsch nach Angleichung an die neuen Herren.

Die Auflösung der weltlichen und geistlichen Ordnung wirkte stark auf die jüdischen Milieus zurück, die begierig waren auf Aufstieg und Würden, nachdem sie Verachtung und Unterwerfung erfahren hatten. Die Emanzipation und der Zugang zur Kultur drängten sie in die Bahnen der westlichen Zivilisation. Diese Anpassung an den Europäer mußte eine entsprechende Ablösung von der moslemischen Umgebung nach sich ziehen. Das archaische Statut des „Schutzes konfessioneller Minderheiten“ konnte nicht mehr gelten; und die moslemischen Autoritäten sahen sich gezwungen, das in Rechnung zu stellen. Dieses Statut hatte im Mittelalter einen gewissen Fortschritt dargestellt, als die „Anerkennung des Anderen als Anderen“ keineswegs üblich war; jetzt, im Licht des Fortschrittes der Menschheit, wurde es rückschrittlich.

Das tausendjährige, manchmal harmonische, manchmal nur friedliche oder auch offen agressive Zusammenleben bekam eine neue Bedeutung in dem durch fremdes Eindringen veränderten Kräfteverhältnis. Von jetzt an wurden Juden und Moslems eher nebeneinander gestellt. Diese neue Situation entbehrte nicht der Zwiespältigkeit: die moslemischen Landsleute warfen den Juden vor, sich als separate Gemeinschaft zu organisieren; der Europäer seinerseits war weit davon entfernt, den eingeborenen Juden als seinesgleichen zu betrachten. Dieser wurde also ermahnt, „sein Lager zu wählen“, was nicht immer leicht war. Die große Mehrheit der Juden war von dem beschleunigten Lauf der Geschichte überholt worden. Eine Minderheit schlug sich auf diese oder jene Seite, – mehr auf die europäische, „emanzipatorische“, als auf die moslemische Seite, deren konfessionell gefärbten Nationalismus man fürchtete.

Im Laufe der letzten Jahrzehnte des 19. Jahrhunderts wirkte das „Erwachen der Nationalitäten“ in Europa auf die Araber ebenso wie auf die Juden im islamischen Bereich zurück. Die aufeinanderstoßenden Nationalismen haben den Anfang unseres Jahrhunderts entscheidend geprägt.

Die Gleichzeitigkeit des arabischen und jüdischen „Wiederauftauchens“ ist offensichtlich. Der Zusammenstoß von Zionismus und Arabismus ist auch der Konflikt zweier Sensibilitäten, zweier Wahrnehmungen von zwei verschiedenen unterdrückten Gemeinschaften, die nach schwierigen Jahrhunderten eine Renaissance erleben und eine legitime Sehnsucht nach ihrer ruhmreichen Vergangenheit haben. Renaissance und Sehnsucht beinhalten in beiden Fällen einen mehr oder weniger engen, mehr oder weniger bewußten, mehr oder weniger eingestandenen Zusammenhang zwischen der nationalen Identität und den eng verwobenen kulturellen und religiösen Traditionen.

VI

Zusammenfassend läßt sich sagen: Die Geschichte der Begegnung zwischen Islam und Judentum ist von zyklischen Prüfungen und Blütezeiten bestimmt. Trotzdem kann man in ihr einen roten Faden entdecken, auch wenn er oft abreißt und aussetzt. Es ist fast die Regel: wenn die moslemische Zivilisation aufblühte, entfaltete sich auch das Judentum; wenn eine Zeit der Abkapselung, des Verfalls oder der Stagnation kam, verschlechterte sich die Situation der Juden auf moslemischem Boden. Es gab also Symbiose und bewundernswerte Leistungen; aber es gab auch Gesetze gegen sogenannte Verschwendung, willkürliche Steuern und Verfolgungen. Diese Schikanen waren nicht von einer radikalen Veränderung, einem Wunsch nach Ausschaltung, einem Desaster großen Umfangs begleitet. Die verächtliche Duldsamkeit des Moslems gegenüber dem Juden unterschied sich von dem leidenschaftlichen, irrationalen Antisemitismus Europas, einem Antisemitismus, der auf rassischen oder physiologischen Kriterien gründet, auf dem Vorwurf des „Gottesmords" oder auf einer angeblichen jüdischen Verschwörung mit dem Ziel einer Weltherrschaft. Leider haben seit einigen Jahrzehnten bestimmte arabische Länder diesen Virus übernommen, diese Lektion gelernt und sich beeilt, sie anzuwenden.

„Der kürzeste Weg in die Zukunft geht über die Vertiefung der Vergangenheit", hat der martiniquische Dichter Aimé Césaire gesagt. Keiner der den Konflikt verstehen oder abschwächen will, der heute auf tragische Weise Juden und Araber – oder zumindest einen beträchtlichen Teil davon – miteinander konfrontiert, kann auf die Kenntnis der jüdisch-moslemischen Vergangenheit verzichten. Ohne die direkten und bereichernden Kontakte, die zwischen diesen beiden großen Kulturen stattfanden, wären der Islam und das Judentum gewiß nicht, was sie heute sind, und hätten sich nicht so entwickelt, wie sie es getan haben.

Es ist zu wünschen, daß heute im Nahen Osten, der von gegensätzlichen, aber nicht unähnlichen Leidenschaften geschüttelt wird, der Aufruf gehört werde, „sich an unseren gegenseitigen Unterschieden zu bereichern" (Paul Valéry); und daß endlich eine Ordnung herrschen möge, wo das, was des einen gemeinsamen Gottes ist, nicht als Vorwand dafür dient, sich gegenseitig zu unterdrücken oder zu verachten.

Michael Riff

Das osteuropäische Judentum

Die Geschichte der Juden in Osteuropa ist mehr als eintausend Jahre alt. Schon vor Völkerwanderung und Christianisierung sind Juden im Gefolge der Römer in die böhmischen Länder und nach Ungarn gezogen. In gleicher Weise haben sich auch Juden an der Schwarzmeerküste angesiedelt. Allmählich sind dann auch – als Händler oder auf der Flucht vor Verfolgungen – Juden aus Byzanz und dem Kalifat von Bagdad ins Gebiet von Krim und Kaukasus gekommen. Zur Zeit der Chasaren, deren König Bulan im Jahre 740 zum Judentum übergetreten ist, sind ihre Zahl und ihr Einfluß in dieser Gegend gewachsen. Es ist bekannt, daß einige dieser jüdischen Familien schon in jener Zeit bis ins heutige Polen gelangt sind; von einer Einwanderung größeren Stils kann allerdings keine Rede sein. Diese setzte erst im 11. Jahrhundert ein, und zwar von Westen her.

Von Anfang an war Polen für die *Aschkenasim* (so werden die jüdischen Einwanderer aus dem Westen auf hebräisch genannt) ein Land der Zuflucht und neuer Möglichkeiten. Sie flohen vor der Volkswut, die sie seit der Zeit der Kreuzzüge für Gottesmord und den Schwarzen Tod verantwortlich machte, und zogen in ein Land, in dem sie willkommen waren. Ebenso wie die deutschen Siedler, die vor und gleichzeitig mit ihnen kamen, waren die *Aschkenasim* in einem Land ohne eigene Mittelschicht gern gesehen. Die einheimische Bevölkerung achtete sie und die Deutschen als Pioniere in Handel, Gewerbe und Finanzwesen. Schon 1264 verbriefte ihnen Boleslaw der Fromme den Schutz der polnischen Könige.

Auch die ersten organisierten Judengemeinden sind im 13. Jahrhundert entstanden: in Płock (1237), in Kalisz (1287) und in Krakau (1287). Hebräische Aufschriften auf einigen der ältesten polnischen Münzen zeugen davon, daß schon seit dem 11. Jahrhundert Juden als Münzenmacher und Finanzberater am polnischen Hofe tätig waren.

Eine Masseneinwanderung von Juden nach Polen hat jedoch erst im 16. Jahrhundert stattgefunden. Um 1500 waren schätzungsweise dreißigtausend Juden in Polen ansässig, und innerhalb von 150 Jahren soll sich diese Zahl verzehnfacht haben.

Das war im großen Ganzen das Resultat eines historischen Zufalls. Gerade als sich in Mitteleuropa die Lebensbedingungen der Juden wesentlich verschlechterten, bot sich Polen als Zufluchtsmöglichkeit an. Als Polen sich vergrößerte und immer mehr fremde Experten brauchte, waren die Juden in Mitteleuropa wie auch in Spanien unerwünscht oder überflüssig geworden.

So ist es gekommen, daß Polen und Litauen zum neuen Zentrum des westlichen Judentums geworden ist. Auch die aus Spanien, Portugal und Italien vertriebenen *sephardischen* Juden haben sich in ihren Gebräuchen an den zahlenmäßig stärkeren *Aschkenasim* orientiert. Innerhalb kürzester Zeit war es den neuangekommenen *Aschkenasim* gelungen, die Juden aus Chasaria, Byzanz und dem Mittelosten, die schon seit einigen Jahrhunderten in der Ukraine ansässig gewesen waren, zu assimilieren.

Aus dem mittelalterlichen Deutschland haben die nunmehr polnischen und litauischen Juden nicht nur ihre Riten und Sitten in Ernährung und Kleidung, sondern auch ihre Sprache mitgebracht und über Jahrhunderte beibehalten. Was heute *Jiddisch* genannt wird, war ursprünglich ein mittelhochdeutscher Dialekt, der viele Wörter und seine Schreibweise aus dem Hebräischen übernommen hatte. Jiddisch hat sich in der osteuropäischen Isolierung nach der Zeit der Bibelübersetzung durch Luther vom Deutschen differenziert. Zögernd hat die Sprache je nach Umgebung polnische oder ukrainische – im 20. Jahrhundert sogar englische und amerikanische – Ausdrucksweisen absorbiert. Schließlich ist diese hochentwickelte Literatursprache zu jenem faszinierenden Denkmal der Geschicke ihres Volkes geworden, das Gelehrte wie Weinreich und Salzia Landmann in ihren Arbeiten so eindringlich beschreiben.

Wie man sich vorstellen kann, ist die Ansiedlung so vieler Juden in Polen und Litauen nicht ohne negative Reaktion verlaufen. Die größte Opposition neben der des katholischen Klerus wurde ihnen von den meist deutschen Bürgern der älteren Städte entgegengebracht, da diese ihren Lebensunterhalt durch die Konkurrenz der Juden gefährdet sahen. Obgleich es zwischen 1520 und 1600 immerhin 18 Städten gelungen ist, Privilegien gegen die Juden zu erwerben und jüdische Einwohner nur in eigens für sie bestimmten Vierteln wohnen durften, kam es nie zu allgemeinen Beschränkungen. Fast immer fanden sich für den Individualfall erträgliche Ausnahmeregelungen.

Wie schwierig es für die Juden oft war, ihre Stellung zu behaupten, illustrieren Beispiele von Städten wie Warschau, Lublin oder Wilna, die äußerst wichtige Rollen in der Geschichte des osteuropäischen Judentums spielten. So ist es z. B. den Bürgern von Warschau von 1527 bis ins 17. Jahrhundert gelungen, den Juden jedwede ständige Aufenthaltserlaubnis zu verweigern. Anfangs war einem jüdischen Mautpächter seiner nützlichen Funktion wegen das Bleiben gestattet worden. Später, in den Jahren 1596–1611, als Warschau zur Hauptstadt wurde, billigte man den Juden zu, sich während der Sitzungsperioden des polnischen Parlaments, des *Sejm,* innerhalb der Stadtgrenzen aufzuhalten. Die Sitzungen fanden aber im Allgemeinen alle zwei Jahre statt und dauerten nur sechs Wochen. Einigen Juden gelang es, wenigstens das Wohnrecht in den umliegenden Vororten zu erwerben, die allerdings zum Besitz adliger Familien gehörten. Weder Synagogen noch Friedhöfe durften innerhalb Warschaus gegründet werden.

Ähnlich war es in Lublin, das im 16. Jahrhundert aufgrund seiner geographischen Lage zur Markt- und Messestadt von internationaler Bedeutung wurde. Weil ihnen der Aufenthalt in der Stadt selbst versagt war, mußten die Juden im Schloßviertel wohnen, das der Verwaltung des Bezirksgouverneurs, des *Starosta,* unterstand. Der *Starosta* Johannes von Pilcza hielt es im Jahre 1523 für geraten, in einem Schreiben, in dem er sich für die Wohnerlaubnis der Juden in der Stadt einsetzte, *nicht* auf ihre zukünftige nützliche Rolle im Finanzwesen und Gewerbe in der Stadt hinzuweisen.

Stattdessen lobte er sie ausführlich für die Reinhaltung des Flusses und das Instandsetzen der Burgmauern.

Allen Schwierigkeiten zum Trotz ist es den Juden gelungen, sich mit der Zeit in den wichtigsten polnischen und litauischen Städten niederzulassen, auch wenn sie des öfteren mit der Vertreibung rechnen mußten. Schon 1560 existierten 173 offiziell anerkannte Judengemeinden in den Ländern der polnischen Krone. Nicht mitgezählt sind dabei die kleinen Landgemeinden, die sich manchmal nur aus ein oder zwei Familien zusammensetzten. Viele Gemeinden sind auch in den neugegründeten Dörfern im Osten des Königreiches entstanden. In der Regel unterstanden die kleineren Gemeinden der Aufsicht und Obhut einer Stadtgemeinde. Diese übernahm die Aufgabe, die ständig steigende Steuerlast einzutreiben und abzugeben und für die rechtlichen und religiösen Belange ihrer Schützlinge zu sorgen.

Hieraus ist das System jüdischer Selbstverwaltung hervorgegangen. Die polnische Krone scheint sich damit abgefunden zu haben, daß es unnötig wäre, die Juden einer eigens ernannten Zentralverwaltung zu unterstellen. So kam es, daß Sigismund der Erste den Juden gestattete, ihre Oberrabbiner und Gemeindeältesten selbst zu bestimmen. Er bestätigte 1518 und 1519 zwei von den Juden selbst ernannte Oberrabbiner in Posen. 1533 genehmigte er, was von noch weit größerer Wichtigkeit war, die Abhaltung eines überregionalen Gerichts während der Lubliner Messe. Dieses Gericht sollte zur Basis der berühmten *Vierländersynode* des 17. und 18. Jahrhunderts werden, von der noch später die Rede sein wird.

Wie jede Form einer „von oben" befohlenen Selbstverwaltung, war auch diese ein zweischneidiges Schwert. Selbstverwaltung bedeutete eine starke Kontrollfunktion innerhalb der Judenschaft. So sorgte man nicht nur im religiösen Bereich für ein orthodoxes Verhalten. Überspitzt ausgedrückt heißt das, jede fortschrittliche Regung war illegal. Außerdem wurde so den etablierten Judengemeinden das rechtliche Mittel in die Hand gegeben, die Ansiedlung weiterer Juden zu kontrollieren und gegebenenfalls zu verhindern. Sigismund hat auch die Praxis der Verbannung oder des *cherem* bestätigt, durch die es der Gemeinde möglich war, ihre eigenen unliebsamen Mitglieder zu disziplinieren. So haben dann tatsächlich in der Folge die Krakauer Gemeinde 1595 wie auch die erste Synode von Litauen im Jahre 1623 selbst weitere jüdische Ansiedlungen verbieten können.

Während die Juden von Polen und Litauen unter dem Schutz des Königs standen, war ihr Verhältnis zum Adel, der *Szlachta,* stark differenziert. Für die großen Magnaten, die Ländereien und ganze Städte besaßen, waren die Juden in ihrer Funktion als Steuerzahler, Pächter und Händler ein wirtschaftlich nützliches Element. Anders stand es mit der kleinen *Szlachta.* Der in seinem Besitz und seinen politischen Möglichkeiten wenigstens zu Anfang stark beschränkte Kleinadel hatte gegen die Juden ähnliche Vorbehalte wie die Bürger der Städte. So waren sie z. B. darüber erbost, daß ihre Aufgaben an den König durch die Hände jüdischer Steuerpächter ging, die sogar manchmal selbst in den Adelsstand erhoben worden waren. Als ein Ausdruck dieser ihrer Unzufriedenheit und ihrer wachsenden Macht mag gelten, daß sie 1538 beim *Sejm* von Piotrkov dem König einige antijüdische Maßnahmen aufzwangen. Daraufhin waren die polnischen Juden neuerlichen Handelsbeschränkungen ausgesetzt und gerieten verstärkt unter die Aufsicht ihrer jeweiligen lokalen Herrschaft. Auf den Einfluß der katholischen Geistlichkeit ist zurückzuführen, daß man den Juden zu verstehen gab, daß die Restriktionen des Mittelalters in Bezug auf ihre Kleidung oder ihren Wohnort und andere Pflichten der Grundherrschaft gegenüber noch immer in Kraft waren, wenngleich davon nicht allzu oft Gebrauch gemacht wurde.

Später, im Zug der politischen Vereinigung von 1566, galten die gleichen Beschränkungen auch für die litauischen Juden. Nicht einmal der aufgeklärte König Stefan Batory konnte die Bemühungen der Szlachta und des Klerus vereiteln. Der Sonderstatus wurde sogar noch bestätigt.

Allerdings haben, wie bereits erwähnt, die Judengemeinden Polens und Litauens auch selbst eine aktive Rolle im Aufrechterhalten ihrer Besonderheit gespielt. Der entscheidende Faktor war dabei die jüdische Selbstverwaltung, auf der das ganze Gemeindeleben beruhte. Wie schon gesagt, hatte sie dreierlei Aufgaben zu erfüllen.

Sie war erstens eine Verwaltungs- und Steuerbehörde, zweitens eine Kultusbehörde, die für Bildungsfragen und die Ausübung der Religion verantwortlich war. Drittens lag ein wesentlicher Teil der Gerichtsbarkeit in ihren Händen. Der Gemeinderat oder *Kahal* setzte sich aus drei Körperschaften zusammen: einem Ältestenrat, der aus vier Mitgliedern oder *Parnassim* bestand und der, wie auch in nichtjüdischen Stadtverwaltungen üblich, das mächtigste Organ im Städtchen oder *Schtetl* darstellte. Dann gab es einen Rat von drei Mitgliedern oder *Tovim*, die als Schöffen für das Gericht fungierten. Drittens war da eine Art Parlament, in dem normalerweise vierzig Mitglieder alle Schichten der Gemeinde vertraten. Im Grunde glich diese Struktur der Verwaltungsform der Städte, welche nach Magdeburger Stadtrecht gegründet waren.

Außer den drei genannten Organen tagten im *Schtetl* einige ständige Komitees, die für die verschiedenen Aspekte des täglichen Lebens der Gemeinde zu sorgen hatten, wie z.B. das ordnungsgemäße Abhalten des Gottesdienstes, die rituelle Schlachtung, Erziehungsfragen, Armenfürsorge, Bestattungen und das Steuerwesen.

Den Selbstverwaltungen der einzelnen Gemeinden entsprach auf höherer Ebene die Synode, die sich mit der Zeit zu einer echten Berufungsinstanz auf allen Gebieten ausbildete und auch die Interessen der gesamten Judenschaft bei Hofe und im *Sejm* wahrnahm.

Das Synodensystem ist organisch gewachsen und kann nicht mit dem bürokratischen Justizapparat unserer Tage verglichen werden. Angeregt wurde, wie bereits erwähnt, die Schaffung einer überregionalen Behörde von König Sigismund dem Ersten. Damit kam man aber auch einem Verlangen der einzelnen Juden entgegen, die in einer offiziell genehmigten zentralen Instanz ein Heilmittel gegen Willkür und Unterdrückung von Seiten ihrer jeweiligen Grundherrschaft wie auch ihres *Kahal* sahen.

Zunächst entbehrten die Zusammenkünfte der Rabbiner, *Dayannim* oder Richter und Laien in Lublin einer streng formalen Grundlage. Gegen Ende des 16. Jahrhunderts wurden die Treffen häufiger und übernahmen mehr und mehr die Funktion eines obersten Gerichtshofes in Fragen der Steuer, des Kultus und der Rechtsprechung. So entschieden sie z. B. über Gemeindewahlen, über die Kompetenz von Rabbinern, *Dayannim* und Buchdruckern.

Die polnische Regierung wandte sich an die Lubliner Konferenz, um sich von ihr die Gesetzgebung den Juden gegenüber bestätigen zu lassen, was natürlich nicht unbedingt zum Vorteil der Juden war.

Bekannt ist, daß sie 1580 die Bestimmungen bestätigte, die den Juden Polens das Amt des Steuerpächters absprachen. Häufiger aber wurden die Laienvertreter der Synode, die sogenannten *Schtadlanim,* bei Hofe und im *Sejm* vorstellig, wenn es galt, gegen Willkürakte durch einzelne Beamte zu protestieren.

Funktionsfähiger wurde die Synode durch eine Straffung ihrer Struktur, als 1623 die litauischen Juden ausschieden, um ihre eigene Synode zu gründen. Seitdem spricht man von der *Vierländersynode* oder *Wa'ad Arba' Arazot,* welche die Selbstverwaltung der Juden aller vier Landesteile Polens repräsentierte.

An sie wandten sich Kläger und Beklagte aus den einzelnen Gemeinden, wenn sie um Rat und Schiedsspruch verlegen waren, denn oft überstieg ein Streitfall die Kompetenz und Erfahrung der Richter auf Gemeindeebene. Alle Zivilverfahren und kleineren Kriminalfälle, sofern es sich bei beiden Parteien um Juden handelte, wurden von jüdischen Gerichten gehört. Alle Urteile der *Dayannim* stützten sich auf talmudisches Recht, d. h. die Entscheidungen rabbinischer Autoritäten der Vergangenheit, und später auf die Präzedenzentscheidungen der Vierländersynode.

Nun möchte man annehmen, daß der *Kahal* und die *Dayannim* eine übermächtige Position in den Gemeinden innehatten und daß die Vierländersynode in ihrer Funktion als oberster Gerichtshof der polnischen Judenschaft als „Staat im Staate" dem Hofe und dem *Sejm* ein ewiger Dorn im Auge war.

In der Praxis sah das jedoch anders aus. Die Macht aller Gremien der Selbstverwaltung hatte ihre Grenzen. In jedem Rechtsstreit konnte man nach jüdischer Tradition letzten Endes immer noch andere *Dayannim* anrufen. Auch von der Möglichkeit, bei nichtjüdischen Gerichten Einspruch zu erheben, wurde manchmal Gebrauch gemacht, wenn der *Kahal* auch versuchte, dies durch Androhung von Geldstrafen oder von Verbannung zu verhindern.

Immer mußten die jüdischen Gemeinden darum kämpfen, daß ihre Autonomie wenigstens im engabgesteckten Rahmen der königlichen Erlässe und der Aufsicht durch den *Wojewoda* oder Provinzgouverneur erhalten blieb. Ebenso begrenzt war auch die Souveränität der Synode, da sie letztlich bei allen Entscheidungen auf Schutz und ausdrückliches Gutheißen durch *Sejm* und Krone angewiesen war. Es bestand wohl ein gewisses Verhältnis zwischen der Bewegungsfreiheit der jüdischen Selbstverwaltung und der Machtposition des Staates. Aber es konnte nicht heißen: je schwächer und eingeschränkter die Staatsmacht, desto stärker und weitreichender die Kompetenz jüdischer Selbstverwaltung. So war es auf keinen Fall, denn ein schwacher Staat ist nicht in der Lage, seine Schutzgarantien einzuhalten.

Aber die Synode sah ihre Hauptaufgabe natürlich nicht in der Einmischung in Staatsgeschäfte, sondern – wie von einem Gremium von Rabbinern, *Dayannim* und gebildeten Laien zu erwarten ist – in der Wahrung der Rechtgläubigkeit, d. h. im Beibehalten der Orthodoxie in allen Lebensbereichen der Judenschaft.

In dieser Hinsicht war das autonome jüdische Bildungssystem von äußerster Wichtigkeit. Jeder *Kahal* unterhielt seine eigenen Schulen, die aber auch einer zentralen Aufsicht unterstanden.

Es gab zwei Schultypen. Eine *Cheder* genannte Grundschule und eine Art höherer Bildungsanstalt, die unter dem Namen *Yeschiwa* bekannt ist. Schon in dieser frühen Zeit, in der den nichtjüdischen Nachbarn Unterricht als ein Privileg einiger weniger galt, waren jüdische Knaben vom sechsten bis zum sechzehnten Lebensjahr schulpflichtig. Jeder *Cheder* wurde von einem Lehrer, dem *Melamed,* geleitet und privat finanziert. Alle *Cheder* hatten den gleichen Lehrplan, nämlich die *Tora,* im Original und in jiddischer Übersetzung, sowie auch leichtere Talmudstellen kennenzulernen und sich in der mündlichen und schriftlichen Auslegung der Texte zu üben. Der Schultag war länger als heute. Er dauerte sechs bis acht Stunden. Mit der Ausnahme hebräischer Grammatik und einfachen Rechnens wurden keine weltlichen Fächer unterrichtet.

Die *Yeschiwot* wurden vom *Kahal* organisiert und finanziert und die Studierenden, die *Bocherim,* hatten freien Tisch in der Gemeinde. Mit der Zeit hatte jede Stadt Polens und Litauens, in der Juden wohnten, eine *Yeschiwa,* und schließlich wurden die *Yeschiwot* vom König als Gymnasien anerkannt. Unter der meist autokratischen Leitung eines Rektors oder *Rosch-Yeschiwa* wurde ein theologisch-juristisches Studienprogramm durchgeführt, das sich fast ausschließlich mit dem Talmud und rabbinischen Gesetzessammlungen befaßte. Weltliche Fächer, die sowieso stark verpönt waren, wurden nur gelegentlich studiert, obwohl man in der Überlieferung *Bocherim* erwähnt findet, die heimlich Aristoteles und andere weltliche Autoren gelesen haben. Die Absolventen der *Yeschiwot* bildeten die Intelligenzia des Ostjudentums. Für sie bedeutete das Studium nicht nur Gelehrsamkeit und Gottesdienst im weiteren Sinne, sondern auch Anerkennung in ihrer Gemeinde und damit auch die Möglichkeit sozialen Aufstiegs. Der wohlhabende Kaufmann war durchaus bereit, seine Tochter einem armen, aber gebildeten *Yeschiwa-Bocher* zur Frau zu geben und ihm ein oft lebenslanges Studieren der heiligen Schriften zu ermöglichen. Die Hochachtung vor geistiger Tätigkeit ist noch heute in der jüdischen Gesellschaft lebendig.

Jüdische Mädchen kamen allerdings nicht in den Genuß der formalen Bildung. Tradition und rabbinische Auffassung definierten die Rolle der jüdischen Frau als eine häusliche. Sie sollte sich um nichts Anderes kümmern als um die Erhaltung der Familie innerhalb der jüdischen Welt. Sie war für die Erziehung ihrer Kinder verantwortlich und hatte für die strenge Einhaltung der jüdischen Gesetze im Hause zu sorgen. Insbesondere mußte sie die *Kaschrut* beachten, d.h. die rituellen Speise- und Kochvorschriften für Alltag und Festtag. Ihre Bildung war dementsprechend einseitig. Die Mädchen wurden zu Hause zum Beispiel im Vorlesen von Gebeten unterwiesen, allerdings nicht in hebräischer, sondern in jiddischer Sprache. So kam es übrigens früh zur Übersetzung der wichtigsten Gebete ins Jiddische.

Das jüdische Bildungssystem hatte viele Gemeinsamkeiten mit zeitgenössischen nichtjüdischen Lehrmethoden. Es glich in mancher Hinsicht der Scholastik des späten Mittelalters oder auch später der jesuitischen Disputation der Gegenreformation.

Von größter Bedeutung waren die Diskussionen, die tagtäglich in der *Yeschiwa* stattfanden. Nicht nur die Studierenden, sondern auch Interessenten aus der Gemeinde haben daran teilgenommen. Vor der Ankunft des Rektors diskutierten die Anwesenden Fragen jüdischer Gesetzgebung untereinander. Wenn er eintrat und sich auf dem einzigen Sitzplatz im Lehrraum niederließ, wurden ihm die verschiedenen Probleme präsentiert. Nachdem er seinen Lösungsvorschlag bekanntgegeben hatte, brillierte er in einer Art Selbstdiskurs. Eine Gegenargumentation aus dem Babylonischen Talmud etwa, oder aus den Kommentaren, wurde zitiert, Unstimmigkeiten oder Übereinstimmungen wurden aufgedeckt und verschiedene neue Möglichkeiten angeboten, bis sich dann endlich die eine Lösung herauskristallisierte.

Diese gedankenakrobatische Methode, die auch heute noch in den *Yeschiwot* praktiziert wird, heißt *Pilpul.* Sie war von dem berühmten Rabbiner Jakob Pollack aus Prag in Polen eingeführt worden, der zwischen 1503 und 1520 als *Rosch-Yeschiwa* in Krakau wirkte. *Pilpul* blieb nicht nur eine Unterrichtsmethode, sondern wurde auch bei Gericht und in den Synodenverhandlungen angewandt. Am *Pilpul* wurde späterhin oft zu Recht kritisiert und belächelt, daß man über die spitzfindigen Argumentationen den Inhalt vernachlässige. Zur Zeit seiner Entstehung war *Pilpul* aber auch ein Anzeichen für den hohen Stand jüdischer Gelehrsamkeit, die wiederum nur in einer Epoche relativer Ruhe und Sicherheit zur Blüte kommen konnte.

Mit Ausnahme der Heilkunst, die als einzige weltliche Wissenschaft gepflegt wurde, widmeten sich die jüdischen Gelehrten der Abfassung von Kommentaren zum Talmud, religiöser und philosophischer Arbeiten.

Im 16. Jahrhundert kam es in Polen und Litauen auch zu einer Art Kodifizierung der jüdischen Gesetzgebung. Schon früher hatten einige Rabbiner ihre eigenen Kommentare geschrieben, doch nun sollte eine Gesetzessammlung erscheinen, die zum täglichen Gebrauch geeignet war und bald nach ihrer ersten Druckausgabe eine unerhörte Popularität erlangte. Es handelte sich dabei um den *Schulchan Aruch* – auf deutsch „Der wohlgeordnete Tisch" des in Palästina lebenden sephardischen Gelehrten Josef Caro, der allerdings die Sitten und Gebräuche der *Aschkenasim* nicht berücksichtigt hatte. Sein Zeitgenosse, der junge Moses Isserles aus Krakau, ergänzte den „Wohlgeordneten Tisch" entsprechend. Zusammen mit seinem Zusatz, den er in angemessener Weise *Mappa,* das „Tischtuch" nannte, gab Isserles den *Schulchan Aruch* 1578 in Lublin heraus. Die Bedeutung des *Schulchan Aruch* kann daran ermessen werden, daß er schon Mitte des 17. Jahrhunderts in gleicher Weise studiert und zitiert wurde wie der Talmud selbst.

Der einzige Unerschrockene, der es wagte, die Autorität des *Schulchan Aruch* wie auch der *Pilpul*methode in Frage zu stellen, war ein berühmter Briefpartner des Moses Isserles, der in Ostrog wirkende Rabbi Solomon Luria. Luria und Isserles wurden zu den bekanntesten Autoritäten ihres Landes und wurden auch von Gelehrten aus Italien, Deutschland und Böhmen um Rat angesucht.

Trotz der beim osteuropäischen Judentum vorherrschenden Rolle der Dialektik des *Pilpul* hatte eine Gegentradition nie zu existieren aufgehört. Es handelt sich um die jüdische Mystik, die *Kabbala,* die durch die Arbeiten des Forschers Gerschom Scholem bekannt geworden sein dürfte. Sie erfuhr gerade unter Solomon Luria eine Erneuerung und gewisse Anerkennung in Osteuropa. Einige kabbalistische Schriften wurden sogar in den Lehrstoff der *Yeschiwot* aufgenommen.

Eine Neigung zur Mystik hin war damals eine allgemeinere Erscheinung, die Polen nur streifte. Den Grund für diese Tendenz sieht Gerschom Scholem unter anderem auch darin, daß gerade die verschlüsselten Texte der *Kabbala,* insbesondere das Buch *Sohar,* „den von der Katastrophe der spanischen Juden von 1492 tief aufgewühlten Gemütern eine Antwort nach dem Sinn des Exils zu geben vermochte".

In der 2. Hälfte des 17. Jahrhunderts steigt das Interesse an der mystischen Symbolwelt der *Kabbala* sprunghaft an. Es erscheint aber nicht lediglich als Reaktion gegen das beengende normative Judentum der rabbinischen Gelehrten, sondern in erster Linie als

Symptom einer zunehmenden Verschlechterung der Lebensbedingungen. Die Ereignisse der Mitte des 17. Jahrhunderts bedrohten die Existenz des osteuropäischen Judentums erstmalig in fundamentaler Weise.

Ausläufer des Dreißigjährigen Krieges suchten Osteuropa heim. Während des Ukrainischen Aufstands von 1648/49 unter Bogdan Chmielnicki wurden Zehntausende von Juden auf grausamste Weise niedergemetzelt. Ebenso kam es während der Moskovitischen und Schwedischen Invasion zwischen 1654 und 1658 zu unerhörten Ausschreitungen gegen Juden und Polen.

Die Juden sahen, auf welch tönernen Füßen ihr persönliches Glück stand. Vor 1648 hätten sie leicht vergessen können, daß ihr Schicksal mit der Erhaltung des *status quo* in Polen aufs engste verknüpft war. Ihr Leben und ihre materielle Sicherheit als Gutspächter, Import- und Exportkaufleute, als Händler, Schneider und Schnapsbrenner und als Lehrer, Rabbiner und Richter hing immer davon ab, ob das polnische Königreich seine territoriale Integrität wahren konnte. Im weitesten Sinne war und blieb ihr Schicksal mit dem des polnischen Königs und seines Landes verbunden.

Der Zerfall der politischen und wirtschaftlichen Struktur Polens um die Mitte des 17. Jahrhunderts bedeutete gleichzeitig den Zerfall der jüdischen Selbstverwaltung und somit auch den Niedergang rabbinischer Gelehrsamkeit und des allgemeinen Bildungsniveaus.

Hunger und Seuchen breiteten sich aus. Das Stagnieren des Handels durch einen engeren wirtschaftlichen Horizont, wachsende Steuerlasten, zunehmende Korruption brachten Verarmung. Es kam überall zu gewaltsamen Ausschreitungen gegen Andersgläubige, genährt durch Mißgunst und wachsenden Aberglauben. Das waren nur einige der Erscheinungen einer allgemeinen Misere, die die Bevölkerung Europas betraf.

Dies war auch die Zeit eines Gryphius, Angelus Silesius und Comenius. Auf der Suche nach Erlösung aus dieser äußeren und inneren Not schlugen auch die Juden des Ostens mehrere Richtungen ein, von der sie sich eine Erneuerung erhofften.

In dieser Zeit gab sich der junge Sabbatei Zvi aus Smyrna als

Messias aus. Die Kunde von seiner wunderbaren Ankunft drang über Ägypten, Palästina und die Türkei auch bis nach Polen durch, wo er Tausende begeisterter opferbereiter Anhänger fand. Nach der Aufdeckung seines Betrugs und seiner Konversion zum Islam kehrten die Enttäuschten in ihren feindlichen und trostlosen Alltag zurück. Aber die sabbatianische Lehre wirkte fort, und immer wieder sollten sich fragwürdige Messiasse und blindlings folgende Anhänger finden.

Die Flucht in den Messianismus und in die Wunderwelt der Mystik boten auch dem Laien Alternativen zur Akribie der rabbinischen Orthodoxie. Diese wiederum suchte auch nach dem eigenen Schuldanteil am Elend. Sollte sich jemand leichtfertig über die traditionellen Vorschriften hinweggesetzt haben? Hatte man die Worte des Gesetzes falsch ausgelegt und den Zorn Gottes heraufbeschworen?

Kennzeichnend sind dafür die Anfangsworte eines 1676 von der Vierländersynode herausgegebenen Aufrufs: „Schwer haben wir uns gegen den HERRN versündigt. Die Unrast wächst von Tag zu Tag. Immer schwieriger wird das Leben. Unser Volk hat keine Geltung unter den Völkern. Es ist in der Tat ein Wunder, daß wir trotz allem Unglück noch am Leben sind. Das einzige, was uns nun bleibt, ist, daß wir uns zusammenfinden: zusammengehalten durch den Geist strengsten Gehorsams gegenüber den Geboten des HERRN und den Vorschriften unserer frommen Lehrer und Führer".

Inmitten Verfolgung und Armut blühten radikale Bewegungen auf, die sich fanatisch befehdeten. Neben der verbittert um ihre Machtposition kämpfenden Orthodoxie waren *Frankisten* und *Chassidim* die Hauptströmungen dieser Tendenz. Während der Abenteurer Jakob Frank und seine messianistischen Anhänger gegen die Verfolgung seitens der Orthodoxen beim Katholizismus Zuflucht suchten und im Jahre 1759 sogar zum Katholizismus übertraten, blieben die *Chassidim* dem Judentum treu und gehören bis heute zu seinen Hauptrichtungen.

Bei aller Mystik waren sie tief der jüdischen Tradition verhaftet, deren Autoritäten sie nicht antasteten, sondern nur in einem anderen Licht sahen. Obgleich es durch die wundersamen Legenden, die sie sich über die Führer ihrer Bewegung erzählten, den Anschein haben mag, stand nicht wie bei den Frankisten die Person eines Individuums im Mittelpunkt ihrer Verehrung.

Der Gründer des Chassidismus, der „Lehre von der Frömmigkeit", war Israel Baal-Schem-Tov oder *Bescht,* wie er auch in der Abkürzungsform seines Namens genannt wird. Er wurde um 1700 in einem Dorf an der podolisch-walachischen Grenze als Sohn armer Eltern geboren. Dem Frühverwaisten hatte sein *Kahal* das Talmudstudium ermöglichen wollen. Bald mußte er das Lernen aufgeben. Er galt als Träumer und Taugenichts. Autodidaktisch beschäftigte er sich mit der praktischen *Kabbala* und übte sich im Besprechen, Kräuterheilen, Gesundbeten und kleineren Zauberkünsten wie damals viele halbgebildete Scharlatane und Wanderprediger. Als Wunderheiler, Hilfslehrer und Kantor wirkte er in kleinen Ortschaften Galiziens. Nach der Legende folgte er mit 36 Jahren dem göttlichen Ruf und offenbarte sich der Welt als *Baal-Schem,* als „einer, der durch den Namen Gottes Wunder wirkt". Er beschäftigte sich weiterhin hauptsächlich mit der Heilung von Kranken. Er behandelte Juden sowie Nichtjuden durch die Anwendung von Kräutern, Sprüchen, Amuletten aber auch Gebeten, während er selbst in Extase und wildes Gestikulieren geriet. Autodidaktisch geschult und mit einer einfachen, bildhaften Sprache begabt, lehrte er seine immer zahlreicher werdenden Anhänger, daß die echte Erlösung nicht im talmudischen Lernen liege, sondern in der vollständigen Gottergebenheit des Gläubigen. Weil Gott selbst durch die Sündhaftigkeit der Menschen in die Verbannung getrieben worden sei, müsse sich jeder Mensch durch jede einzelne seiner Taten Gott hingeben, um die alte Einheit zwischen Gott und Mensch wiederherzustellen. Nach dieser Auffassung ist jede menschliche Tätigkeit – ganz gleich, ob sie einfacher oder qualifizierter Art ist – eine Gebotserfüllung oder *Mitzwah,* soweit sie vom Einzelnen freudig und um Gottes willen begangen wird. Sogar rein materielle Lebensfunktionen wie Essen, Trinken, Baden, Schlafen, Tanzen und der Akt der Liebe werden entmaterialisiert und gelten als erhabene gottesdienstliche Handlungen. Als Beitrag zur Wiedervereinung von Gott und Mensch spielten Studium und Einhalten der jüdischen Vorschriften und Gesetze eine fast nebensächliche Rolle. Es war, nach Auffassung des Baal-Schem, nur insofern wichtig, als es im Einzelfall die Religiosität zu erhöhen vermag. Der Chassid hat sich immer um die geistige Vereinigung mit Gott zu mühen. Wer durch seine Frömmigkeit diesem Ziel am nächsten kommt, wird wie der Baal-Schem-Tov selbst ein *Zaddik* oder „Gerechter", ein Vermittler zwischen Gott und seinem Volk.

Hochverehrt starb Israel Baal-Schem 1759 im Kreise seiner Jünger. Er hinterließ kein schriftliches Werk. Die erste Generation seiner Jünger, die *Zaddikim,* scheinen durchweg Männer von außergewöhnlichen Fähigkeiten gewesen zu sein. Diese charismatischen Führergestalten sorgten für die Tradierung der Lehre und entwikkelten sie weiter. Der Chassidismus zog nicht nur den ungebildeten Juden an, sondern auch diejenigen unter den Intellektuellen, denen rabbinische Argumentierkunst in gleicher Weise widerlich war wie die Rätselsprache rein theoretischer Mystik. Gegen Ende des 18. Jahrhunderts stieg die Zahl der Chassidim in Polen und Teilen Litauens sehr schnell. In vielen Gemeinden entstanden chassidische Gebetshäuser oder -stuben. Als Wundertäter und Mittler Gottes wurden die *Zaddikim* von ihren Anhängern geradezu angebetet. Sie und ihr Lehrer Baal-Schem-Tov leben in Hunderten tiefsinniger Geschichten und Anekdoten fort, die im Westen erst durch die Vermittlung Martin Bubers, Samuel Agnons, Jiří Langers (und in allerneuester Zeit durch Isaak Bashevis Singer) bekannt geworden sind.

In der Spätphase der chassidischen Bewegung wurden die Zaddikim zunehmend selbstherrlicher und hielten Hof wie die Fürsten. Sie verfeindeten sich untereinander und fochten kleine Privatkriege gegeneinander aus. Ihre Fehden glichen mehr und mehr den *Pilpul*-Diskussionen, und die einst spontanen Extasen der Gläubigen wurden zu gewohnheitsmäßigen Pflichtübungen.

Im 18. Jahrhundert aber wurden die Chassidim rasch zum Gegen-Establishment unter den Juden. Besonders erfolgreich waren sie beim ärmeren Bevölkerungsteil Galiziens und der Ukraine, während sie in Litauen weniger Zulauf hatten und auf stärkere

Opposition stießen. Ihre Gegner, die sich überall *Mitnaggedim* oder „Protestanten" nannten, verfolgten die Chassidim mit allen Mitteln. Meisterhaft hat der Dichter Agnon in seiner Novelle „Der Verstoßene" den tragischen Konflikt zwischen einem Zaddik und einem rechtgläubigen Rabbi dargestellt.

In einer Sache aber waren sich Orthodoxe und Chassidim einig, nämlich in der Ablehnung der Aufklärung oder, wie diese auf hebräisch heißt, der *Haskala.* Nichts war beiden mehr zuwider, als wenn Anhänger der *Haskala* mit Moses Mendelsohn forderten, die Juden sollten sich an ihre nichtjüdische Umwelt geistig und sittlich anpassen, damit sie vollständig und vorbehaltlos am allgemeinen Geistesleben teilnehmen könnten. Für beide stand jede Modernisierung der jüdischen Lebensart und Religion, die sie ja als Einheit betrachteten, gänzlich außer Frage.

Die Möglichkeiten für eine Teilnahme an den geistigen Ereignissen in Berlin, Wien und Königsberg durch osteuropäische Juden war anfänglich begrenzt. Mit der Zeit scheinen aber doch einige, besonders jüngere Menschen mit den Ideen der *Haskala* in Berührung gekommen zu sein. Aus geographischen und politischen Gründen war dies eher in Galizien möglich als im Zarenreich. Es soll häufig vorgekommen sein, daß *Bocherim* dabei ertappt wurden, wie sie zwischen den Seiten der Talmudfolianten Mendelsohns Übersetzung des Pentateuch verborgen hatten – wie es einige Jahrhunderte früher mit Aristoteles der Fall gewesen war. Manche dieser heimlichen Leser wurden selbst *Maskilim,* wie man die Anhänger der Aufklärung nannte, und versuchten die Ideen der *Haskala* durch die Gründung von Lesezirkeln, Zeitschriften und Schulen zu verwirklichen. Vor der rechtlichen Emanzipation, die in Rußland bis 1917 auf sich warten ließ, mußten ihre Bemühungen ohne größeren Erfolg bleiben. In Galizien wie auch in Rußland blieben die verächtlich „Berliner" genannten *Maskilim* eine verschwindende Minderheit unter ihren Glaubensgenossen. Ihr Verdienst bestand hauptsächlich darin, die Hoffnungen der Aufklärung zu bewahren.

Am Vorabend der Französischen Revolution, die eine Krise für das westeuropäische Judentum bedeutete, kam es 1772 zur ersten

Teilung Polens, in der sich die drei benachbarten Großmächte je ein großes Stück des wirtschaftlich und politisch zerrütteten Landes aneigneten. Mit der Abtrennung Weißrußlands, Galiziens, Pommerns und eines Teils von Posen vom Rumpf des polnischen Territoriums wurde auch der bis dahin kompakte Organismus der polnisch-litauischen Juden in vier Teile zerstückelt. Die zweite und dritte polnische Teilung in den Jahren 1793 und 1795 ließ von den Ländern der polnischen Krone nur noch einen politisch bedeutungslosen Schatten übrig, den sich nach dem napoleonischen Zwischenspiel die Großmächte ohne Rest aneigneten. Damit wurde die polnisch-litauische Judenschaft, wie man sagte, „dreifarbig", d. h. österreichisch-preußisch-russisch. Zum allergrößten Teil aber geriet sie unter russische Herrschaft. Innerhalb weniger Jahre beherbergte ein Land, das seit dem Mittelalter Juden die Ansiedlung verweigert hatte, die größte jüdische Bevölkerung der Welt.

Die zaristische Regierung war von Anfang an darauf bedacht, die unwillkommenen Juden zur Aufgabe ihres Glaubens oder zumindest zur Aufgabe ihrer sonderbaren Bräuche zu zwingen. Obwohl ihnen – unter der Bedingung absoluten Gehorsams – schon durch Katherina die Unverletzlichkeit ihrer alten Rechte garantiert wurde und „die bürgerliche Verbesserung der Juden" ähnlich wie in West- und Mitteleuropa das erklärte Ziel zaristischer Judenpolitik war, hatte diese für die Betroffenen in der Hauptsache negative Konsequenzen. Die rechtliche Lage der Juden wurde von Tag zu Tag unübersichtlicher; hinter liberalen Versprechungen verbargen sich oft unmenschliche Maßnahmen. In einer Zeit, in der die Emanzipation der Juden in Frankreich, England, Deutschland oder Österreich anfing oder bereits vollzogen war, mußten die Juden unter russischer Herrschaft immer mehr neue meist in sich widersprüchliche Restriktionen und Geldforderungen hinnehmen.

Ein *Ukas* aus dem Jahre 1786 schuf die Institution eines Sperrbezirks für Juden. 1835 beschränkte Zar Nikolaus der Erste nocheinmal dieses von seinen Vorgängern geschaffene Reservat. Bei diesen großangelegten Aktionen, in denen man auch die Juden aus den Dörfern entfernte und in die Städte trieb, kamen Tausende um ihre Berufsmöglichkeiten und Einnahmequellen. Sie wurden völlig von der Außenwelt abgeschnitten und einem Prozeß der Verarmung ausgesetzt.

Die ihnen formal immer wieder zuerkannte Selbstverwaltung verlor jegliche Bedeutung. *Kahal* und Synode wurden zu bloßen steuereintreibenden Exekutionsbehörden der Regierung. Die jüdischen Schulen wurden unter dem Vorwand aufklärerischer Ambitionen gezwungen, weltliche Fächer zu unterrichten und kamen unter staatliche Kontrolle. Dahinter stand die Absicht, die Juden zur Aufgabe ihres Glaubens und ihrer Traditionen zu zwingen. Gleichzeitig aber isolierte man sie wiederum, so daß ihnen nichts anderes übrigblieb, als in ihren Traditionen zu verharren. Zum Zweck einer rascheren Angleichung führte Nikolaus der Erste auch die Wehrpflicht der Juden ein. Als Dienstzeit wurden 25 Jahre festgelegt, und von Anfang an war den Militärs jede Methode – auch Folter – recht, um die jüdischen Rekruten zur Taufe zu bewegen.

Als Alexander der Zweite im Jahre 1855 den Thron bestieg, wurden die Vorschriften zeitweise lässiger gehandhabt, um dann unter seinen Nachfolgern, Alexander dem Dritten und Nikolaus dem Zweiten, wieder verschärft durchgeführt zu werden. Außerdem fand ab 1881 der Judenhaß Unterstützung von offizieller Seite her. Die wehrlosen Juden waren unglaublichen Exzessen ausgesetzt, bei denen Polizei und Militär, wenn nicht sogar mithielt, so doch den Ereignissen freien Lauf ließ. Das russische Wort *Pogrom* kam in den internationalen Sprachgebrauch. Um den Verfolgungen zu entfliehen, sind Hunderttausende jüdischer Menschen ausgewandert, hauptsächlich in die Vereinigten Staaten, aber auch nach Frankreich, Großbritannien und Deutschland. Scholem Alejchem hat den Erfahrungen dieses Fluchtwegs in seinen – allem Elend zum Trotz – ironisch gewürzten Erzählungen ein Denkmal geschaffen.

Der Anstoß zu einer jüdischen „Völkerwanderung“ der Neuzeit war gegeben. Die massenhafte Wanderungsbewegung, die mit den polnischen Teilungen einherging, war, verglichen damit, nur ein kleiner Ausflug in die nähere Umgebung. Damals hatten die Juden Polens und Litauens Zuflucht in den Ländern gesucht, die unter habsburgischer oder türkischer Herrschaft standen. Schon damals, auf der Flucht vor den zaristischen Maßnahmen, sind viele der jüdischen Gemeinden in Ungarn, Rumänien, der Slowakei und der Karpatho-Ukraine entstanden. Die jüdischen Flüchtlinge aus den ehemaligen Ländern der polnischen Krone brachten ihre religiöse Eigenart, ihre Gebräuche, ihre Kleidung und Speisegewohnheiten und ihre Sprache mit sich, so daß sich mit der Zeit der Kulturbereich des Ostjudentums vergrößerte, anstatt sich zu verkleinern.

Außerhalb Rußlands ging es den Juden im allgemeinen verhältnismäßig besser. Nach 1848 wurden die Juden in den ehemaligen polnischen Gebieten, die jetzt zu Preußen gehörten, d.h. Schlesien und Posen, rechtlich der nichtjüdischen Bevölkerung gleichgestellt. In Galizien, das Österreich zugefallen war, wurden sie endgültig 1867 emanzipiert. Der Emanzipierungsprozeß hat in Ungarn länger gedauert, und in Rumänien blieben die Zustände am längsten der Situation im Zarenreich vergleichbar.

Aber auch die rechtliche Emanzipation konnte den Auflösungsprozeß der alten (wenngleich schon immer problematischen) Symbiose zwischen Juden und Nichtjuden nicht aufhalten. Im Zuge der Modernisierung und Industrialisierung verloren die Juden allmählich ihre Funktion als Zwischenhändler, als Handwerker und manchmal auch als Geldverleiher.

Ebenso erschwerte der Aufstieg des Nationalismus das friedliche Zusammenleben aller Bevölkerungsgruppen unterschiedlicher Herkunft. Die Juden gerieten aus verschiedenen Gründen ins Spannungsfeld jedes Nationalitätenstreits. In einer Zeit des erwachenden nationalen Selbstbewußtseins wurden sie zunehmend als andersstämmige Ausbeuter oder Konkurrenten empfunden. Ferner sah jede der streitenden Parteien im Juden den Komplizen der anderen Seite. Von den unterdrückten Bevölkerungsgruppen, z.B. im Vielvölkerstaat Österreichs, wurden sie zudem immer als Agenten der Fremdherrschaft verdächtigt.

Es läßt sich kaum leugnen, daß sich finanzkräftige Juden, die wie auch sonst überall an den Anfängen der Industrialisierung teilnahmen, an die dominierende Nationalität anschlossen. Auch die Tatsache, daß sich die Gebildeten unter ihnen, soweit sie sich überhaupt assimilierten, ihre kulturellen Leitbilder bei der herrschenden Nationalität suchten, diente nicht der Entspannung.

So wurden die Juden in Litauen oder Russisch-Polen mit der nationalen Unterdrückung durch Rußland identifiziert und bei den Ruthenen Ost-Galiziens mit der Vorherrschaft der Polen. In der Bukowina und Teilen Galiziens hielten sie es mit den deutschsprachigen Österreichern; in der Slowakei mit den Ungarn und in Posen mit den Deutschen.

Kein Wunder also, daß der Antisemitismus in fast allen Teilen Osteuropas zum integralen Bestandteil des Nationalismus wurde und sogar bis in die Gegenwart fortlebt, sogar dort, wo es heute keine nennenswerte Zahl von Juden mehr gibt.

Viele Juden erkannten sehr wohl die Gefahren der Parteinahme im Nationalitätenstreit und lehnten schon deshalb jede Form von Assimilation grundsätzlich ab. Unter denen, die ihn wagten, führte der Schritt in die Assimilation oftmals zu bitteren Enttäuschungen und endete in einer Rückkehr zum Judentum.

Für die Mehrzahl der Juden Osteuropas aber kam mindestens bis unmittelbar vor dem Ersten Weltkrieg eine Assimilation überhaupt nicht in Frage. Sie hielten an ihrer Religion und der davon bedingten Lebensart fest. Wie es ihnen bis dahin gelungen war, ihre Identität zu wahren, liegt in der Einzigartigkeit der aus dem Mittelalter ererbten Gesellschaftsstruktur Osteuropas.

Bis in die Zeiten zaristischer Unterdrückung hinein blieb die Einrichtung des *Kahal* intakt und wurde sogar von den Flüchtlingen in die Gastländer weitergetragen. Das Ostjudentum hat sich über Jahrhunderte in einer beispiellosen politischen Autonomie und kulturellen Selbständigkeit geübt, die ihm teils von seinen Nachbarn und Herrschern aufgezwungen war, teils von ihm selbst erstrebt wurde. Ganz gleich, ob diese Abkapselung für die Juden auf die Dauer gut oder schlecht war – es war so gut wie unmöglich, diese auch unter günstigen Voraussetzungen in kurzer Zeit aufbrechen zu wollen.

Unter der Zarenherrschaft jedenfalls waren die Voraussetzungen dafür denkbar ungünstig. Auch wenn wir den Gesetzgebern die besten Absichten unterstellen, diente die Einrichtung und die

Erweiterung des Sperrgebiets nur dazu, die Identität der Juden zu bewahren. Dabei spielte es kaum eine Rolle, ob der *Kahal* als politische Institution geschwächt war. Der Zusammenhalt und die Kompaktheit der Gemeinde blieb unangetastet.

In Galizien, wo eine Emanzipation von oben her schon 1867/68 durchgeführt war, sah es nicht viel anders aus. Hier, wie auch in Teilen Rußlands, war die Dichte der jüdischen Bevölkerung für die Wahrung der Tradition ausschlaggebend. Rein zahlenmäßig waren die Juden in diesen Gegenden nicht lediglich als Minderheit im west- oder mitteleuropäischen Sinn zu betrachten. Sie bildeten vielmehr eine eigenständige Volksgruppe, die einen beträchtlichen Teil der Gesamtbevölkerung ausmachte und im Grunde wenig nichtjüdische Nachbarn hatte oder kannte.

Wie stark die Tradition unter den galizischen Juden fortwirkte, zeigt das Beispiel der Schulen der Baron-Hirsch-Stiftung. Diese wohlmeinende Institution wollte einen Beitrag zur Modernisierung des jüdischen Unterrichtswesens leisten. Die Schulen wurden im Jahre 1891 ins Leben gerufen und waren schulgeldfrei. Dennoch fand sich eine enttäuschend geringe Zahl von Schülern. Obgleich der Hebräisch-Unterricht eine wichtige Stelle im Lehrplan einnahm, fürchteten jüdische Eltern offensichtlich, daß ihre Söhne durch den Besuch der Hirsch-Schule ihre „Jüdischkeit" einbüßen würden. Nach wie vor schickten sie ihre Knaben in den schulgeldpflichtigen *Cheder.* Aber immerhin bestanden diese Schulen überhaupt und wurden nicht total boykottiert.

Ein Zeichen dafür, daß eine beharrliche und geduldige Gesetzgebung doch die Tür zur modernen Außenwelt zu öffnen vermag, ist die Erziehung der jüdischen Mädchen in Galizien. Sie wurden in ihrer Mehrzahl schon vor der Jahrhundertwende in die öffentlichen Staatsschulen der Provinz geschickt. Es kam daher oft vor, daß jüdische Frauen der polnischen sowie manchmal der deutschen Sprache mächtig waren.

So änderte sich ganz allmählich die jüdische Welt Galiziens und der Bukovina. In Städten wie Krakau, Brody, Lemberg oder Czernowitz bildete eine jüdische Mittel- und Oberschicht ähnlich wie ihre Glaubensgenossen in Berlin, Wien, Prag, Breslau oder Frankfurt einen festen Bestandteil des Besitzbürgertums. Es ist daher nicht erstaunlich, daß im Schuljahr 1903/04 bereits ein Fünftel der Schüler an den Gymnasien und Realgymnasien Galiziens Juden waren.

Auch in manchen Städten des Zarenreiches, wie z.B. in Warschau, Łodz, Riga, Wilna, Moskau, Kiew und Odessa formierte sich in ähnlicher Weise ein Bildungs- und Besitzbürgertum. Ein stark kodifizierter Numerus clausus für jüdische Schüler jedoch und die bereits erwähnten Schwierigkeiten verlangsamten den Prozeß der Emanzipation.

Bekanntlich waren die jüdischen Massen des Ostens alles andere als wohlhabend. Sie litten an allen Erscheinungen der Armut und lebten unter der ständigen Bedrohung eines Antisemitismus, der nicht nur eine gesellschaftliche oder rechtliche Diskriminierung bedeutete, sondern eine konkrete körperliche Gefahr.

Auswege aus dieser verzweifelten Lage versprachen ihnen die Bewegungen des Zionismus und des Sozialismus. Über den Zionismus wird an anderer Stelle dieses Buches ausführlich referiert. Darum genügt hier vielleicht die Feststellung, daß ein Zionismus ohne den ostjüdischen Aspekt als Idee und Bewegung undenkbar ist. Der Denkanstoß für den politischen Zionismus kam aus dem Westen, aber der aktive Beitrag und ein Großteil seiner Ideologie ist dem Osten zu verdanken.

Die für die Frühgeschichte der Gewerkschaften Europas hochinteressante jüdische Arbeiterbewegung war in erster Linie ein Ausdruck der zunehmenden Proletarisierung der Juden im zaristischen Sperrbezirk. Zuerst taten sich die Arbeitnehmer, bei denen es sich damals meist um Handwerker handelte, auf Betriebs- oder Stadtebene zusammen, um von ihren jüdischen Arbeitgebern höhere Löhne und bessere Arbeitsbedingungen zu fordern. Dies begann in Wilna und anderen litauischen Städten, breitete sich aber schnell in die Industriezentren Polens aus. Unter dem Einfluß ihrer Führer, meist junger Intellektueller, die ihre Kenntnisse über den Sozialismus in der Regel als Studenten im Ausland gesammelt hatten, nahmen ihre Forderungen mehr und mehr ideologischen und politischen Charakter an. 1897, im Jahr des ersten Zionistenkongresses von Basel, sammelten sich die einzelnen Gruppen im „Bund jüdischer Arbeiter von Litauen, Polen und Rußland" oder kurz „*Der Bund*" genannt.

Der Bund verstand sich mit der Zeit nicht nur als Arbeiter-, sondern als nationale Befreiungsbewegung. Die Nationalitätenfrage drängte sich schließlich in den Vordergrund. *Der Bund* entwickelte seine eigene bemerkenswerte Propagandatätigkeit, die ausschließlich in jiddischer Sprache stattfand. Mit der Betonung kultureller Eigenständigkeit wurde auch der Ruf nach nationaler Autonomie laut, der auch innerhalb der Organisation selbst starke Opposition hervorrief. Viele *Bundisten* sowie eine ansehnliche Zahl von Juden in russischen und polnischen sozialdemokratischen Vereinigungen sahen viel eher ihre Rettung im proletarischen Internationalismus. 1905 entschloß sich *der Bund* dann schließlich doch dazu, ein föderalistisches Programm zu unterstützen, in dem die Juden als eine Nationalität unter vielen ihre kulturelle Identität bewahren könnten.

An dieser Stelle muß man unterstreichen, daß es sich beim *Bund* wie auch beim Zionismus nicht um Massenbewegungen im heutigen Sinne handelte. Eine weitere Gemeinsamkeit der beiden besteht darin, daß sie nicht etwa die Interessen der stark religiösen und traditionsbewußten Kultur der *Chassidim* oder der *Mitnaggedim* verfochten, sondern sich als Avantgarde jener säkularisierten Kultur urbanisierter Arbeiter und Kleinbürger beiderlei Geschlechts verstanden.

Obwohl der *Bund* immer mehr mit der Sozialdemokratie und der Arbeiterbewegung der Zionisten, *Poale Zion,* konkurrieren mußte, blieb er bis in die dreißiger Jahre die treibende Kraft innerhalb der jüdischen Arbeiterschaft Osteuropas. Allerdings bedeutete im Gebiet der heutigen Sowjetunion die Vorherrschaft der *Bolschewiki* das Ende dieser Organisation.

Über die Vernichtung der Juden Europas im 2. Weltkrieg, die jedes Maß überschreitet, vergessen wir leicht, welche Katastrophe 1914 über Osteuropa hereinbrach.

Nicht nur die eindringlichen Schilderungen von Karl Kraus, Arnold Zweig, Jozef Wittlin, Vladislav Vančura, Jaroslav Hašek, Josef Roth und Isaak Babel vermitteln davon einen Eindruck. Selbst in der Abstraktion der Linie, die im Geschichtsatlas über mehrere Seiten hinweg den Verlauf der Ostfront in vier Kriegsjahren symbolisiert, wird etwas von dem Grauenhaften spürbar.

Bevor es überhaupt zu dieser Linie, d.h. zur ersten Feindberührung, kommt, fliehen nach der Aushebung aller Waffenfähigen Hunderttausende hilfloser Zivilisten mit ihren Habseligkeiten sowohl vor den eigenen als auch den feindlichen Truppen nach Süden und Westen. Mit den ersten Verwundetentransporten ziehen die Trecks der unliebsamen Heimatlosen ins Hinterland. Schwankt die Linie hin und her, so werden die selben Orte mehrmals vom Kriege überrollt, angezündet, zerschossen, geplündert. Hält die Linie still, so wird fruchtbares Ackerland zur Mondlandschaft mit Kratern und Schützengräben. Die Linie durchzieht das Gebiet, von dem in diesem Beitrag die Rede ist: von der Ostsee bis zum Schwarzen Meer.

Auch mit Waffenstillstand und Friedensverhandlungen kehrt keine Ruhe ein. Bürgerkriege, Revolutionen und Gegenrevolutionen sind erst 1922 zuende. Auf den Trümmern der kaum erkennbaren alten Wohnstätten baute auch der Rest des hin- und hergeworfenen osteuropäischen Judentums wieder eine Heimat auf.

Selbst nach der Erfahrung der chaotischen Zustände und der antijüdischen Exzesse, welche die Gründung der Nachfolgestaaten in Osteuropa begleiteten, glaubten die Juden an einen Neubeginn. Gemeinschaftlich bemühten sich Juden wie Nichtjuden mit der Hilfe der Alliierten um eine gerechtere Staatsordnung. Der Schutz der Minderheiten wurde einer der Hautpunkte bei den Pariser Friedensverhandlungen. Alle diese Anstrengungen brachten nicht den erhofften Erfolg.

In der jungen Sowjetunion wurde eine vielversprechende Lösung nach marxistisch-leninistischen Grundsätzen angestrebt. Obgleich man den dort ansässigen Juden, die noch immer einen bedeutenden Teil des Ostjudentums ausmachten, das Recht auf echte kulturelle Selbstbestimmung absprach, garantierte die neue Verfassung ihre völlige Gleichheit vor dem Gesetz.

Anfang der dreißiger Jahre erlebte Osteuropa, wo die Wunden

der Kriegs- und Bürgerkriegszeit noch nicht verheilt waren, eine tiefe ökonomische und politische Krise. Feindseligkeiten gegen die Juden waren wieder an der Tagesordnung, und der Antisemitismus wurde darüberhinaus zum festen Bestandteil offizieller Regierungspolitik in Polen, Rumänien und Ungarn.

Besonders in Polen nahm die Verarmung immer krassere Formen an. Am Vorabend des 2. Weltkrieges empfing z. B. jeder dritte polnische Jude Beihilfe von amerikanischen Hilfsorganisationen. Als im polnischen Unterrichtswesen ein Numerus clausus gegen sie eingeführt wurde, waren Tausende jüdischer Studenten gezwungen, im Ausland nach Ausbildungsmöglichkeiten zu suchen. Wieder einmal sahen viele Juden den einzigen Ausweg in der Auswanderung. Die meisten zogen, wie schon ihre Vorväter, nach Nordamerika; aber auch die Zahl derer, die unter zionistischem Einfluß nach Palästina emigrierten, war ständig im Steigen begriffen.

Gegen Ende der dreißiger Jahre waren die Zukunftsaussichten für die in Osteuropa verbliebenen Juden mehr als trostlos. Aber die letzte und endgültige Katastrophe stand ihnen noch bevor.

Walter Grab

Der preußisch-deutsche Weg der Judenemanzipation

Ebenso wie in den anderen christlichen Ländern, bildeten die Juden auch in den Teilstaaten des „Heiligen Römischen Reiches Deutscher Nation“ einen von der übrigen Bevölkerung abgesonderten „Staat im Staate«. Die alte kirchliche Vorstellung von der „gottgewollten Knechtschaft der Juden“ diente dazu, sie speziellen Gesetzen und Vorschriften zu unterstellen, die sie schwer benachteiligten. Im Zeitalter der ständischen Privilegienordnung erblickte das städtische Bürgertum in den Juden lästige Konkurrenten und drängte auf ihre Vertreibung, wobei religiöse Beschuldigungen als willkommener Vorwand dienten.

Die Juden waren von der Produktion materieller Güter ausgeschlossen, weil sie weder den Boden bearbeiten durften noch in Handwerkerzünfte aufgenommen wurden. Im Rahmen der vorindustriellen, agrarischen Bedarfdeckungswirtschaft erfüllten sie dennoch notwendige ökonomische Funktionen, denen es hauptsächlich zu verdanken war, daß sie allen Verfolgungen standhielten und nach Vertreibungen immer wieder zurückgerufen wurden. Reichen Juden war das Kreditwesen als wichtigste Erwerbsquelle zugewiesen, weniger Begüterte erhielten das Privileg des Vieh- und Pferdehandels, während Minderbemittelte sich einen „Schutz- und Geleitbrief“ kaufen konnten, der ihnen das Hausieren und den Trödel mit gebrauchten Waren gestattete. Der hohe Zins, den die jüdischen Pfandleiher nehmen durften, war ihnen von den Fürsten ausdrücklich zugestanden, weil sie besonders hohe Steuern zahlen mußten, um ihre Privilegien zu erhalten. Dafür erlaubte man den jüdischen Gemeinden die Selbstverwaltung und gestand ihnen eine eigene Gerichtsbarkeit unter ihrem Rabbiner zu, damit sie nach den Sitten und Gebräuchen ihrer Religion leben konnten.

In der Epoche des Absolutismus war die winzige Gruppe jüdischer Finanzexperten, der sogenannten „Hoffaktoren", für den Fiskus des Herrschers ebenso bedeutsam, wie es die Pfandleiher für den städtischen Kleinbürger und die Viehhändler für den Bauern waren; bei den jüdischen Besitzern mobilen Kapitals konnte man stets den notwendigen Geldbedarf decken. Auch die Trödler und Markthändler, die gebrauchte oder von unzünftigen Handwerksgesellen, den sogenannten „Pfuschern", hergestellte billige Waren des täglichen Bedarfs verkauften, waren für die große Mehrheit der Bevölkerung ein nicht unwichtiger wirtschaftlicher Faktor; denn noch existierten ja keine Einzelhandelsgeschäfte, die Kleidungsstücke oder Haushaltsgegenstände anboten, sondern jede Ware mußte für den Kunden speziell angefertigt werden. Es bestand daher eine gewisse „Symbiose" zwischen den jüdischen Hausierern und den „Pfuschern" oder „Bönhasen", also Handwerksgesellen, die zu arm waren, um sich einen Meisterbrief kaufen zu können. Diese Gesellen waren gezwungen, die von ihnen unzünftig hergestellten Gegenstände – also etwa Kleidungsstücke, Kopfbedeckungen und Schuhe – durch jüdische Straßenhändler verkaufen zu lassen. Von den Zunftmeistern, die von den billigen Preisen dieser Konkurrenz unterboten wurden, verfolgt und von der Stadtpolizei gejagt, sanken die jüdischen Hausierer, die oft keine Schutzbrief-Konzession besaßen und daher „unvergleitet" waren, oft zu Bettlern hinab. Sie waren zu einem gehetzten und elenden Wanderleben gezwungen; die Umwelt beraubte den Betteljuden seines Menschseins und verwandelte ihn, wie Heinrich Heine in seinem Gedicht „Prinzessin Sabbath" sagte, durch „Hexenspruch in einen Hund":

Hund mit hündischen Gedanken
Kötert er die ganze Woche
Durch des Lebens Kot und Kehricht
Gassenbuben zum Gespötte.

Von der christlichen Bevölkerung ausgesondert und abgelehnt, fanden die Juden in der Gemeinde ihren Halt, in der Solidarität mit ihren Glaubensgenossen ihre Sicherheit und in der Religion der Väter ihren Trost. Die Geborgenheit in der Gemeinde, in der jeder einzelne für jeden andern finanziell zu garantieren verpflichtet war, und die Bewahrung der kulturellen und religiösen Tradition waren die Quellen, die ihr Selbstverständnis und ihre Identität als Juden speisten. Durch die christliche Obrigkeit waren sie in ein dichtes Netz von Geboten und Verboten, Reglements und Resolutionen eingespannt, die ihr Leben von der Geburt bis zum Tode bestimmten. Diese Vorschriften sahen die genaue Anzahl der Juden vor, die an einem bestimmten Orte wohnen durften, kontrollierten ihre Zu- und Abwanderung, setzten ihren Beruf fest und fixierten die Anzahl ihrer Kinder, die sich verheiraten durften.

Der wegen seiner angeblichen religiösen Toleranz vielgerühmte Preußenkönig Friedrich II. erließ im Jahre 1750 ein „Generalreglement“ für die Juden, das noch ganz mittelalterlich orientiert war und vom französischen Aufklärer Mirabeau als „eines Kannibalen würdig“ bezeichnet wurde. Dieses Edikt betrachtete die Juden lediglich vom Standpunkt der Nützlichkeit, die sie für den Herrscher besaßen, und teilte sie in sechs Gruppen ein.

Die reichsten Juden erhielten das „Generalprivileg“, Häuser und Grundstücke zu erwerben, und waren in wirtschaftlicher Hinsicht den christlichen Kaufleuten gleichgestellt. Alle Kinder dieser – zahlenmäßig sehr kleinen – Gruppe durften ihre Eltern beerben; dies war ein besonderes Vorrecht der Oberklasse, in der einige wenige Juden sogar den äußersten Gipfel erreichten, nämlich das Bürgerrecht. Zu dieser Gruppe gehörte der Bankier Veitel Ephraim, der großenteils den Siebenjährigen Krieg für Friedrich II. finanzierte und sich ein prächtiges Palais in Berlin bauen durfte.

Die zweite Gruppe nannte man „ordentliche Schutzjuden“. Sie durften sich beruflich an einem bestimmten Ort betätigen, aber nicht beliebig Wohnung nehmen, und konnten ihren Status, das „Geschütztsein“, nur auf zwei Kinder vererben, wobei das erste Kind tausend, das zweite zehntausend Taler vorzeigen mußte.

Bei der dritten Gruppe, den „außerordentlichen Schutzjuden“, blieb das Privileg auf die Person beschränkt; nach seinem Tode konnte seine Familie unverzüglich ausgewiesen werden. Zu dieser Gruppe gehörten die Ärzte, Maler, Kupferstecher und Optiker.

Die vierte Gruppe bestand aus den Beamten der Gemeindekorporation; in Berlin waren dies ein Rabbiner, zwei Kantoren, sechs

Totengräber, drei Schlächter, drei Bäcker, ein Arzt und zwei Drucker. Sie durften keinen Handel oder Gewerbe betreiben und genossen den Status außerordentlicher Schutzjuden, solange sie im Amt waren.

Die nächste Gruppe von Juden war bloß „geduldet"; dies waren die Söhne „ordentlicher Schutzjuden", die nicht den Status des Vaters erben konnten, und alle Söhne der „außerordentlichen Schutzjuden", also auch der Gemeindeangestellten. Sie durften weder kaufmännische noch handwerkliche Tätigkeit betreiben.

Die unterste Gruppe bestand aus dem Dienstpersonal der privilegierten Juden; sie durften nicht heiraten und konnten nur solange in der Stadt bleiben, als ihr Arbeitsverhältnis bestand.

Der bedeutendste deutsche Aufklärer, Gotthold Ephraim Lessing, bezeichnete das Judenreglement Friedrichs II. als „eine schimpfliche Unterdrückung". Wie demütigend und erniedrigend die Bestimmungen für den aus Dessau stammenden großen jüdischen Philosophen Moses Mendelssohn waren, geht aus seiner Bitte an den König vom Jahre 1763 hervor, ihm das Niederlassungsrecht zu gewähren. Mendelssohn schrieb:

„Ich habe seit meiner Kindheit beständig in Eurer Majestät Staaten gelebt und wünsche, mich auf immer in denselben niederlassen zu können. Da ich aber ein Ausländer bin und das nach dem Reglement erforderliche Vermögen nicht besitze, so erkühne ich mich alleruntertänigst zu bitten, Eure Königliche Majestät wollen allergnädigst geruhen, mir mit meinen Nachkommen Dero allerhöchsten Schutz neben den Freiheiten, die Dero Untertanen zu genießen haben, angedeihen zu lassen, in Betrachtung, daß ich den Abgang an Vermögen durch meine Bemühungen in den Wissenschaften ersetze, die sich Eurer Majestät Protektion vorzüglicher Weise zu erfreuen haben."

Mendelssohn, der es zeitlebens niemals weiter als bis zum „außerordentlichen Schutzjuden" brachte und dessen Familie daher nach seinem Tode nur durch speziellen „Gnadenerweis" des preußischen Königs Friedrich Wilhelm II. in Berlin bleiben durfte, wurde zur Symbolfigur der ersten fruchtbaren Begegnung zwischen jüdischer Tradition und aufklärerischer Bildungswelt.

Die Situation, in der Friedrich II. die preußischen Juden zu halten suchte, war nicht aufrechtzuerhalten, weil das allmählich aufkommende dynamische und marktorientierte Leistungs- und Profitsystem veränderte Verkehrsformen und Gesellschaftsbeziehungen erforderte. Das Verdrängen und Absterben der Privilegienordnung und die Säkularisierung aller Lebensbereiche machte die rechtliche Gleichheit aller Einwohner notwendig. Der durch Tradition und Konvention geheiligte, angeblich unaufhebbare Gegensatz zwischen Juden und Christen schwand dahin, weil die entstehende bürgerliche Gesellschaft dazu neigte, alle Religionen, also auch das Judentum, zur Privatsache zu erklären und dem öffentlichen Bereich zu entziehen. Die auf rechtlicher Gleichheit beruhende moderne bürgerliche Gesellschaft, die selbst die Fesseln der Stände und Kirchen zu sprengen suchte, konnte keine isolierten Gruppen mit Sonderrechten mehr dulden, sondern mußte auch die Juden auf der Basis gleicher Rechte und Pflichten mit einschließen.

Die Annäherung an die deutsche Kultur der Aufklärung sollte nach der Vorstellung Moses Mendelssohns den Prozeß der Emanzipation in die Wege leiten. Der von Mendelssohn beeinflußte preußische Staatsrat Christian Wilhelm Dohm erhob 1781 in seinem epochemachenden Buch „Über die bürgerliche Verbesserung der Juden" die Forderung, die jüdische Sonderexistenz aufzuheben. Ähnlich wie schon Lessing vor ihm erklärte Dohm die elende soziale Lage der Juden nicht aus irgendwelchen natürlichen Anlagen oder religiösen Gebräuchen, sondern vielmehr aus der jahrhundertelangen Unterdrückung durch die christliche Umwelt. Er stand jedoch noch im Bann traditionell-merkantilistischer Vorstellungen, weil er meinte, die Juden müßten sich für den Staat als „nützlich" erweisen. Seine Erziehungskonzeption erblickte in der Gewährung staatsbürgerlicher Rechte für Juden eine Belohnung für Fortschritte, die sie bei ihrer wirtschaftlichen Umschichtung und sozialen Eingliederung machen würden. Damit zeichnete sich zum ersten Mal die Möglichkeit ab, die Juden als gleichberechtigte Mitbürger in Staat und Gesellschaft einzubeziehen. Seitens der Juden setzte diese Perspektive allerdings die Bereitschaft voraus, auf ihre uralten traditionellen Werte und Gebräuche, auf die strenge

Befolgung der Ritualgesetze, zu verzichten und sich in die Nation, in der sie lebten, zu integrieren.

Dohms pädagogische Ideen inspirierten den Habsburgerkaiser Joseph II., der die Aufklärung in erster Linie als Instrument zur Durchsetzung seiner politischen Ziele und Machtinteressen ansah. Dohms Vorschläge paßten gut ins kaiserliche Konzept. Joseph erließ im Zuge seiner zahlreichen Reformen zur Stärkung seiner absolutistischen Macht in den Jahren 1782 bis 1789 sechs Toleranzpatente für die Juden in den verschiedenen Provinzen der Donaumonarchie. Diese Patente sahen staatliche Schulreformen, Zwangsmaßnahmen zur Berufslenkung und Militärdienstpflicht der Juden vor, um sie, wie es hieß, in „nützliche Untertanen" zu verwandeln. Sie ließen jedoch zahlreiche Ausnahmebedingungen bestehen und schafften die Benachteiligung der Juden gegenüber den Christen keineswegs ab. Trotz dieser Einschränkungen ermöglichten die von oben, ohne Beteiligung der Bevölkerung, gewährten josephinischen Toleranzedikte eine gewisse Erleichterung des jüdischen Lebens in den Provinzen des Habsburgerreiches. Bei der späteren Emanzipation der preußischen Juden fiel den Reformen Kaiser Josephs II. die ideologische Patenschaft zu.

Unter den Gegnern der Judenemanzipation in Deutschland befanden sich nicht nur eingefleischte Reaktionäre, sondern auch Aufklärer. Einer von ihnen war der Philosoph Johann Gottlieb Fichte. In seiner Abhandlung „Beitrag zur Berichtigung der Urteile des Publikums über die französische Revolution", die 1793 erschien, fand sich ein Abschnitt, der von maßlosem Judenhaß strotzte. Fichte behauptete, das Judentum sei ein „mächtiger, feindselig gesinnter Staat, der mit allen übrigen in beständigem Kriege steht und der in manchen fürchterlich schwer auf die Bürger drückt". Dieser abgesonderte, fest verkettete Staat sei „auf dem Haß des ganzen menschlichen Geschlechts aufgebaut". Der Philosoph meinte, die Juden selbst hätten sich „zu dem den Körper erschlaffenden und den Geist für jedes edle Gefühl tötenden Kleinhandel verdammt". Wollte man Fichte Glauben schenken, so übten die Juden eine größere Macht aus als der absolute Fürst; denn „wir sehen", schrieb er, „daß in einem Staate, wo der unumschränkte

König mir meine väterliche Hütte nicht nehmen darf, und wo ich gegen den allmächtigen Minister mein Recht erhalte, der erste Jude, dem es gefällt, mich ungestraft ausplündert". Fichte lehnte daher die Forderung nach jüdischer Gleichberechtigung entschieden ab und rief seinen Lesern zu, „daß die Juden, welche ohne euch Bürger eines Staates sind, der fester und gewaltiger ist als die eurigen alle, wenn ihr ihnen auch noch das Bürgerrecht in euren Staaten gebt, eure übrigen Bürger völlig unter die Füße treten werden". Seine antisemitischen Ausfälle, auf die sich spätere Judenfeinde oft beriefen, gipfelten in folgenden Sätzen: „Juden Bürgerrechte zu geben, dazu sehe ich wenigstens kein Mittel, als das, in einer Nacht ihnen alle die Köpfe abzuschneiden, und andere aufzusetzen, in denen auch nicht eine jüdische Idee sei. Um uns vor ihnen zu schützen, dazu sehe ich wieder kein ander Mittel, als ihnen ihr gelobtes Land zu erobern, und sie alle dahin zu schicken."

Tatsächlich weist Fichtes Angriff auf die Juden bereits Elemente einer rassenmäßigen Argumentation auf, die ihre soziale und politische Zurücksetzung und Diskriminierung theoretisch begründen sollte. Der Philosoph lehnte die Emanzipation der Juden aus psychologischen und anthropologischen Gründen, nämlich wegen der angeblich angeborenen und unausrottbaren Verderbtheit des jüdischen Charakters ab. Er säkularisierte die christliche stereotype Vorstellung, daß alle Juden am angeblichen Gottesmord schuld und moralisch minderwertig seien, und setzte an die Stelle der Theologie eine mißverstandene Anthropologie, indem er den verschiedenen Völkern konstante, kollektive und unveränderbare Eigenschaften zuschrieb und diese an ihrer Geschichte und Kultur ablesen zu können glaubte.

Damit wurde Fichte zu einem der ideologischen Ahnherrn der Völkerpsychologie, die von den politischen Romantikern aufgegriffen und später in die Rassentheorie von höherwertigen und minderwertigen Völkern einverleibt wurde. In Fichtes zitierten Äußerungen sind auch erste Ansätze der These einer jüdischen Weltverschwörung erkennbar, deren Ziel die Unterjochung der anderen Völker sei. Diese Ideen standen bei der Geburt des modernen rassistischen und politischen Antisemitismus Pate. In Fichtes abgründigem Judenhaß war 1793 bereits der Keim seines übersteigerten Chauvinismus zu erkennen, der während der napoleonischen Herrschaft den Gipfel erreichte, als er in seinen „Reden an die deutsche Nation“ die Behauptung aufstellte, die Deutschen seien „der Völker Volk“, das Urvolk schlechthin, das alle positiven Eigenschaften in sich vereinige.

Die geistige Atmosphäre Deutschlands im Zeitalter der französischen Revolution war also keineswegs nur von den emanzipatorischen und judenfreundlichen Ideen Lessings und Dohms bestimmt, sondern enthielt auch Spuren rassistischen Denkens. Erst die siegreichen Heere der Revolution und Napoleons zertrümmerten die Judenghettos Deutschlands und bahnten den Weg zur Befreiung ihrer Bewohner von den entwürdigenden Ausnahmegesetzen. Juden erhielten bürgerliche Rechte zuerst in den von Frankreich annektierten Gebieten Deutschlands, also im Linksrheinischen; die von Napoleons Bruder Jerôme 1808 verkündete Verfassung des Königreichs Westfalen verankerte die volle Gleichstellung der Juden, die ausnahmslos alle Rechte wie die christliche Bevölkerungsmehrheit erhielten. Damit hatten die Revolutionsideale von der Freiheit, der Gleichheit und der Brüderschaft der Nationen zum ersten Mal unter der Herrschaft französischer Machthaber auf deutschem Boden Eingang gefunden.

Um die französische Hegemonie zu überwinden und den Feind aus dem Land zu jagen, waren preußische Staatsmänner und Militärs gezwungen, einige Reformen durchzuführen. Die Freiherren vom Stein und von Hardenberg legten bei ihren Reformen jedoch großen Wert darauf, die absolutistische Staatsform nicht anzutasten; dies bildet einen prinzipiellen Gegensatz zur Entwicklung in Frankreich, wo die Revolutionäre die Monarchie gestürzt und die Basis zu bürgerlich-parlamentarischen Verhältnissen gelegt hatten. In Preußen blieb die althergebrachte soziale Hierarchie nahezu völlig erhalten und die traditionellen Obrigkeiten behielten ihre Vorrangstellung trotz aller Reformen.

Das letzte Reformgesetz des Staatskanzlers Hardenberg, das „Edikt betreffend die bürgerlichen Verhältnisse der Juden in dem preußischen Staate" vom 11. März 1812 schaffte die Autonomie der jüdischen Gemeinden ab, ermöglichte Freizügigkeit und freie Berufswahl und legte den zu „Einländern und preußischen Staatsbürgern" erklärten Juden die gleichen Pflichten auf wie der übrigen Bevölkerung; sie blieben jedoch auch weiterhin von allen Staatsämtern und de facto auch von der Offizierslaufbahn ausgeschlossen. Das Edikt galt nur für die mit Schutzbriefen und Konzessionen versehenen Juden in den vier Provinzen Brandenburg, Schlesien, Pommern und Ostpreußen, aus denen damals der preußische Staat bestand; im Rheinland, Westfalen und der Provinz Sachsen sowie in Westpreußen und dem Großherzogtum Posen, die Preußen am Wiener Kongreß 1815 zugesprochen erhielt, führte man das Emanzipationsdekret nicht ein.

Daher war die Emanzipation der deutschen Juden auch in der ersten Hälfte des 19. Jahrhunderts, als sich die moderne industriekapitalistische Wirtschaft und Gesellschaft zu formieren begann, keineswegs abgeschlossen. In Preußen bewirkte die reaktionäre Politik, die sich nach dem Sturz des gefürchteten Fremdherrschers Napoleon ungehindert entfalten konnte, daß der König sein Verfassungsversprechen brach; für die preußischen Juden bedeutete es, daß bis zur Revolution von 1848 nicht weniger als 18 verschiedene „Judenrechte" in den verschiedenen Provinzen bestanden, wobei es den Juden in den Gebieten rechtlich und sozial am besten ging, die ehemals zu Frankreich und zum Königreich Westfalen gehört hatten. Besonders schlecht waren die Verhältnisse in der Provinz Posen, wo das Emanzipationsedikt nicht eingeführt wurde. Bis 1848 besaß weniger als ein Viertel der etwa 125 000 preußischen Juden staatsbürgerliche Rechte – und auch diese nur mit den erwähnten Einschränkungen, weil sich der Staat als christlich empfand und Juden keine hoheitlichen Funktionen zugestehen wollte.

Die soziale Eingliederung der Juden in Preußen im besonderen und in Deutschland im allgemeinen blieb vor allem deshalb unvollständig und mangelhaft, weil sie nicht durch eine erfolgreiche Volkserhebung von unten erkämpft, sondern von den traditionellen Machthabern aus Gründen der Staatsräson und des politischen

Kalküls von oben gewährt wurde. Daher drang die Judenemanzipation nicht im gleichem Maß ins Volksbewußtsein ein wie bei jenen westlichen Nationen, die bürgerliche Revolutionen siegreich beendeten und dadurch ihre eigenen politischen Probleme im progressiven Sinne lösen konnten; denn was vom Volk nicht selbst erkämpft wird, gleitet an ihm ab.

Ganz anders als in Deutschland vollzog sich die Judenemanzipation in den Niederlanden, in England und in Frankreich, wo bürgerliche Revolutionäre, von den Volksmassen unterstützt, die Macht ergriffen, die Volkssouveränität proklamierten und einen Weg beschritten, der zu parlamentarischer Demokratie führte. Diese Umwälzungen eröffneten zukunftsträchtige und vorwärtsweisende Perspektiven, beschleunigten die notwendige soziale Mobilität und ermöglichten die Integration der Juden in der Gesamtgesellschaft.

Die Niederlande, das erste Land Europas, das eine bürgerliche Revolution vollzog, indem es in jahrzehntelangem Kampf die Vorherrschaft der spanischen Krone überwand und 1581 die Unabhängigkeit proklamierte, war auch das erste – und lange Zeit hindurch das einzige – christliche Land, das vertriebenen Juden aus Spanien und Portugal Toleranz gewährte. Die holländischen Freiheitskämpfer, die den Juden bürgerliche Rechte gewährten und das Prinzip der Völkerfreundschaft in politische Praxis umsetzten, erhöhten damit nicht nur ihre Wirtschaftskraft, sondern trugen auch zum kulturellen Ruhm ihres Landes bei, indem sie die Philosophie eines Spinoza ermöglichten.

Aus England waren die Juden von einem Feudalkönig am Ende des 13. Jahrhunderts vertrieben worden; der Revolutionsführer Oliver Cromwell gestattete ihnen nach dem Sieg des Parlaments über den königlichen Absolutismus wieder die Niederlassung und gestand ihnen bürgerliche Rechte zu.

In den nordamerikanischen Kolonien Englands, die niemals den Feudalismus kannten, fanden im 17. und 18. Jahrhundert viele tausende verfolgter Juden einen Rettungshafen; einer der wichtigsten Finanziere der amerikanischen Revolution war ein Jude, der Bankier Chaim Salomon, der sein gesamtes Vermögen den neuerrichteten Vereinigten Staaten zur Kriegführung gegen England opferte.

Die französischen Revolutionäre schließlich, deren Befreiungslosungen nicht nur an das eigene Volk, sondern an die ganze Menschheit gerichtet waren, proklamierten 1791 feierlich die uneingeschränkte politische und bürgerliche Gleichstellung der Juden. Frankreichs gewählte Nationalversammlung, die sich in einem gewaltigen Aufschwung von den verjährten Vorrechten der traditionellen Machtträger selbst emanzipierte, ließ sich – anders als vorher Kaiser Joseph II. und später Hardenberg – nicht von Erwägungen leiten, welchen Nutzen die Judenemanzipation dem absolutistischen Staate bringen konnte; vielmehr suchte Frankreich die jüdische Minderheit beim Aufbau demokratischer Gremien zu beteiligen und sie in selbstbewußte und aktive Staatsbürger zu verwandeln.

In Deutschland hingegen, wo es zu keiner erfolgreichen Selbstbefreiung von den überlebten Gewalthabern kam und das Bürgertum die Fesseln der Privilegienordnung nicht aus eigener Kraft sprengte, übte die aus taktischen Gründen der Staatsräson verordnete Judenemanzipation auf die öffentliche Meinung nur eine geringe Wirkung aus. Sowohl die von oben oktroyierten Judenpatente Josephs II. von 1782–1789 als auch Hardenbergs Edikt von 1812 ließen, wie bereits erwähnt, entwürdigende Ausnahmebedingungen bestehen; das ungenügend entwickelte demokratische Bewußtsein ließ eine tatsächliche Integration der Juden in die bürgerliche Gesellschaft nicht zu. Die Juden konnten daher in Krisenzeiten leicht zu Sündenböcken für die politischen Fehler und Irrtümer anderer gestempelt und zum Vehikel der Volksverdummung gemacht werden.

In Deutschland blieb, wie Heinrich Heine meinte, die Taufe „das Eintrittsbillet zur europäischen Kultur"; man darf nicht vergessen, daß beide jüdischen Berliner „Salonlöwinnen" der ersten Jahrzehnte des 19. Jahrhunderts, Henriette Herz und Rachel Levin-Varnhagen, die gern zur Behauptung einer angeblichen gelungenen „Symbiose" von Juden und Christen herangezogen werden, sich taufen ließen. Der Übertritt zur herrschenden Religion blieb aber oft nur eine Scheinlösung, weil der Getaufte zwar seinen Glauben, nicht aber seine ethnische Herkunft wechseln konnte.

Der im Zeitalter der französischen Hegemonie hoch aufschäumende deutsche Nationalismus war aber von rassistischen Volkstumslehren romantischer Agitatoren wie Ernst Moritz Arndt und Friedrich Ludwig Jahn geprägt. Die nationale Idee der deutschen Einheitsbewegung verband sich mit Doktrinen, die an Stelle der traditionellen religiösen Judenfeindschaft eine biologisch begründete und wertmäßig abgestufte Hierarchie von Menschenrassen setzten.

Die Berliner „Christlich-deutsche Tischgesellschaft" von 1811, zu deren Mitgliedern außer dem bereits erwähnten Philosophen Fichte auch Heinrich von Kleist, Clemens Brentano, Adam Müller, Carl von Clausewitz und Carl von Savigny gehörten, nahm in ihre Statuten einen „Arierparagraphen" auf, der nicht nur Juden, sondern auch Getaufte und ihre Nachkommen von der Mitgliedschaft ausschloß; der von den nationalen Romantikern ersehnte Staat sollte judenrein sein. Bei einer Sitzung der Tischgesellschaft im März 1811 trug Brentano eine „scherzhafte Abhandlung" vor, wobei er den traditionell christlichen Judenhaß mit Animosität gegen die aufziehende kapitalistische Markt- und Geldwirtschaft vermengte:

„Die Juden, als von welchen noch viele Exemplare in persona vorrätig, die von jeder ihrer zwölf Stämmen für die Kreuzigung des Herrn anhängenden Schmach Zeugnis geben können, will ich gar nicht berühren, da jeder, der sich ein Kabinett zu sammeln begierig, nicht weit nach ihnen zu botanisieren braucht; er kann diese von den ägyptischen Plagen übriggebliebenen Fliegen in seiner Kammer mit alten Kleidern, an seinem Teetisch mit Theaterzetteln und ästhetischem Geschwätz, auf der Börse mit Pfandbriefen und überall mit Ekel und Humanität und Aufklärung, Hasenpelzen und Weißfischen genugsam einfangen".

Die gereimten und ungereimten Auslassungen Brentanos, in der die Klischees späterer Generationen von Reaktionären deutlich erkennbar sind, wurde von der Tischgesellschaft (von der mehrere Mitglieder ständig in den Salons der Henriette Herz und Rachel

Levin verkehrten) mit derart frenetischem Jubel aufgenommen, daß sich der Verfasser veranlaßt sah, seinen Text unter dem Titel „Der Philister vor, in und nach der Geschichte“ drucken zu lassen.

Der Berliner jüdische Schriftsteller Saul Ascher, der bereits siebzehn Jahre zuvor Fichte wegen seines Judenhasses scharf kritisiert hatte, verspottete diese romantischen und antisemitischen Nationalisten und zog den Haß der judenfeindlichen Jünger Arndts und Jahns auf sich. Aschers Schrift „Germanomanie“, die den Deutschtumswahn und Überwertigkeitsdünkel der studentischen Burschenschaften verurteilte, wurde im Oktober 1817 auf dem Wartburgfest verbrannt.

Diese symbolische Ermordung des jüdischen Publizisten Saul Ascher war der Anstoß zur Prophezeiung, die Heinrich Heine drei Jahre später in seinem Schauspiel „Almansor“ äußerte:

> Dies war ein Vorspiel nur; dort wo man Bücher
> Verbrennt, verbrennt man auch am Ende Menschen.

Heine selbst hatte während seiner Studentenzeit von den judenfeindlichen Ausschreitungen der burschenschaftlichen Anhänger Fichtes und Jahns nicht wenig zu leiden. Es ist nicht ausgeschlossen, daß er die oben erwähnten Worte Fichtes von der Notwendigkeit, den Juden die Köpfe abzuschneiden, im Sinne hatte, als er 1823 seinem Schwager anvertraute, weshalb er sich trotz seiner Gegnerschaft zu den autoritären Obrigkeiten nicht der militanten nationalrevolutionären Opposition anschließen könne:

„Obwohl ich aber in England ein Radikaler und in Italien ein Carbonaro bin, so gehöre ich doch nicht zu den Demagogen in Deutschland, aus dem ganz zufälligen und geringfügigen Grunde, daß bei einem Sieg dieser letzteren einige tausend jüdische Hälse, und just die besten, abgeschnitten werden.“

Da die von der Ideologie des „christlichen Staates“ geleiteten preußischen Behörden die soziale Integration der Juden im Vormärz ablehnten und zu hintertreiben suchten, befanden sich unter den als „Demagogen“ verketzerten Demokraten, die das autoritäre Herrschaftssystem bekämpften, nicht wenige Juden. Der hervorragendste von ihnen war der Königsberger Arzt Johann Jacoby.

Er erkannte, daß die Emanzipation der Juden nur ein Teil des allgemeinen Befreiungskampfes von den Fesseln einer überlebten Gesellschaftsordnung war. In einem seiner Briefe aus den dreißiger Jahren heißt es:

„Als Jude geboren und aus ernster Überzeugung an der Lehre meiner Religion festhaltend, hatte ich schon früher mit mannigfachen gesellschaftlichen und bürgerlichen Mißverhältnissen zu kämpfen; durch ein empörendes Vorurteil Andersglaubender sah ich mein Streben oftmals gehemmt, meine schönsten Hoffnungen zerstört und mich überall in den Ansprüchen, die ein jeder an das Leben zu machen berechtigt ist, gekränkt und beeinträchtigt. – Wie ich selbst Jude und Deutscher zugleich bin, so kann in mir der Jude nicht frei werden ohne den Deutschen und der Deutsche nicht ohne den Juden; wie ich mich selbst nicht trennen kann, ebensowenig vermag ich in mir die Freiheit des einen von der des andern zu trennen. Wir schmachten alle insgesamt in einem großen Gefängnisse; ob das Gefängnis weiter oder enger, die Fesseln schwerer oder leichter, ist nur ein geringer Unterschied für den, der nicht etwa nach Bequemlichkeit, sondern nach Freiheit sich sehnt. Diese Freiheit aber kann nicht dem einzelnen zuteil werden; nur wir *alle* zusammen erlangen sie oder *keiner* von uns; denn ein und derselbe Feind und aus gleicher Ursache hält uns gefangen, und nur allein die *Zerstörung* des Gefängnisses kann uns zum Ziel führen. Je schwerer gerade mich die Ketten drücken, desto inniger muß ich die Freiheit für alle wünschen. Der Tag des Kampfes rückt immer näher, darum laßt uns einig sein und stark!«

Jacoby trat nach der Thronbesteigung des preußischen Königs Friedrich Wilhelm IV. 1840 ins politische Rampenlicht. Seine Flugschrift „Vier Fragen beantwortet von einem Ostpreußen“, mit denen er 1841 die preußische Verfassungsdebatte einleitete, machten ihn in ganz Deutschland zu einem berühmten Mann. Ähnlich wie die Schrift des Abbé Sieyes über den Dritten Stand am Vorabend der französischen Revolution die Geister entflammte, weil sie das politische Programm der zur Macht strebenden Bourgeoisie Frankreichs präzisierte, hatten die „Vier Fragen“ zündende Wirkung, weil sie mit schneidender Logik und zwingender Macht der

Gedankenführung die politischen Aspirationen der bürgerlichen Oppositionsbewegung artikulierten und den nationalen Interessen entsprachen. Jacoby mahnte den König an die Einlösung des 1815 gegebenen Verfassungsversprechens Friedrich Wilhelms III. und betonte, daß Preußen nicht eher „die seiner Bildung angemessene Stelle im Gesamtvaterlande erhalten und behaupten" werde, als die Bedürfnisse, Wünsche und Beschwerden des Volkes durch selbständige Vertreter unmittelbar zum Thron gelangen könnten.

Als Antwort ließ der König den mutigen Demokraten in Anklagezustand versetzen und wegen Hochverrats, Majestätsbeleidigung und „frechen, unehrerbietigen Tadels der Landesgesetze" vor Gericht stellen. Nachdem er in erster Instanz zu zweieinhalbjähriger Festungshaft verurteilt worden war und Berufung eingelegt hatte, sprach ihn der Berliner Appellationsgerichtshof frei. Der Ausgang des Prozesses war ein großer Erfolg für Jacoby und gab der bürgerlichen Opposition in ganz Deutschland Auftrieb.

In der Revolution von 1848 kämpfte Jacoby als einer der Wortführer der Linken in der Berliner preußischen Nationalversammlung vergebens für ein Bündnis der beiden politisch rechtlosen Klassen, des Bürgertums und der Arbeiterschaft, und trat für allgemeine Volksbewaffnung ein, um dem Ansturm der reaktionären Kräfte zu widerstehen. Er war der einzige deutsche Jude, der am Frankfurter Vorparlament teilnahm, und forderte dort die Wiederherstellung der Unabhängigkeit Polens. Nach dem reaktionären Staatsstreich des Grafen Brandenburg im November 1848 forderte Jacoby in der preußischen Nationalversammlung vergeblich, der Krone offenen Kampf anzusagen. Als Abgeordneter einer Delegation, die dem König die Bitte vortrug, die Ernennung Brandenburgs rückgängig zu machen, rief Jacoby dem Herrscher zu, als dieser den unterwürfigen Antrag ablehnte: „Das ist das Unglück der Könige, daß sie die Wahrheit nicht hören wollen!"

Nach der Niederlage der Revolution in Preußen begab sich Jacoby im Mai 1849 nach Frankfurt und nahm am Stuttgarter Rumpfparlament teil, das kurz darauf von württembergischen Truppen auseinandergejagt wurde. In einem Brief, den Jacoby am Tag nach dieser militärischen Aktion schrieb, stand der oft zitierte

Satz, „daß jede Revolution verloren ist, welche die alten wohlorganisierten Gewalten neben sich fortbestehen läßt“.

Jacoby trat zeitlebens für ein Bündnis des fortschrittlichen Bürgertums und der Arbeiterklasse ein. In den sechziger Jahren bekämpfte er als Abgeordneter der Fortschrittspartei in der zweiten Kammer des preußischen Abgeordnetenhauses den Scheinkonstitutionalismus Bismarcks und rief 1865 zu allgemeiner Steuerverweigerung auf. Er wurde zu einer Kerkerstrafe verurteilt und saß sieben Monate im Gefängnis; auch 1870, als er gegen die Annexion Elsaß-Lothringens protestierte, warfen die konservativen Gewalthaber den Freiheitskämpfer wiederum in den Kerker. Er trat am Ende seines Lebens der Sozialdemokratischen Arbeiterpartei bei, die damals revolutionär gesinnt war; er starb 1877 und wurde auf dem Königsberger jüdischen Friedhof nach traditionellem Ritus beigesetzt. Sein wertvoller schriftlicher Nachlaß ruhte fast siebzig Jahre in der Königsberger Stadtbibliothek und fiel in den Stürmen des Zweiten Weltkriegs dem nationalistischen Wahnwitz zum Opfer, den der demokratische Patriot zeitlebens bekämpft hatte.

Jacobys politischer Werdegang ist ein gutes Beispiel für die Tatsache, daß die deutschen Juden ihre geistige und politische Heimat nur in Parteien finden konnten, die auf Veränderung drängten und am Abbau obrigkeitlicher Bevormundung interessiert waren. Dies bedeutete, daß die Sozialdemokratie im Zeitalter der Industrialisierung die Interessen des Judentums objektiv am konsequentesten vertrat, obwohl viele Juden bürgerlichen Vorstellungen verhaftet blieben. Die kurze Zeit, in der die Liberalen im preußischen Abgeordnetenhaus über Mehrheiten verfügten, brachte den Prozeß der Gleichstellung der Juden zu einem vorläufigen Abschluß; im Jahre 1869 faßte der Norddeutsche Bund den Beschluß, alle noch bestehenden rechtlichen Beschränkungen der Juden zu beseitigen. Dies geschah keineswegs zufällig in einem Augenblick, als sich mit dem endgültigen Durchbruch der industriellen Revolution die kapitalistische Ordnung in Deutschland im Zustand der Hochkonjunktur befand. Zwei Jahre später wurde die rechtliche Gleichberechtigung der Juden auch in der Verfassung des unter preußischer Ägide geeinten neuen Deutschen Reichs verankert.

Während der stürmischen Industrialisierung und Modernisierung Preußen-Deutschlands gelang den Juden zwar weitgehende Akkulturation, aber viel weniger eine erfolgreiche Symbiose mit der deutschen Bevölkerung. In der den Gesetzen des Marktes folgenden Gesellschaft gab es für die Juden, die sozialen Aufstieg anstrebten und in den Bereichen des Handels und der Geldwirtschaft über langjährige Erfahrungen verfügten, keinen Grund, in die langfristig gefährdeten Sphären des Handwerks und der kleinen Landwirtschaft überzuwechseln; vielmehr strebten sie danach, ins gehobene Besitz- und Bildungsbürgertum einzuziehen. Da sie von den konservativen Machthabern, die den Staat als „christlich" definierten, von den öffentlichen Diensten und der Militärlaufbahn ferngehalten wurden, da sie keine „hoheitlichen Funktionen" bekleiden durften, mußten sie trotz ihrer bürgerlichen Wertvorstellungen an sozialem und geistigem Wandel interessiert sein. Juden gehörten zu den Pionieren wirtschaftlicher Modernisierung in Deutschland und führten im Handel, in der Industrie und im Bankwesen verbesserte Arbeitsmethoden ein; viele von ihnen drängten ins Pressewesen, ins Theaterleben, überhaupt in den Kulturbereich, weil dieser ihnen offenstand und Prestigemöglichkeiten bot. Auch in der wissenschaftlichen Forschung waren zahlreiche Juden zu finden, obwohl es nur wenigen gelang, die herrschenden Vorurteile zu überwinden und Universitätsprofessoren zu werden. Sehr beliebt waren die Berufe von Ärzten und Anwälten, weil sich hier gute Bildung mit der Möglichkeit zur Anhäufung von Besitz verband. Obwohl die jüdische Bevölkerung Deutschlands niemals mehr als etwas über ein Prozent der Gesamtbevölkerung erreichte, waren um 1880 etwa zehn Prozent der Schüler an Gymnasien und Studenten an Universitäten Juden. Darin spiegelte sich die traditionelle jüdische Hochschätzung des Wissens und der Gelehrsamkeit ebenso wider wie die Aufstiegsorientierung des jüdischen Bürgertums und Kleinbürgertums, dem die Zukunftschancen der nächsten Generation wichtiger waren als der augenblickliche materielle Wohlstand.

Die Berufe, die einen besonders hohen Anteil von Juden aufwiesen, also die Bankiers, Warenhausbesitzer und Verleger, die Regisseure und Schauspieler, die Journalisten und Kritiker, waren auch diejenigen Berufe, denen ein hoher Grad von Bekanntheit in der Öffentlichkeit zukam. Antisemiten religiöser und rassistischer Prägung waren daher ohne viel Schwierigkeiten imstande, auf die „Überfremdung" des deutschen Volkes durch Juden hinzuweisen, indem sie deren allgemein bekannte Namen nannten. In Krisenzeiten konnten die wirklichen Urheber des Massenelends auf die jüdischen Sündenböcke hinweisen, um die breite Masse zu verdummen und abzulenken. Derartige Krisen erlebte das emanzipierte deutsche Judentum zweimal: zuerst nach dem Gründerkrach von 1873, der die wirtschaftliche „Große Depression" einleitete und bis zum Beginn der wilhelminischen „Weltpolitik" 1896 währte; das andere Mal nach dem von den deutschen Militaristen angezettelten Ersten Weltkrieg, als die Niederlage den Juden zugeschoben wurde.

Obwohl, wie bereits erwähnt, die Verfassung des Deutschen Reiches von 1871 die rechtliche und politische Gleichstellung der Juden gesetzlich verankerte und mithin die Emanzipation zu einem äußerlichen Ende gelangte, bestand ein klaffender Zwiespalt zwischen dem geschriebenen und dem in Wirklichkeit geltenden Gesetz, zwischen Sollen und Sein, zwischen Sittlichkeit und Sitte. Dies zeigte sich besonders im Verhältnis wichtiger „Stützen der Gesellschaft" zu den Juden. Bei der in den siebziger Jahren einsetzenden tiefen Wirtschaftskrise, die nach dem „Gründerrausch" mit einem Börsenkrach begann und zahllose Existenzen vernichtete, mußten die herrschenden Gewalten Sündenböcke finden, um den Vormarsch der organisierten Arbeiterbewegung zu hemmen und die verproletarisierenden Massen irrezuführen. Es war keineswegs ein Zufall, daß das Sozialistengesetz von 1878 mit dem Beginn einer wüsten antisemitischen Rassenhetze zusammenfiel. Chauvinistische Überheblichkeit, Angriffe gegen Träger demokratischen und sozialistischen Gedankenguts, Verachtung aller „Fremdstämmigen" und Andersdenkenden – diese Gesinnungen erstickten in weiten und tonangebenden Kreisen des neuerstandenen Deutschen Reiches das humanitäre Erbe der Aufklärung, aus dem sich die Judenemanzipation speiste.

Der Hofprediger Kaiser Wilhelms I., Adolf Stoecker, gründete eine „Christlich-soziale Arbeiterpartei", die die Proletarier durch einen traditionalistischen Patriarchalismus von der Sozialdemokratie abspenstig machen sollte. Stoeckers Partei predigte vehementen Antisemitismus und schob den Juden die Schuld an der Wirtschaftskrise zu. Sozialdarwinistische Lehren vom Sieg der stärkeren Nation über die schwächere verschmolzen mit niemals ganz verschwundenen religiösen Ressentiments gegen die Juden. Der rassistische Antisemitismus gewann eine eminent gefährliche Qualität, weil er die (schon von Fichte und seinen Anhängern behaupteten) angeblich unveränderbaren „Rasseneigenschaften" des Judentums, die es dem Deutschtum „artfremd" machten, mit den Ideen des Liberalismus und des Sozialismus identifizierte. Die von Rassentheoretikern ausgeheckte „Weltverschwörung" des Judentums zur politischen und wirtschaftlichen Beherrschung der christlichen Umwelt fand besonders unter rückständigen Kreisen des Kleinbürgertums und der Handwerkerschaft, die vom rasanten Industrialisierungsprozeß Preußen-Deutschland überrannt wurden, Zustimmung.

Appellierte die Agitation des Pastors Stoecker hauptsächlich an entwurzelte und verzweifelte Elemente aus den Unterschichten, so wurde die „feine Gesellschaft" von einem Gesinnungsfreund Stoeckers, dem hochangesehenen Berliner Historiker Heinrich von Treitschke, für den Rassenantisemitismus gewonnen. Dieser Kathederfürst, der enormes Prestige besaß, weil er die „deutsche nationale Mission" der Hohenzollerndynastie zu einem unumstößlichen Credo emporgehoben hatte, machte sich in seinen „Preußischen Jahrbüchern" den Kampf gegen Sozialdemokratie und Juden zur Aufgabe. Er beschuldigte die Arbeiterpartei, Mordpläne gegen das Kaiserhaus auszubrüten, und erhob gleichzeitig den schändlichen Ruf:„Die Juden sind unser Unglück!" – Diese Losung wurde bald zum Feldgeschrei all jener Hoch- und Niedrigstehenden, die das deutsche Volk von sozialem Fortschritt und politischer Demokratie abdrängen wollten. Es ist angebracht, daran zu erinnern, daß die nationalsozialistische pornographische Hetzschrift Julius Streichers, „Der Stürmer", in jeder Nummer auf der ersten Seite die Losung Treitschkes, daß die Juden Deutschlands Unglück seien, in Balkenlettern verkündete.

Der rassistische Antisemitismus, der die Judenfeindschaft zu einer „Weltanschauung" erhob, richtete sich gegen ein bereits emanzipiertes und rechtlich gleichgestelltes Judentum, das sich in seiner überwiegenden Mehrheit in der deutschen Umwelt zu integrieren wünschte. Kräfte, die sich von den industriekapitalistischen Veränderungen der althergebrachten sozialen Normen und Werte bedroht und überrollt fühlten, hielten die Vorstellung von der Andersartigkeit und Nichtzugehörigkeit der Juden wach. Da die Antisemiten auch antikapitalistische Tendenzen in ihrer Agitation aufwiesen, glaubten einige deutsche Sozialdemokraten, daß ihre Erfolge der Arbeiterpartei zunutze kommen könnten. Wilhelm Liebknecht meinte auf einem der Sozialdemokratischen Parteikongresse nach der Aufhebung des Sozialistengesetzes zu Beginn der neunziger Jahre: „Die Antisemiten ackern und säen, und wir Sozialdemokraten werden ernten. Ihre Erfolge sind uns also keineswegs unwillkommen", und August Bebel hielt den Antisemitismus für den „Sozialismus des dummen Kerls". Diesen irrigen Auffassungen wurde von dem in London lebenden Friedrich Engels entschieden widersprochen. Er betonte, daß die Arbeiterbewegung nicht das Geringste mit antisemitischen Ideen zu tun habe, und daß die wichtigsten Trägerschichten des Rassenantisemitismus aus Sozialgruppen bestünden, die durch die kapitalistische Entwicklung gefährdet seien. In einem Brief, den die Wiener „Arbeiterzeitung" veröffentlichte, schrieb Engels:

„Nur da, wo die Produktion noch in den Händen von Bauern, Gutsherren, Handwerkern und ähnlichen aus dem Mittelalter überkommenen Klassen sich befindet – nur da ist das Kapital vorzugsweise jüdisch, und nur da gibt es Antisemitismus. Dieser ist also nichts anderes als eine Reaktion mittelalterlicher, untergehender Gesellschaftsschichten gegen die moderne Gesellschaft. Trotz seines scheinbar sozialistischen Deckmantels muß er von der Arbeiterbewegung scharf abgelehnt werden."

Obwohl die Sozialdemokratie im wilhelminischen Deutschland eine relativ große Anzahl von Wortführern aufwies, die dem Judentum entstammten – wie etwa Eduard Bernstein, Paul Singer, Rosa Luxemburg, Hugo Haase – war die Mehrzahl der deutschen Juden bürgerlich-liberal gesinnt. Im Jahre 1893, als sechzehn antisemitische Abgeordnete in den Reichstag einzogen, wurde der „Central-Verein deutscher Staatsbürger jüdischen Glaubens" gegründet, der gegen die Diskriminierung von Juden im öffentlichen Leben kämpfte. Er setzte sich zum Ziel, „durch Wort und Schrift, durch öffentliche Versammlungen und Vorträge den einzelnen mit den Waffen auszurüsten, die ihn befähigen, den aufgezwungenen Kampf im Geiste der Wahrheit zu bestehen, damit an der Besserung nach innen und außen alle mitarbeiten, die aus der Not der Zeit die Pflicht der Selbstverteidigung erkannt haben – im Lichte der Öffentlichkeit".

Die jüdische Presse debattierte über die Frage, wie der schon seit Beginn des 19. Jahrhunderts verlaufende Transformationsprozeß des Judentums, also die Anpassung an nichtjüdische Standards, Normen und Kulturwerte erleichtert und beschleunigt werden könnte. Der Versuch der Assimilation an das Deutschtum und die Bereitschaft der Selbstauflösung des Judentums ging also parallel zur Verstärkung der antisemitischen Bewegung.

In den Jahren der Hochkonjunktur, die mit der neuen „Weltpolitik" Kaiser Wilhelms II. zusammenhing und der Vorbereitung des „Griffs nach der Weltmacht" im Ersten Weltkrieg diente, verringerte sich der Rassenantisemitismus etwas; die Sprecher der jüdischen Organisationen betonten immer wieder, daß sie sich als Teil der deutschen Gesellschaft ansahen und in deren Rahmen ihre Ziele durchsetzen wollten. Demzufolge gehörte auch ein nicht geringer Teil des Judentums zu den begeistertsten Hurrapatrioten und Anhängern Wilhelms II.; zweifellos spielte auch der Gedanke eine Rolle, durch betont stramme nationale Haltung den Beweis der Verläßlichkeit und Gesinnungstreue zu liefern.

Nur ein winziger Teil der deutschen Juden lehnte den Weg der Assimilation grundsätzlich ab, als Theodor Herzl, der Begründer des Zionismus, 1896 mit seinem Buch „Der Judenstaat" die Auswanderung propagierte und ein Jahr später den ersten Zionistenkongreß in Basel einberief. Die Zionistische Bewegung in Deutschland rekrutierte ihre Mitglieder vor dem Ersten Weltkrieg vor allem aus Studenten aus Rußland und Polen, die an deutschen Universitäten studierten und ihre nationalen Ideen unter den jüdischen Kommilitonen verbreiteten. Im Jahre 1911 verlegte die Zionistische Weltorganisation ihre Büros nach Berlin; bis zum Ausbruch des Krieges war die Zionistische Vereinigung für Deutschland nach der russischen Landesorganisation der einflußreichste Teil der zionistischen Bewegung.

Als der Erste Weltkrieg ausbrach, hoffte die große Mehrheit der deutschen Juden durch die Betonung ihre patriotische Gesinnung die letzten Hindernisse auf dem Weg der Eingliederung in die Gesellschaft des Kaiserreichs zu überwinden. Am Tag der Unterzeichnung des Mobilmachungsbefehls, dem 1. August 1914, veröffentlichte der „Central-Verein deutscher Staatsbürger jüdischen Glaubens" folgenden Aufruf:

„An die deutschen Juden! In schicksalsschwerer Stunde ruft das Vaterland seine Söhne zu den Fahnen. Daß jeder deutsche Jude zu den Opfern an Gut und Blut bereit ist, die die Pflicht erheischt, ist selbstverständlich. Glaubensgenossen! Wir rufen euch auf, über das Maß der Pflicht hinaus eure Kräfte dem Vaterland zu widmen! Eilt freiwillig zu den Fahnen! Ihr alle – Männer und Frauen – stellet euch durch persönliche Hilfeleistungen jeder Art und durch Hingabe von Geld und Gut in den Dienst des Vaterlandes!"

Die Hoffnungen der jüdischen Organisationen, durch betont patriotisches Verhalten ihre gesellschaftliche Stellung festigen zu können, sollte sich jedoch nicht erfüllen. Auf antisemitischen Druck kam es im Dezember 1916 zu der sogenannten „Judenzählung", mit deren Hilfe das preußische Kriegsministerium den Anteil von Juden am Militär und an den Truppen an der Front nachprüfen ließ. Die Ergebnisse der Zählung wurden nicht veröffentlicht, so daß antisemitische Agitatoren weiterhin das Märchen von der jüdischen Drückebergerei verbreiten konnten; in Wirklichkeit lag der Prozentsatz der jüdischen Freiwilligen etwas über dem Gesamtdurchschnitt der deutschen Bevölkerung, und nicht weniger als 12000 deutsche Juden – also über zwei Prozent der jüdischen Bevölkerung – opferten ihr Leben an der Front für das Vaterland, dessen herrschende Schichten sie als Fremdkörper betrachteten und diskriminierten.

Die Niederlage im November 1918 führte zu einer enormen Verschärfung des Antisemitismus. Nunmehr war die autoritäre Obrigkeit des von den alten Herrenschichten gelenkten patriarchalischen Kaiserstaats verschwunden, und die chauvinistischen Rassenhetzer, denen der Liberalismus und Sozialismus der meisten Juden von jeher ein Dorn im Auge war, konnten ihre Propaganda zügellos entfalten. Sie behaupteten, daß der Verlust des Kriegs und die Novemberrevolution nur durch eine angebliche „Verschwörung des internationalen Judentums" zustandegekommen sei, das dem deutschen siegreichen Soldaten den „Dolch in den Rücken gestoßen" habe. Die rechtsradikale Propaganda setzte auch die Juden mit der Erfindung des Kommunismus und des Bolschewismus gleich, ebenso wie der Nationalökonom Werner Sombart vor dem Krieg die Juden zu „Erfindern des Kapitalismus" gemacht hatte.

Der Antisemitismus der Weimarer Republik war ein Vehikel all jener Kräfte, die die Demokratisierung der Gesellschaft bekämpften; denn erst nach dem Verschwinden des Kaiserreichs konnten die Juden tatsächlich all jene Positionen einnehmen, die ihnen zuvor von der herrschenden Kaste vorenthalten worden waren. Ein Außenminister jüdischer Herkunft etwa wie Walther Rathenau wäre im Kaiserreich undenkbar gewesen. Daher bestand ein merkwürdiger dialektischer Widerspruch zwischen der Stellung der Juden vor und nach dem Zusammenbruch des Kaiserreichs: die autoritäre Oberschicht hatte vor 1914 den Antisemitismus zwar zugelassen und als salonfähig betrachtet, aber seine brutalsten Auswüchse, wie Mordaufrufe und blutige Exzesse, nicht geduldet. Die republikanischen Regierungen nach 1918 erkannten die gänzliche Gleichberechtigung der Juden im politischen und gesellschaftlichen Bereich zwar an, unterließen es aber andererseits, gegen die völkischen Rassenantisemiten und ihre Mordhetze energische Schritte zu unternehmen. Daher befand sich das deutsche Judentum in der Weimarer Republik zwar auf dem Gipfel seiner Erfolge, war aber gleichzeitig mehr gefährdet als je zuvor.

Die meisten jüdischen Persönlichkeiten, die sich in der Weimarer Epoche als Politiker, Künstler, Schriftsteller, Journalisten, Wissenschaftler und Schauspieler einen Namen machten, waren dem Judentum gänzlich entfremdet und fühlten sich als deutsche Staatsbürger. Sie unterschieden sich kaum von der Gesamtbevölkerung; zwar besaßen die Juden eine andere Sozialstruktur, weil sie hauptsächlich in Großstädten lebten, aber die zunehmende Urbanisierung deutete darauf hin, daß im Laufe der nächsten Generation auch die letzten Unterschiede zur Umwelt fallen würden. Lediglich die Abwehr antisemitischer Angriffe schuf einen Zusammenhalt unter den deutschen Juden, weil sie gegen die Pauschalvorwürfe Stellung nehmen mußten. Als es 1923 zu einem Pogrom in Berlin gegen die ostjüdischen Bewohner des „Scheunenviertels" kam, war der „Central-Verein deutscher Staatsbürger jüdischen Glaubens" maßgeblich bei der Organisation des jüdischen Selbstschutzes beteiligt – obwohl sonst wenig gesellschaftliche Beziehungen zwischen den alteingesessenen deutschen Juden und den aus Osteuropa nach Deutschland während des Kriegs eingeströmten meist mittellosen Ostjuden bestand. Der „Central-Verein" organisierte bis zum Ende der Weimarer Republik Aufklärungsversammlungen und Schulungsabende zur Abwehr des Antisemitismus, in denen man die Geschichte und die soziale Rolle der Juden Deutschlands erläuterte. Dabei gingen die Organisatoren vom irrigen Glauben aus, daß man durch rationale Argumentation die Antisemiten bewegen könnte, von ihren Wahnvorstellungen, daß die Juden Deutschlands Unglück seien, Abstand zu nehmen.

Die Nationalsozialisten sonderten seit ihrem Machtantritt die Juden planmäßig und systematisch aus der Gesellschaft aus. Zunächst wurden sie durch den „Judenboykott" vom 1. April 1933 an den Pranger gestellt, sodann wurden alle jüdischen Staatsbeamten entlassen. Zahlreiche Gesetze und Verordnungen der Nazis – insbesondere die „Nürnberger Rassengesetze" vom September 1935 – grenzten die Juden aus dem wirtschaftlichen und gesellschaftlichen Leben aus; die „Arisierungen" jüdischer Betriebe und Geschäfte beraubten sie ihrer Existenz. All dies diente der Vorbereitung des Pogroms vom 9. November 1938, als am 20. Jahrestag der – angeblich jüdischen – „Novemberrevolution" die Enteignungen und Verhaftungen einen Höhepunkt erreichten. Die Verbrennung aller Synagogen auf deutschem Boden signalisierte, daß die von den Judenfeinden früherer Epochen geforderte Auslöschung jüdischer Existenz in Deutschland Wirklichkeit geworden war. Das von Fichte vielleicht nur metaphorisch gemeinte, von seinen späteren Anhängern und Jüngern aber sehr konkret ins Werk gesetzte „Abschneiden jüdischer Köpfe“ wurde im Zweiten Weltkrieg zu gräßlicher Wirklichkeit.

Der preußisch-deutsche Weg der Judenemanzipation bedeutete also, daß die von den Zwängen staatlicher und gesellschaftlicher Modernisierung getriebene traditionelle Obrigkeit den Juden am Ende des 18. und zu Beginn des 19. Jahrhunderts aus Staatsräson, taktischem Kalkül und Nützlichkeitserwägungen formalrechtliche Gleichstellung gewährte, dabei aber streng darauf achtete, die überlieferten Machtstrukturen und die anachronistisch gewordene Sozialhierarchie nicht anzutasten. Die Emanzipation erfolgte ohne die Mitwirkung und Mitbestimmung der Bevölkerungsmehrheit, ohne Demokratisierung der Gesellschaft, ohne Einschränkung der Normen und Werte der alten Sozialelite. Dieser Weg, der sich prinzipiell von der Emanzipation der Juden in den Ländern des Westens unterschied, wo eine bürgerliche siegreiche Revolution stattfand, führte die deutschen Juden in den Abgrund. Was von oben unter Hardenberg und seinen Gesinnungsfreunden gnädig zugestanden worden war, nahmen die Nazis vier Generationen später ungnädig wieder zurück, ohne auf nennenswerten Widerstand der nichtjüdischen Bevölkerung zu stoßen. Die preußisch-deutsche Judenemanzipation, die nicht von unten erkämpft, sondern von oben verliehen worden war, wurde auf diese Weise zunichte gemacht. Dieselben Feinde der Menschheit, die die Juden in die Todesöfen trieben, führten auch das eigene Volk auf die Schlachtbank.

Hermann Greive

Antisemitismus, Zionismus und Staat Israel

Die Geschichte der Befreiung der Juden, d. h. ihrer Emanzipation, und die Geschichte ihrer Verfolgung und Vernichtung, die zugleich die Geschichte ihrer Sammlung, des Zionismus und der Verwirklichung der neuzeitlichen jüdischen Staatsidee ist, gehören zusammen. Es sind nicht Einzelgeschichten, die man je für sich erzählen könnte. Daß man die Teile – oft schlechten Gewissens – dennoch nicht selten zu trennen versucht, ist die Folge einer Spezialisierung, die die Historie mehr gefährdet als die von manchen so gefürchtete Sozialwissenschaft. Diese bedenkliche Spezialisierung war, scheint es, früh vorauszusehen. Denn schon Jean Paul bemerkt:

„Der Wilde und der westfälingische Bauer machen sich, wie der Redner Gorgias, alles selber; mit der Kultur (aber) teilen sich die Handwerke auseinander, diese Abteilungen werden sich wieder spalten und z.B. die Mundköche sich in Vögel-, Fischköche et cetera, diese wieder in Lachs-, Forellen-, Karpfen- et cetera Köche sondern. Bei den Gelehrten werden die Abästungen noch üppiger ausfallen. Z.B. in der ungeheuer anwachsenden Geschichte wird jedes Volk, jedes Jahrtausend seinen eigenen Historiker fo(r)dern, der von seinem historischen Wandnachbar gar nicht zu wissen braucht, daß er in der Welt ist."

Die Teilung ist bei Völkern und bei Jahrtausenden nicht stehen geblieben, sondern zu sehr viel kleineren Einheiten, ja Segmenten der Wirklichkeit fortgeschritten, so daß es inzwischen nicht mehr nur deutsche und jüdische Geschichte gibt, sondern eine eigene Emanzipations-, Antisemitismus- und Zionismusforschung. Da man sich als Historiker zumeist mit der Geschichte befaßt, an der einem am meisten liegt, ist es vollends dahin gekommen, daß die einen Forscher die anderen nicht mehr verstehen und Dinge als widersprüchlich gelten, die es vielleicht gar nicht sind; so verständlich es ist, daß demjenigen, der die Geschichte des Exodus der Juden aus dem Ghetto zu schreiben versucht, etwa das Phänomen des Antisemitismus in anderem Lichte erscheint als dem, der die neuzeitliche Sammlung der Juden zum Gegenstand seiner Forschungen macht.

Es lassen sich mehr oder weniger deutlich zwei große Phasen der Entwicklung unterscheiden. Grob gesprochen hat das 19. Jahrhundert zu einer Besserstellung der Juden (jedenfalls in Mittel- und Westeuropa) geführt; demgegenüber ist das 20. Jahrhundert (bis zum Ende des Zweiten Weltkriegs) die Zeit der Verfolgung und der Zerstörung, aber auch der Sammlung der Juden. Trotzdem war im Aufbruch aus der alten Benachteiligung die anhaltende Bedrohung präsent, und gleichzeitig waren in der Gefährdung der Folgezeit – wie gebrochen auch immer – Freiheit und Gleichheit gegenwärtig, nicht nur als Anspruch. Wer dies aus den Augen verliert, dem muß nicht nur der Umschlag von der Emanzipation zur (erneuerten) Diskriminierung und dann zur Verfolgung unverständlich bleiben; er läuft vielmehr auch Gefahr, im nationalsozialistischen Antisemitismus, im Wüten der Todesmaschinerie der vierziger Jahre nur mehr die reine Dämonie, den Teufel, am Werk zu sehen. In Wahrheit waren es Menschen, die getan haben, was getan worden ist. Nur wenn man das festhält, bleibt das Geschehene kommensurabel, so inkommensurabel es ist; bleibt es – mit anderen Worten – auf gegenwärtiges menschliches Handeln beziehbar, und ist es möglich, in diesem Zusammenbruch jüdischer, griechischer, christlicher oder auch neuzeitlich-säkularer Traditionen der Humanität eine Gefahr zu erkennen, die weiterbesteht; der wir alle auch heute ausgesetzt sind. Wo immer die Rede von der Verharmlosung der Nazizeit darauf abzielt, den Nazismus zu etwas absolut Einmaligem zu machen, ist dies zurückzuweisen. Denn es würde den Zusammenhang zerstören, der wahrhaftig genug besteht, und aus unserer jüngsten Geschichte – wenn auch wortreich – etwas machen, das uns letztlich nichts angeht.

Drei spektakuläre Ereignisse des ausgehenden 19. Jahrhunderts demonstrieren aufs nachdrücklichste die Zerbrechlichkeit der

Emanzipation in der Zeit ihrer Durchsetzung, mit anderen Worten die Wechselbeziehung zwischen Befreiung und Diskriminierung:

1. Die Pogrome der frühen achtziger Jahre in Rußland, bevor dort eine emanzipatorische Gesetzgebung durchgesetzt war;

2. Der parteipolitisch begründete Antisemitismus im Deutschland der Kaiserzeit, der nahezu gleichzeitig mit dem Abschluß des Emanzipationsprozesses einsetzte;

3. Die Dreyfus-Affäre in Frankreich, lange nach der Gewährung der Gleichheitsrechte in diesem Lande.

So ernst die Dreyfus-Affäre in der Rückschau zu nehmen ist und schon damals genommen wurde – im Vergleich mit dem, was in Deutschland und erst recht in Rußland geschah, hat sie fast den Charakter einer Episode. Es handelte sich um einen Spionagefall: der Generalstabsoffizier Alfred Dreyfus wurde des Landesverrats beschuldigt. Für viele war das vielleicht ein Fall unter andern. Bald stellte sich freilich heraus: es war ein manipulierter Fall; nach dem Willen der klerikal-monarchistischen Rechten mußte es ein Jude gewesen sein. 1894 wurde Dreyfus verurteilt. Noch 1898 scheint ihn selbst ein Mann wie Theodor Herzl, der Begründer des politischen Zionismus, für schuldig gehalten zu haben. Als aus einem Gespräch, das Herzl am 18. Oktober 1898 mit Wilhelm II. führte, hervorging, daß Dreyfus unschuldig war, hat Herzl dies als „etwas ganz Kolossales“ empfunden, wie er in seinen Tagebüchern vermerkte. Inzwischen war jedoch längst umstritten, wie es sich wirklich verhielt, die Zweifelhaftigkeit der Beschuldigung war bereits so offenkundig, daß Emile Zola – schon Anfang 1898 – den an den Präsidenten gerichteten Offenen Brief „J'accuse“ schreiben konnte:

„Ich klage an: den Oberstleutnant du Paty de Clam, der teuflische Urheber des Justizirrtums zu sein ... Ich klage an: den General Mercier, sich, zumindest aus geistiger Schwäche, zum Komplizen einer der größten Ungerechtigkeiten des Jahrhunderts gemacht zu haben. Ich klage an: den General Billot, die sicheren Beweise für Dreyfus' Unschuld in Händen gehabt und unterdrückt zu haben, sich dieses Verbrechens an Humanität und Gerechtigkeit schuldig gemacht zu haben um eines politischen Zweckes willen.“

Dieser Schlag gegen die Selbstherrlichkeit des Militärs hat die Affäre vollends zum Politikum erster Ordnung gemacht und zur offenen Auseinandersetzung zwischen Monarchisten und Republikanern geführt, wobei die Rechte bedenkenlos die politische Mobilisierung des auch in Frankreich verbreiteten antisemitischen Ressentiments betrieb, letztlich vergebens: Der republikanische Block der Radikalen und Sozialisten gewann an Festigkeit, und Dreyfus wurde am Ende rehabilitiert.

In Deutschland war die Situation wesentlich problematischer, wenn auch das Prinzip der Rechtsgleichheit fürs erste unangetastet blieb – jedenfalls auf dem Papier, keineswegs immer und überall in der Rechtspraxis. Die gesellschaftliche Lage war im Grunde erschreckend. Daß besonders die bessergestellten Juden dies nicht so empfanden, rührt wohl vor allem daher, daß man mit der Sicherung der Rechtslage auch eine Verbesserung der sozialen Lage erwartete. Rückschläge konnten als Rückzugsgefechte aufgefaßt werden. Tatsächlich bedienten sich die Katholiken, die in Preußen in der Minderheit waren und die nach der Reichsgründung als erste den Antisemitismus ausspielten, in ihrem Kampf gegen den Liberalismus (im Rahmen des sogenannten „Kulturkampfs") großenteils der Mittel der überkommenen Talmud-Feindlichkeit. Hierfür mag August Rohling und sein verbreitetes Pamphlet „Der Talmudjude" als Beispiel stehen.

Die den Gründerjahren folgenden Zusammenbrüche förderten die antijüdische Feindseligkeit und lieferten denen, die damit politisch zu reussieren suchten, neue Argumente; wie ja meist erst in Krisenzeiten vorhandene Vorurteile wirklich gefährlich werden. Gegen Ende der siebziger Jahre, um die Zeit des innenpolitischen Kurswechsels Bismarcks vom Liberalismus zum Konservatismus, entdeckte Adolf Stoecker (vgl. im vorhergehenden Beitrag S. 157f.) auf konservativ-protestantischer Seite die politischen Möglichkeiten einer judenfeindlichen Agitation. Er eröffnete mit seiner Christlichsozialen Partei die partei-politische Organisierung des Antisemitismus und begann damit jene Reihe für die Kaiserzeit typischer Parteibildungen, für die der Antisemitismus den Dreh- und Angelpunkt des politischen Interesses bildete. Die Argumente vermischten sich. Nicht nur Wilhelm Marr, in dessen Umkreis der Begriff des Antisemitismus anscheinend aufgekommen ist, oder andere Radikale wie Theodor Fritsch und Eugen Dühring sprachen im Zusammenhang mit den Juden von einer Rasse; auch Stoecker tat es. Und wenn Marr die Judenfrage vom „nicht confessionellen Standpunkt aus" betrachtete, so bedeutet dies nicht, daß er areligiös war und vor allem von seiten der Areligiösen ein Echo erwartete oder erhielt. Wie wenig dies zutrifft, ist daran zu erkennen, daß er den Juden eine wahre, er nannte es eine „ideale Religion" absprach. Es war ihm – wie eigentlich allen, ob sie nun mehr oder weniger rassisch argumentierten – darum zu tun, sich dem Vorwurf religiöser Intoleranz zu entziehen.

Die Antisemitenparteien waren zeitweise erfolgreich, in aufsehenerregender Weise erstmals 1893, als sie 16 Abgeordnete für den Reichstag stellten; sie blieben aber letztlich (auch infolge ihrer Zersplitterung) eher eine Randerscheinung. Nicht so jedoch der Antisemitismus als politisches Instrument. Er fand Eingang in große politische oder parapolitische Organisationen wie den „Bund der Landwirte" und die katholischen Bauernverbände, den „Deutschen Handlungsgehilfenverband" oder den elitären „Alldeutschen Verband". Inzwischen war der Antisemitismus allenthalben – auch bei den Bauern – mit völkischem Gedankengut durchsetzt; womit hier nicht die einseitige Berufung auf Abstammung und Rasse gemeint ist, sondern eine rätselhaft suggestive Verbindung von rassischen und religiösen Kategorien, eine Verbindung, aus der die Forderung abgeleitet wurde, christliches Deutschtum oder deutsches Christentum vor seiner Bedrohung durch Juden und Judentum retten zu müssen. In dieser Form ist völkisches Denken in Deutschland geschichtlich wirksam geworden – und nicht schlicht als Rassismus.

Schlimmer noch als in Deutschland war es in Rußland. Beim Thronwechsel, nach dem Tode Alexander II., der wenigstens den Versuch einer liberaleren Judenpolitik gemacht hatte, und dessen Ermordung den Juden zur Last gelegt worden war, brachen in dem von sozialen Gegensätzen zerrissenen Land an verschiedenen Orten Verfolgungen aus. Sie waren staatlich gelenkt, zumindest geduldet und paßten in den Rahmen der herrschenden Politik der Unterdrückung. Den Pogromen dieser Jahre – 1881/82 – folgten verschärfte Ausnahmegesetze. Der neue Zar Alexander III. verurteilte die Exzesse einerseits, schrieb aber andererseits den Juden die Schuld daran zu. Unter Nikolaus II., der 1894 den Thron bestieg, wiederholten sich die Ausschreitungen. Hier ist besonders an die schweren Unruhen von Ostern 1903 in Kischinew zu erinnern mit ihren zahlreichen Todesopfern.

In diesem Rußland der sozialen Unruhen und immer wieder aufflackernder Pogromstimmung, in dem Haß, Brutalität und Mord an der Tagesordnung waren, nahm die Sammlung der Juden zuerst konkrete Gestalt an – wenn auch zunächst als Stückwerk, das wenig später von Theodor Herzl und seiner Bewegung vollendet wurde. Bald nach den Pogromen von 1881/82 publizierte Leon Pinsker, ein assimilierter jüdischer Arzt aus Odessa, die programmatische Schrift „Autoemanzipation", in der er – dem Titel entsprechend – zur Selbsthilfe aufrief. Er bezog dabei bewußt und entschieden in nationaljüdischem Sinne Position: Es bedarf – wie er es sah – eines Umschwungs, der nicht vom einzelnen, sondern nur von der Gruppe, vom Volk ausgehen kann:

„Nicht die bürgerliche Gleichstellung der Juden in dem einen oder anderen Staate vermag diesen Umschwung herbeizuführen, sondern einzig und allein die Autoemanzipation des jüdischen Volkes als Nation, die Gründung eines eigenen jüdischen Kolonistengemeinwesens, welches dereinst unsere ureigene, unveräußerliche Heimat, unser Vaterland werden soll."

Das war nicht die Geburt des nationalen Gedankens im Judentum – Moses Heß hatte ihn zwei Jahrzehnte zuvor fast ohne Echo vorweggenommen; doch es war das erste Mal, daß der nationale Gedanke, aufrüttelnd formuliert, in weiteren Kreisen Widerhall fand. In zahlreichen Städten schlossen sich Juden zu Aktionseinheiten zusammen: zuerst in Odessa, dann auch in Byalistok, in Warschau und Wilna, in Moskau und Kiew, in Petersburg und Riga (um nur die größeren Orte zu nennen). Die Bewegung der Zionsfreunde oder der Zionsliebe, die damit ins Leben trat, strahlte auch nach Westen aus und fand in Wien und Berlin, in Paris und

London eine gewisse Anhängerschaft. Die greifbaren Erfolge blieben indes gering. Doch ist danach allein die geschichtliche Bedeutung dieser Bewegung nicht zu bemessen. In jedem Falle hat sie den effektiveren Ansatz Herzls wirksam vorbereitet, vielleicht überhaupt erst möglich gemacht.

Ähnlich wie Leon Pinsker wurde auch Theodor Herzl, ein assimilierter österreichischer Jude, durch die antijüdische Feindseligkeit seiner Umgebung aufgeschreckt, welche Erlebnisse oder Ereignisse im einzelnen dabei auch immer im Vordergrund gestanden haben mögen – meist wird an erster Stelle die Dreyfus-Affäre genannt.

Nach der positiven Seite war freilich noch ganz anderes im Spiele, und nicht nur bei Herzl; nämlich ein elementares Solidaritätsgefühl, wie es sich noch am ehesten aus der religiösen Praxis gelebter und erlebter Gemeinsamkeit in Familie und Gemeinde versteht (so weit sich der Einzelne auch im Laufe des Lebens davon entfernt haben mag). Hinzu kam – im Zusammenhang mit der Abweisung durch die Umwelt – die Faszination durch die allgemeine Leidenschaft nationaler Identifikation in jener Zeit, besonders in Deutschland.

Jedenfalls scheint in den neunziger Jahren die Zeit für eine Ausbreitung des nationalen Gedankens reif gewesen zu sein. Im Februar des Jahres 1896 erschien Herzls „Judenstaat"; nicht umfangreich, eine Broschüre, dennoch immer wieder ins Detail gehend; in kurzer Zeit hoher geistiger und emotionaler Anspannung abgefaßt, voll nüchternem Pathos. Diese Schrift rückte bald ins Zentrum der Diskussion und wurde zum Kristallisationspunkt einer Bewegung, die dann allgemein Zionismus genannt wurde. Herzl drängte auf raschen Fortschritt und hatte damit Erfolg. Schon im folgenden Jahr, vom 29. bis zum 31. August 1897, fand in Basel der erste zionistische Kongreß statt. Es kamen vor allem die Zionsfreunde, doch nicht sie allein. Der beste Teil des Erfolgs bestand darin, daß es gelang, den Osten und den Westen zusammenzubringen.

Der zahlenmäßige Schwerpunkt der Bewegung lag zweifellos im Osten, die Leitung im Westen. Bis zum Ersten Weltkrieg spielte unter den Organisationen der mittel- und westeuropäischen Länder die „Zionistische Vereinigung für Deutschland“ eine hervorragende Rolle, obwohl auch hier die Mitgliederzahlen gering waren. Nach dem Tode Herzls im Jahre 1904 war zunächst (bis 1911) David Wolffsohn aus Köln, und dann bis zur Verlegung der Leitung nach London im Jahre 1920 Otto Warburg aus Hamburg Präsident der Zionistischen Weltorganisation.

Das Ende des Ersten Weltkriegs, der militärische und politische Zusammenbruch der mitteleuropäischen Monarchien Deutschland und Österreich-Ungarn stellte für die Geschichte der Juden besonders Mittel- und Osteuropas einen entscheidenden Einschnitt und, in der Rückschau, einen Wendepunkt dar.

Der gegenteilige Eindruck trügt, der vor allem für Deutschland entstehen konnte, weil Juden nun auch hohe Regierungsämter bekleiden und im Einzelfall sogar Ministersessel einnehmen konnten – wie Rathenau, der freilich im Juni des Jahres 1922 von Judenfeinden ermordet wurde.

Dies ist zugleich ein Indiz für die gesamte Lage. Als Begleiterscheinung der politischen und wirtschaftlichen Katastrophe, die von weiten Teilen der Bevölkerung zugleich als allgemeine Orientierungs- und Identitätskrise erlebt wurde, raste eine Welle des Judenhasses durch Ungarn, Österreich und Deutschland. Besonders die Vertreter der alten militärischen und wirtschaftlichen Eliten schürten das Feuer – aus politischen Gründen.

Heinrich Claß, der Vorsitzende des „Alldeutschen Verbandes“, erklärte in blankem Zynismus: „Wenn das politische Kriegsziel sich diktatorisch gestalten läßt, dann ist das Aufrollen der Judenfrage unnötig.“ Gelinge das aber nicht, dann müsse die Judenfrage aufgerollt werden; denn in der Auseinandersetzung mit dem parlamentarischen System lasse sich „als eines der stärksten Einwirkungsmittel die jüdische Angst gebrauchen.“

Freiherr von Gebsattel, der stellvertretende Vorsitzende des Verbandes, wurde der geheime, diktatorische Führer des zur Mobilisierung der „Canaille“ oder „Bagage“ (wie die alldeutschen Elitären es sahen) gegründeten „Deutschen (später:) Deutschvölkischen Schutz- und Trutzbundes“.

Nicht zufällig kam es in dieser Zeit, in der sich auch sonst allenthalben mehr oder weniger radikale und militante völkische Bünde und Zirkel bildeten, auch zur Gründung der „Nationalsozialistischen Deutschen Arbeiterpartei“, die später die Partei Adolf Hitlers wurde – indes war ihr Einfluß einstweilen begrenzt, wie der Münchener Putschversuch vom 8./9. November 1923 anzeigt.

In Osteuropa war die Lage für die Juden ungleich erschreckender. Weder in Rußland noch in Polen war mit dem Ende des Krieges der Krieg im Lande vorbei. Sowohl im bis dahin österreichischen Galizien wie später in den zuvor russischen Gebieten, die im Kampf mit der Roten Armee erst noch zu gewinnen waren, feierten Teile der polnischen Truppen die junge Unabhängigkeit Polens mit Plünderung, Raub und Mord an den Juden. Im Rußland des Bürgerkriegs ließen General Petljura, der an der Spitze der ukrainischen Armee stand, und sein Adjutant der Barbarei bedenkenlos freien Lauf, ja scheinen zum Morden noch aufgefordert zu haben. In Proskuroff wurden am Tag nach einem Blutbad – einem von vielen – 1 200 Leichen aus den Häusern gezogen und in einem Massengrab verscharrt. Unter Denikin, der Petljura ablöste, wurde es nicht besser. Erst 1921, als die Rote Armee die Oberhand gewann und das Gebiet kontrollierte, hörten die Massaker auf. Zehntausende von Toten waren die Bilanz. Das war die Vorahnung eines dann freilich hunderttausendfach übertroffenen Schreckens.

Etwa um dieselbe Zeit errang die Zionistische Organisation in England ihren ersten spektakulären Erfolg auf dem Gebiete der Diplomatie durch die Initiative insbesondere Chaim Weizmanns (der später Präsident wurde) und Nachum Sokolows. Ermöglicht wurde dieser Erfolg durch eine seltsame Mischung englischer imperialistischer Interessen im Nahen Osten (wohl bei allen Kabinettsmitgliedern) und religiös-biblischer Neigungen (besonders bei Lloyd George und Arthur Balfour). In einem Brief an Lord Rothschild, der vom Außenminister Balfour unterzeichnet wurde und danach Balfour-Erklärung heißt, bekundete die englische Regierung am 2. November 1917 ihre Sympathie für die zionistischen Ziele:

„Seiner Majestät Regierung betrachten die Schaffung einer nationalen Heimstätte für das jüdische Volk in Palästina mit Wohlwollen und werden mit besten Kräften bemüht sein, die Erreichung dieses Ziels zu erleichtern. Dabei besteht Klarheit darüber, daß nichts geschehen soll, was die bürgerlichen oder religiösen Rechte vorhandener nichtjüdischer Gemeinschaften in Palästina oder die Rechte und den politischen Status, den Juden in irgendeinem anderen Lande genießen, präjudizieren könnte."

Die Erklärung war inoffiziell und setzte trotzdem ein Zeichen, das in den folgenden Jahren des Judenhasses und der Verfolgungen innerhalb und außerhalb des Judentums Aufmerksamkeit auf sich ziehen mußte. Tatsächlich wurde im Friedensvertrag von Sèvres am 10. August 1920 die Balfour-Deklaration aufgegriffen; wenig später betraute der Völkerbund Großbritannien mit dem Palästinamandat.

Es ist freilich die – keineswegs tragische – Schuld Großbritanniens, hier ein Doppelspiel gespielt und das Land zu beiden Seiten des Jordan den Arabern und den Juden in Aussicht gestellt zu haben. Die weitere Entwicklung ist – sicherlich nicht allein infolge dieser (sich ausschließenden) Versprechungen, wohl aber durch sie forciert – im Sinne dieses Widerspruches verlaufen.

Für die Juden Europas, besonders des Ostens, mußte die englische Politik zur Folge haben, daß in wachsendem Maße selbst politische Realisten den Nahen Osten in ihre Hoffnungen einbezogen; dies um so mehr, als in dieser Zeit die von Herzl so genannte Judennot so groß geworden war, daß eine radikalere, grundlegendere Lösung der „Judenfrage" sich immer unabweisbarer aufdrängte. Wenn auch die meisten der Zehntausende, ja Hunderttausende, die angesichts einer hoffnungslosen Situation Osteuropa verließen, in die Vereinigten Staaten zu gelangen suchten (das klassische jüdische Einwanderungsland schon im 19. Jahrhundert), so wuchs doch auch der Anteil derer, die sich für Palästina entschieden.

Nur wenig mehr als ein Jahrzehnt später – mit dem Beginn der Weltwirtschaftskrise am 25. Oktober 1929, dem „Schwarzen Freitag" von New York, spätestens mit der Machtergreifung Adolf

Hitlers Anfang 1933 – setzte die Phase der Entwicklung ein, die einerseits zur geplanten Massenvernichtung und damit zum Ende der tausendjährigen europäisch-jüdischen Geschichte und andererseits zur jüdischen Staatsgründung führte.

Es ist wichtig festzuhalten, daß bis dahin weder die Katastrophe der europäischen Judenheit noch der Erfolg der Judenstaatspolitik wirklich abzusehen waren. Zweifellos waren Herzls Visionen in Vorzeichen seiner Zeit begründet; doch wohl mehr im Blick auf die radikale Bedrohung des Judentums, als in Hinsicht auf die realen Möglichkeiten der Verwirklichung des Staatsgedankens. Auf Erfahrung beruhte die Ahnung bleibender Fremdheit – der Staat war ein abstraktes Postulat. In seinem Konzept der „Rede an die Rothschilds“ vom 13. Juni 1895 notierte Herzl:

„Wir müssen also schließlich unten ankommen, ganz unten. Wie das aussehen wird, welche Formen man ihm geben wird, das kann ich nicht ahnen. Wird es eine revolutionäre Expropriation von unten, wird es eine reaktionäre Konfiskation von oben sein? Wird man uns verjagen? Wird man uns erschlagen? Ich vermute ungefähr, daß es alle diese und noch andere Formen haben wird. In dem einen Land, wahrscheinlich in Frankreich, wird die soziale Revolution kommen, deren erste Opfer die Hochbank und die Juden sein müssen. In Rußland wird man einfach von oben herab konfiszieren. In Deutschland wird man Ausnahmegesetze machen, sobald der Kaiser mit dem Reichstag nicht mehr wirtschaften kann. In Österreich wird man sich vom Wiener Pöbel einschüchtern lassen und die Juden ausliefern. So wird man uns aus diesen Ländern verjagen und in den anderen, in die wir uns flüchten, erschlagen.“

Die dem „Schwarzen Freitag“ folgende Verschlechterung der Lage, das wachsende Heer der Arbeitslosen, die Krisenstimmung (die auch Stimmungsmache war) und die Krisenpolitik ließen in Deutschland den Glauben an den starken Mann – ein Nachklang des alten Obrigkeitsstaats, der psychisch nicht überwunden war – zu erschreckendem Durchbruch kommen. Hitler gelang es, diesen Glauben zu personifizieren. Damit wurde er auch für diejenigen interessant, die es eigentlich besser wußten, ihn aber – zynisch – für ihre Interessen in Dienst zu nehmen versuchten. Im Zentrum seines Denkens und Handelns stand der Jude (der Singular ist symptomatisch), der für alles Verhaßte einzustehen hatte. Hitler und seine Anhänger haben diese „Weltanschauung" (wie sie es nannten) nicht eigentlich erfunden; allenfalls haben sie neue Akzente gesetzt. Man glaubte, was die Nationalsozialisten vertraten, weil man es selber schon vorher ganz ähnlich gesehen oder gefühlt hatte.

Bei den Wahlen des Jahres 1930 schnellte die Zahl der Reichstagsmandate der NSDAP Adolf Hitlers von 12 auf 107 hoch. Die Juliwahl des Jahres 1932 brachte weitere Zugewinne – fast 38% der Wahlberechtigten gaben Hitler und seiner Partei ihre Stimme (ein Rückgang im November 1932 blieb Episode). Am 30. Januar 1933 berief Reichspräsident Hindenburg Adolf Hitler zum Reichskanzler. Nach erneuten Wahlen und nochmaligen Stimmgewinnen am 5. März 1933 wurden – eingeleitet durch einen Geschäftsboykott vom 1. April – die ersten Entrechtungsgesetze erlassen, zuerst das Gesetz „zur Wiederherstellung des Berufsbeamtentums".

Wie wenig sich selbst gemäßigte Kreise irritieren ließen, zeigt eine Äußerung des katholischen Erzbischofs von Breslau, Kardinal Bertram, der – anläßlich des Judenboykotts vom 1. April um Intervention gebeten – in einem Schreiben an die Erzbischöfe der anderen Kirchenprovinzen erklärte: „Meine Bedenken beziehen sich ... darauf, daß es sich um einen wirtschaftlichen Kampf in einem uns in kirchlicher Hinsicht nicht nahestehenden Interessenkreise handelt."

Von grundlegender Bedeutung waren die sogenannten Nürnberger Gesetze vom 15. September 1935: das „Reichsbürgergesetz", das Juden von der Reichsbürgerschaft ausschloß und für sie den Sonderstatus des (bloßen) Staatsangehörigen vorsah; und das „Gesetz zum Schutze des deutschen Blutes und der deutschen Ehre" gegen die sogenannte „Rassenschande".

In der Rückschau erscheinen die Jahre bis zur „Kristallnacht" vom 9. November 1938, in der gegen 100 Juden ermordet und viele verschleppt wurden, zahllose Synagogen zerstört und jüdische Geschäfte demoliert wurden, als eine Zeit des Übergangs, in der sich Schlimmeres anbahnte. Die Juden Deutschlands rückten in Reaktion auf die wachsende Entrechtung näher zusammen. Die zionistische Organisation erlebte einen bis dahin nicht gekannten Aufschwung. Jetzt, da das Vorgehen der Nationalsozialisten keine realistische Alternative zur zionistischen Politik mehr zuließ und die Dringlichkeit, ja Notwendigkeit einer jüdischen Heimstätte immer augenfälliger wurde, mußte notwendig auch die Frage der Durchsetzbarkeit der Ziele des Zionismus in anderem Lichte erscheinen.

Von 1932 bis 1939 kamen insgesamt 265 000 Neuankömmlinge nach Palästina. Erst mit dieser Erhöhung der Gesamtzahl der Juden auf 445 000, d.h. auf 30% der Gesamtbevölkerung Palästinas, waren die notwendigen personellen und finanziellen Ressourcen zur Gründung eines jüdischen Gemeinwesens wirklich gegeben.

In Europa schritt unterdessen die Entwicklung mit erschreckender Unaufhaltsamkeit fort. Über die anfänglich mehr oder weniger verbreitete Auffassung, die endgültige Lösung der sogenannten „Judenfrage" könne und solle in der Aussiedlung, d.h. in der Vertreibung der Juden bestehen, ging die Zeit hinweg. Für die letzte Wendung der nationalsozialistischen Judenpolitik, für die „Durchführung" dessen, was viele Nichtnationalsozialisten vielleicht allzu lange als verbale Kraftmeierei aufgefaßt haben mochten, weil es unfaßbar war, waren die Jahre 1938/39 von ausschlaggebender Bedeutung. Nicht erst bei Kriegsbeginn, sondern bereits Anfang 1939 scheint freilich die Marschroute festgelegen zu haben. Wahrscheinlich ermutigt durch die im ganzen doch mäßige Reaktion des Inlands wie des Auslands auf die Ereignisse der „Reichskristallnacht", erklärte Hitler in einer Reichstagsrede vom 30. Januar 1939: „Wenn es dem internationalen Finanzjudentum inner- und außerhalb Europas gelingen sollte, die Völker noch einmal in einen Weltkrieg zu stürzen, dann wird das Ergebnis nicht die Bolschewisierung der Erde und damit der Sieg des Judentums sein, sondern die Vernichtung der jüdischen Rasse in Europa."

Der Beginn des Krieges und die rasche Besetzung Polens im September/Oktober 1939 brachte über zwei Millionen polnischer Juden unter deutsche Kontrolle. Schon von Anfang an wurden Juden verfolgt und getötet. Zugleich wurden die ersten Vorbereitungen für ein grundsätzlicheres, radikaleres Vorgehen getroffen. Schon im Winter 1939/40 liefen Umsiedlungstransporte aus Österreich und dem Protektorat Böhmen und Mähren nach Polen an. Wenig später wurde der Terminus „Umsiedlung" zum Synonym für Vernichtung. Beginnend mit Lodz im Februar 1940 und Warschau im November 1940, richtete man in verschiedenen polnischen Städten Ghettos ein. Zuvor war – im November 1939 – das Tragen des gelben Sterns vorgeschrieben worden; im Reich wurde diese Vorschrift später erlassen, im September 1941.

Mit dem Rußlandfeldzug im Juni 1941 begann die Massenvernichtung der Juden. Heydrich stellte im Mai 1941 vier Einsatzgruppen von insgesamt 3000 Mann zusammen, die den Führerbefehl erhielten, kommunistische Funktionäre, Juden, Zigeuner, Saboteure und Agenten ohne weiteres Verfahren „hinzurichten". Die Einheiten drangen mit den regulären Truppen in Rußland ein und hielten furchtbare Nachlese, nicht zuletzt unter den vielfach uninformierten russischen Juden. Und so meldete man die Ausführung des Befehls: „Arbeitsbereich der Teilkommandos vor allem in kleineren Orten judenfrei gemacht. In der Berichtszeit wurden 3176 Juden, 85 Partisanen, 12 Plünderer, 122 kommunistische Funktionäre erschossen." Oder: „Von den übrigen 30000 wurden etwa 10000 erschossen." Wer den Einsatzgruppen entging, fiel den Verbänden der höheren SS- und Polizeiführer anheim, die ähnliche Aufträge hatten. Der ersten Vernichtungswelle folgte Anfang des nächsten Jahres eine weitere nach.

Am 20. Januar 1942 fand die Wannsee-Konferenz statt, an der Vertreter des Innen- und des Justiz-Ministeriums, des Auswärtigen Amtes, des Ministeriums für die besetzten Ostgebiete, der Partei und der Reichskanzlei teilnahmen, um über die sogenannte „Endlösung der Judenfrage" zusammenfassend zu beraten. Ihr Programm war die vorläufige Konzentration der Juden in Ghettos, die natürliche Verminderung durch Arbeitseinsatz und schließlich die systematische Ausrottung. In dieser Phase ging es darum, die Todesquoten um ein Vielfaches zu erhöhen. Ein Großteil der Juden Polens und des nördlichen und westlichen Europas, das ja inzwischen ebenfalls weitgehend zum nationalsozialistischen Kontrollbereich gehörte, war noch am Leben. Ab Ende 1941 erfolgten von überall umfangreiche Deportationen – nach Osten.

Der Widerstand der nichtjüdischen Bevölkerung hielt sich in Grenzen. Private Hilfeleistung hat es jedoch bis zuletzt gegeben, in den andern europäischen Ländern anscheinend mehr als in Deutschland. In Dänemark ist es zum Beispiel gelungen, die rund 7000 Juden des Landes nach Schweden einzuschiffen und so vor der drohenden Deportation zu bewahren. Die Betroffenen selbst waren machtlos. Im Warschauer Ghetto gelang es jedoch, einen Widerstand zu organisieren und Waffen herbeizuschaffen. In hoffnungsloser Lage und mit heldenmütigem Einsatz erhob sich am 18. Januar 1943 die Gegenwehr – zum Scheitern verurteilt; doch erst nach erbitterten Kämpfen.

In den Lagern des Massenmordes, den Todeslagern (besonders in Polen), die mit den Konzentrationslagern des Nationalsozialismus nur mehr wenig gemeinsam hatten, vernichteten Menschen millionenfach wehrlose Menschen, vergasten sie in einem technisierten Prozeß: Gegen alle moralische Vernunft; selbst gegen allen Zynismus wirtschaftlicher und militärischer Vernunft. Auf Anfrage hieß es: „Wirtschaftliche Belange sollen bei der Regelung des Problems grundsätzlich unberücksichtigt bleiben."

Die Namen der Todeslager Chelmno und Belzec, Sobibor und Treblinka, Majdanek und Auschwitz mit Birkenau sind zu Mahnmalen verlorener Menschlichkeit geworden.

Als nach dem Winter von 1941/42 und der Schlacht von Stalingrad die deutsche Niederlage sich abzuzeichnen begann, erfuhr der „Vernichtungsbetrieb" sogar noch eine hektische Steigerung. Hitler und seinen Anhängern ging es um mehr als um Sieg oder Niederlage gegenüber dem militärischen Feind; es ging um den Feind schlechthin, den letztlich entscheidenden Feind, ohne dessen Niederwerfung ein Sieg nicht zu denken war, dessen Vernichtung dagegen den Sieg noch in der Niederlage bedeutete. Erwies sich schon der Versuch der Zerstörung Europas – wie es anders nicht zu erwarten war – als Selbstzerstörung, so sollte doch wenigstens die Hauptaufgabe erfüllt werden, sollte die Befreiung der Welt von der jüdischen „Gegenwelt des Bösen“ soweit wie möglich durchgesetzt werden. Das sogenannte Testament Adolf Hitlers, am 29. April 1945 vor seinem Selbstmord diktiert, enthält die erschrekkenden Sätze: „Vor allem aber verpflichte ich die Führung der Nation und die Gefolgschaft zur peinlichen Einhaltung der Rassengesetze und zum unbarmherzigen Widerstand gegen die Weltvergifter aller Völker, das internationale Judentum.“

Nach dieser unermeßlichen und unbegreiflichen Katastrophe konnte die Frage nach einer „nationalen Heimstätte für das jüdische Volk“ – die bis dahin auch unter Juden umstritten war – aus jüdischer Sicht keine Frage mehr sein. Die Schrecken der jüngsten Vergangenheit hatten die Antwort gegeben. Die Entwicklung der folgenden Jahre war hieraus nur die Konsequenz. Allein in Deutschland hatten sich bis 1946 gegen 200 000 jüdische Flüchtlinge eingefunden, die zumeist wohl auf die Auswanderung nach Palästina warteten – um als Juden unter Juden Ruhe zu finden.

Die Immigration ist erfolgt, wenn auch in den ersten Jahren vor allem illegal und in unzureichendem Maße. Erst die Gründung des Staats Israel änderte dies. Zur Staatsgründung kam es am 14. Mai 1948; verkündet wurde sie durch David Ben Gurion, den ersten Regierungschef. Die Unabhängigkeitserklärung schließt mit den Sätzen: „Im Vertrauen auf den Allmächtigen setzen wir in dieser Sitzung des Vorläufigen Staatsrates auf heimischem Boden in der Stadt Tel Aviv an diesem Vorabend des Sabbat, dem 5. Ijjar 5708 (nach jüdischer Zählung) unsere Unterschriften unter diese Proklamation.“

Dem Akt der Staatsgründung waren blutige Ereignisse vorausgegangen und folgten blutige Ereignisse. Mit der zunehmenden Einwanderung hatte sich der arabisch-jüdische Gegensatz verschärft, besonders als in den dreißiger Jahren sich erstmals abzuzeichnen begann, daß die Juden einmal die Mehrheit im Lande bilden könnten. Nach ersten schweren Unruhen im August 1929 (zunächst in Jerusalem, dann auch in anderen Städten) war es im April 1936, von Tel Aviv ausgehend, auf breiter Basis zum offenen arabischen Aufruhr gekommen. Die Feindseligkeiten hielten bis Ende

1938 an; 2287 Araber, 450 Juden und 140 Engländer fielen ihnen zum Opfer. Diese Ereignisse führten aller Welt die Unversöhnlichkeit der Gegensätze überdeutlich vor Augen.

In der Zeit der UNO-Empfehlung vom 29. November 1947 zur Teilung Palästinas, in ein arabisches und ein jüdisches Territorium, weiteten sich die arabisch-jüdischen Feindseligkeiten zum Bürgerkrieg aus. In der Nacht nach der Staatsgründung griffen zudem die regulären Truppen der arabischen Nachbarstaaten in die Kämpfe ein. Die israelische Armee konnte sich jedoch behaupten, zum Teil sogar die Grenzen des kontrollierten Territoriums – gegenüber den Grenzen des Teilungsplans – vorverlegen. Doch hat dieser Krieg – der als Unabhängigkeitskrieg in die israelische Geschichtsschreibung eingegangen ist – seine Hypothek: die palästinensischen Flüchtlinge. Nach Schätzungen der UNO von 1948 waren es um 500000, nach arabischen Schätzungen wesentlich mehr; außerdem nahm ihre Zahl in der Folgezeit zu. Die palästinensischen Flüchtlinge wurden zum ständigen Problem, das auch das innerstaatliche Verhältnis zwischen den nunmehr minoritären Arabern und den Juden belasten mußte.

Auch mit den arabischen Staaten wurde kein Ausgleich gefunden. So folgten weitere Kriege: 1956 der Sinai-Feldzug, 1967 der Sechs-Tage-Krieg, 1973 der Jom-Kippur-Krieg (so genannt, weil die Feindseligkeiten am Jom Kippur, dem jüdischen Versöhnungsfest, begannen). Gerade der letzte Krieg mit seinem für Israel ungünstigen Ausgang machte deutlich, daß es eine Alternative zum Frieden – zu einem Verständigungsfrieden – nicht gibt, auch in Hinsicht auf die Wirtschaft des Landes. Der Zwang zur Wahrung des militärischen Übergewichts ist für den letztlich doch kleinen Staat eine fast zerstörerische Belastung.

Die innere Situation wird nicht zuletzt durch ein immenses Bevölkerungswachstum bestimmt. Die 1948 geöffneten Grenzen wurden bis Ende 1951 von 685000 jüdischen Einwanderern überschritten, so daß sich der Jischuv (die jüdische Einwohnerschaft des Landes) von 650000 auf 1350000 vergrößerte. Ein weiterer größerer Schub – nicht zuletzt von Juden aus arabischen Ländern – folgte nach dem Sinai-Feldzug. Heute leben in Israel mehr als

3000000 Juden; Ein- und Auswanderung halten sich in etwa die Waage.

Die jüdische Gesellschaft des Landes ist von einer kulturell fruchtbaren, aber auch sozial schwierigen Vielfalt; das ist eine Folge der Einwanderung von Gruppen aller Größenordnungen aus ethnisch, kulturell und gesellschaftlich unterschiedlichsten Ländern. An die Stelle des alten europäischen Gegensatzes zwischen Westjuden und Ostjuden ist der Gegensatz zwischen europäischen und nichteuropäischen Juden (speziell aus islamischen Ländern) getreten.

Das lange Jahre hindurch rasche Bevölkerungswachstum und die gefährdete Lage inmitten feindlicher Staaten zwang zu enormen Aufbauleistungen. Das ist in erster Linie das Werk der Bevölkerung des Landes und wurde durch ausländisches Kapital – durch private Investitionen, durch Zuwendungen der Vereinigten Staaten, durch deutsche Reparations-Zahlungen – ermöglicht. Auf dem landwirtschaftlichen Sektor haben insbesondere die genossenschaftlichen Siedlungen, Kibbuzim genannt, weltweite Beachtung gefunden. Zu Zentren einer sozialistischen Umgestaltung von Staat und Gesellschaft sind sie freilich nicht geworden.

Israel ist eine parlamentarisch-demokratische Republik, in der lange Zeit die sozialdemokratische Mapai-Partei ein relatives Übergewicht hatte. Seit 1977 bestimmt der Likud-Block – eine konservativ-nationalistische Parteiengruppierung, mit Menahem Begin an der Spitze – die Politik. Eine der stärksten gesellschaftlichen Kräfte ist die Gewerkschaft, die Histadrut, die zugleich als Interessenvertreter der Arbeiter und als landwirtschaftlicher und industrieller Unternehmer großen Stils auftritt.

Komplex und nicht unproblematisch ist das Verhältnis zwischen Staat und Religion, da Israel als (betont) jüdischer Staat eine wirkliche Trennung der beiden Bereiche (analog der Trennung von Staat und Kirche) nicht kennt. Die institutionell entscheidende religiöse Gruppierung ist die Orthodoxie, das Personenstandswesen nicht eine staatliche (im engeren Sinne), sondern sozusagen „synagogale“ Angelegenheit; es wird vom orthodoxen Rabbinat kontrolliert. Auch üben die religiösen Parteien als meist unvermeidliche Koalitionspartner einen ihren Anteil an Wählerstimmen (um 15%) weit übertreffenden Einfluß aus.

In der Gründungs- und Aufbauphase war Israel ein Staat von vitaler Kraft, ein explosiver Ausbruch menschlichen Überlebenswillens. Seine Zukunft liegt im Frieden. Der Frieden mit Ägypten ist ein Anfang und ein Zeichen, das hoffen läßt. Rückschläge sind freilich unvermeidlich, auch solche, die, aus der Ferne gesehen, weniger in Sachzwängen als in freien politischen Entscheidungen begründet zu sein scheinen. So sehr der Frieden nur das Ergebnis nicht planloser, wohl aber kreativer Kompromißfähigkeit sein kann, so wenig ist dazu – von außen – der Druck einer Distanzierung dienlich, deren Grenzen letztlich im Dunkeln bleiben.

Was nottut, ist vielmehr kritische Identifizierung – aus der die palästinensischen Araber nicht auszuschließen sind. Nur so kann die Integration dieses Staates, der eine geschichtliche Notwendigkeit darstellt, in seinen geographischen Raum gelingen – eine dem moralischen Postulat nach keineswegs offene Zukunft, auf die wir als Deutsche besonders verpflichtet sind.

Jürgen Thorwald

Die Juden in Amerika

Ein Gespräch mit Hans Heinz Holz

Holz: Herr Thorwald, Sie dürfen nach der Publikation ihres Buches über die Geschichte der amerikanischen Juden wohl als einer der besten Kenner dieses wichtigen Teils der neueren jüdischen Geschichte gelten. Aus dem reichen von Ihnen zusammengetragenen und erforschten Material können nicht nur Historiker, sondern auch die soziologischen und die hermeneutischen Interpreten der Geistesgeschichte viel lernen. Sie selbst halten sich in diesem Werk, dem ja ein zweiter Band folgen soll, mit Deutungen eher zurück; es kommt Ihnen auf die Erschließung des Schicksals einer menschlichen Gemeinschaft oder Gruppe an. Natürlich drängt sich für den Geschichts- und Kulturphilosophen die Frage nach den strukturellen Wesensmerkmalen des amerikanischen Judentums und seiner Bedeutung für die Entwicklung des Judentums überhaupt auf, ich möchte darauf zurückkommen. Zunächst werden wir wohl mit den Anfängen beginnen müssen.

Die jüdische Einwanderung nach den Vereinigten Staaten ist relativ neuen Datums. Bis etwa 1800 mag es zwischen fünf- und zehntausend Juden in Nordamerika gegeben haben. 1880 waren es etwa eine Viertelmillion, 1920 waren es schon zweieinhalb Millionen oder mehr. Das bedeutet natürlich, daß sehr unterschiedliche Gruppen von Juden in dieser Zeit nach Amerika gekommen sind, was vermutlich doch auf die Heterogenität oder Homogenität des amerikanischen Judentums einen entscheidenden Einfluß ausgeübt hat. Könnten Sie uns die Einwandererwellen, die in verschiedenen Phasen nach den Vereinigten Staaten gekommen sind, ein wenig charakterisieren?

Thorwald: Die ersten Einwanderer, dreiundzwanzig an der Zahl, trafen 1654 ein. Es gibt Vermutungen über jüdische Reisende, Kaufleute, Abenteurer, die schon vorher den Atlantik überquerten. Aber gemeinhin gelten die dreiundzwanzig Männer, Frauen und Kinder, die 1654 in Neu-Amsterdam, dem späteren New York, das damals eine holländische Kolonie im noch britischen kolonialen Amerika war, an Land gingen, als die ersten jüdischen Immigranten. Sie waren Sefardim, also Juden mittelmeerischen Ursprungs, deren Vorfahren 1492 aus Spanien vertrieben worden waren. Die Flüchtlinge hatten sich in Südamerika niedergelassen. Ihre Nachfahren wurden von Portugiesen aus Brasilien ausgewiesen, und während die große Mehrzahl sich nach Holland einschiffte, gelangten die „ersten Dreiundzwanzig" durch Zufall nach Nordamerika. Ihr Schiff wurde von Piraten gekapert, aber von einem französischen Kapitän de la Motthe befreit. De la Motthe setzte sie in Erwartung einer hohen Prämie in Neu-Amsterdam an Land und beschlagnahmte ihre Habe, als sie nicht über genügend Geld verfügten. So nahm die Geschichte der Juden in Amerika ihren Anfang. Sie behielt auch nach der Landung dramatische Züge, weil die Neuankömmlinge dem Gouverneur von Neu-Amsterdam, Peter Stuyvesant, als „Feinde Christi" höchst unwillkommen waren.

Die zweite, nun wesentlich größere Einwanderungswelle kam aus Deutschland. Sie begann um 1830 und umfaßte alles in allem etwa zweihundertundfünfzigtausend Menschen. Diese teilten sich in verschiedene Gruppen. Die überwiegende Mehrheit gehörte zu den west- und mitteleuropäischen Juden, denen seit den Tagen der französischen Revolution das Ende ihrer Ghetto-Zeit und die bürgerliche Gleichberechtigung versprochen worden war. Diese Gleichberechtigung oder Emanzipation war in den damaligen deutschen Ländern nur langsam und auf sehr verschiedene Weise in Gang gekommen. Vor allem in Ländern wie Bayern blieben scharfe Restriktionen wie Heiratsverbote, Einschränkung von Wohnrechten und Berufsausübung, erhalten. Die Amerika-Einwanderer waren vorwiegend süddeutscher Herkunft.

Zu ihnen gesellte sich 1848 nach den mehr oder weniger gescheiterten liberalen Bewegungen in Mitteleuropa eine andere Gruppe. Es handelte sich vor allem um politisch engagierte Juden, die davon geträumt hatten, liberal-demokratische Revolutionen würden eine neue europäische Welt schaffen, in der die bürgerliche jüdische Gleichberechtigung eine Selbstverständlichkeit sein würde. Sie zogen nun nach Amerika, weil sie dort eine schnellere Verwirklichung ihrer Träume erhofften.

Zu ihnen gehörte beispielsweise ein Mann, der später als einer der ersten Obersten Bundesrichter der Vereinigten Staaten eine bedeutende Rolle in den Anfängen einer amerikanischen Sozialgesetzgebung, aber auch bei der Entwicklung einer amerikanischen Form des Zionismus spielte: Louis Brandeis.

Diese Einwanderung endete 1871 nach der Begründung des deutschen Kaiserreiches, als die jüdische Emanzipation in Deutschland schnellere Fortschritte machte und Deutschland schließlich für rund fünfzig Jahre zu einem Lande werden ließ, in dem nicht nur der jüdische geistige Vater der Emanzipation, Moses Mendelssohn, geboren worden war, sondern in dem sich auch der große, am Ende durch Gewalt und Mord zerstörte Prozeß einer jüdisch-deutschen Symbiose vollzog.

Etwa zehn Jahre später, 1881, wurde die deutsch-jüdische durch eine weit größere Immigration abgelöst, die aus dem zaristischen Rußland kam. Zwischen 1881 und 1924, in einer Zeit, in der die Tore Amerikas für Einwanderer noch weit geöffnet waren, wanderten etwa zweieinhalb Millionen Juden vorwiegend aus den jüdischen Rayons (Wohngebieten) des zaristischen Polen ein. Hinzu kamen Juden aus Rumänien, also aus einem Land, dessen antijüdische Restriktionen den zaristischen entsprachen. Schließlich galizische Juden aus der österreichisch-ungarischen Monarchie, deren Toleranz gegenüber Juden unvergleichlich größer war als im übrigen Osteuropa. Doch Galizien war ein wirtschaftlich unterentwickeltes Land von eminenter Armut.

Der große Einwanderungszug dauerte bis 1924, als sich nicht nur die Grenzen der neuen Sowjetunion für Auswanderer schlossen. Auch amerikanische Parteien und Administrationen, besonders die republikanischen, bezogen Abwehrstellungen gegen eine unkontrollierte weitere Einwanderung. Es kam zu Einschränkungen der Immigration, die sich in erster Linie gegen Osteuropäer richteten, die den „weißen angelsächsischen Amerikanern" als Bedrohung ihrer eigenen Wesensart erschienen. Die Einschränkungen trugen deutlich antijüdische Züge und erhielten fünfzehn und zwanzig Jahre später tragische Bedeutung, als sie der Einwanderung zahlreicher jüdischer Flüchtlinge aus Europa den Weg versperrten.

Auf jeden Fall vollzog sich zwischen 1881 und 1924 die große osteuropäisch-jüdische Einwanderung nach Amerika, die zur Folge hatte, daß heute zwischen achtzig bis neunzig Prozent des amerikanischen Judentums osteuropäische Wurzeln hat.

Auf die große Immigration aus Osteuropa folgten zwischen 1933 und 1939 andere Einwanderungen nach Amerika, zunächst vor allem aus dem Deutschland und Österreich der Hitler-Ära, dann aus den von Deutschland unmittelbar bedrohten und später besetzten Ländern Westeuropas. Es handelte sich dabei um einen viel komplexeren Vorgang, als es im grob simplifizierenden Rückblick der Nachkriegsjahre aussah. Die Auswanderung vollzog sich in verschiedenartigen Wellen je nach dem Entwicklungsgrad der antijüdischen deutschen Aktionen. Ihre Details sind bis heute noch nicht vollständig erforscht. Die Einwanderung in die Vereinigten Staaten (ohne Kanada, Mittel- und Südamerika) blieb zahlenmäßig gering. Ihr standen nicht nur die Einwanderungsbeschränkungen entgegen, die bis 1945 und auch später nicht grundsätzlich geändert wurden. Auch die Arbeitslosigkeit in den Vereinigten Staaten spielte ihre Rolle. Sie erzeugte eine Anti-Immigrationsstimmung, und diese Stimmung verknüpfte sich mit Zügen amerikanischen Antijudentums, die sich bis weit in den Zweiten Weltkrieg hinein in Meinungsumfragen niederschlugen. Wenn man den Umfragen vertraute, waren große Teile der amerikanischen Bevölkerung der Ansicht, daß die bis dahin bekanntgewordenen antijüdischen Aktionen in Deutschland und dem besetzten Europa zu hart oder ungesetzlich seien, daß Juden aber zuviel Macht besäßen und selber ihr Schicksal verschuldeten. Während der Hitler-Ära von 1933 bis 1944 nahmen die Vereinigten Staaten zweihundertfünfzig- bis dreihunderttausend Flüchtlinge aus Europa auf. Darunter befanden sich einhundertdreißigtausend deutsche und österreichische Juden sowie dreißigtausend Juden aus dem übrigen Europa.

Die deutsch-jüdische Einwanderung war nicht zuletzt eine Bildungs-Einwanderung, für die oft Ausnahmeregeln galten – eine Bildungs-Einwanderung, durch die das bis dahin wenig entwickelte amerikanische Geistesleben entweder sofort oder später entscheidende Impulse erfuhr.

Zwischen dem Ende des Zweiten Weltkrieges und heute folgten mehrere sehr verschiedenartige Einwanderungsbewegungen. Zunächst ging es vor allem um die Einwanderung von Juden, die den am Ende herostratischen Versuch der Hitler-Ära überlebt hatten, alle erreichbaren Juden Europas mit oder ohne Unterstützung der verbündeten oder besetzten Länder in den nach 1939 eroberten polnischen und sowjetischen Gebieten entweder durch mobile Vernichtungskommandos zu töten oder in Ghettos und Lagern zu konzentrieren und in einer monströsen Aktion zu ermorden, die etwa ein Jahrzehnt nach den Ereignissen die Bezeichnung „Holocaust" erhielt. In Sammel- und Durchgangslagern auf deutschem Boden trafen sich 1945/46 nicht nur Überlebende der sechs deutschen Vernichtungslager für Juden, die auf polnischem Boden in Auschwitz, Sobibor, Majdanek, Chelmno, Treblinka, Belzec errichtet worden waren, oder Überlebende jüdischer Gruppen, die der Mordprozeß aus bürokratischen oder diplomatischen Gründen noch nicht verschlungen hatte. Hinzu kam eine ungleich größere Zahl, die vor den deutschen Eroberungszügen im Osten in die Tiefe der Sowjetunion geflüchtet war, nun aus der nicht besonders gastlichen sowjetischen Welt zurückkehrte, in Polen auch nach dem Ende der deutschen Besetzung auf antijüdische Feindseligkeit und Pogrome stieß und aus der Welt des Entsetzens in das noch britisch verwaltete Palästina oder nach Amerika zu gelangen suchte – letzteres oft gegen den Widerstand zionistischer Vertreter in den Durchgangslagern.

Diejenigen, die nach Amerika kamen, fanden offenere Türen als ihre Vorgänger. Umrisse und auch Details des Holocaust waren zwar amerikanischen Regierungsstellen seit 1942 bekannt. Aber die große Öffentlichkeit hatte einzelnen Presseberichten kaum Beachtung geschenkt. Die ersten Enthüllungen von 1945 führten zu einer Änderung der psychologischen Grundsituation. Beklemmung über die geringe eigene Beachtung des jüdischen Schicksals in Europa rückte auch überlieferte antijüdische Empfindungen in den Bereich des Verbrecherischen. Die Folge war nicht nur die tiefgreifende Änderung der Grundhaltung gegenüber dem Judentum. Auch die Einwanderung erfuhr Erleichterungen.

Sie ermöglichten die jüngsten Einwanderungsbewegungen, das heißt die jüdische Einwanderung aus Israel und aus der Sowjetunion, die in dem Jahrzehnt nach 1970 begann. Auch hier bewegen wir uns noch auf unzulänglich erforschtem Boden. Das gilt insbesondere für die Einwanderung aus Israel, die der großen zionistischen Urvision vom jüdischen Staat als Zuflucht und Heimat aller Juden scheinbar widerspricht und eine merkwürdige doppelte Funktion Amerikas sichtbar macht. Einmal als Land, das 1947/48 eine entscheidende Rolle bei der Entstehung Israels spielte, zum anderen als Magnet, der seit wenigstens einhundertundsiebzig Jahren die größte Anziehungskraft auf jüdische Auswanderer aus den verschiedensten Teilen der Welt ausgeübt hat.

Die Zahlen der israelischen Auswanderer nach Amerika beruhen mehr auf Schätzungen als auf statistischer Berechnung. Sie bewegen sich um dreihunderttausend. Genauen Berechnungen steht auf der einen Seite ein verletzter Stolz des jüdischen Staates entgegen, dessen Visionäre unübersehbare Ströme jüdischer Einwanderer erwarteten und nun auch eingeborene Kinder ihres Landes aus wirtschaftlichen und anderen Gründen nach Amerika ziehen sahen. Ihnen steht auch die Distanz entgegen, die sich zwischen israelischen Einwanderern und jüdischen Amerikanern auftut, für die Israel nach dem Holocaust trotz innerer Verschiedenheiten und Reibungspunkte zum Symbol jüdischer Identität und jüdischen Überlebens wurde. Die Kluft ist gleichzeitig die Folge der verschiedenen Umwelten, in denen amerikanisches Judentum und israelisches Judentum sich entwickelt haben. Aber davon wird noch die Rede sein.

Wenn man von geringfügigen Einwanderungen aus dem Iran oder aus Syrien absieht, bleibt schließlich die jüdisch-sowjetische

Immigration, die in einem gewissen Zusammenhang mit der israelischen steht, weil sich hier von neuem die magnetische Anziehungskraft Amerikas und der jüdisch-amerikanischen Welt verrät, zu der Israel in eine schicksalhafte Konkurrenz geraten ist. Nach einer anfänglichen großen Israel-Bewegung von mehr als hunderttausend Juden, die die Sowjetunion im Zeichen sowjetisch-amerikanischer Entspannungsübungen verlassen konnten, vollzog sich eine Wandlung. Die echten oder scheinbaren wirtschaftlichen, politischen und militärischen Überlebensprobleme Israels führten dazu, daß im letzten Jahr rund achtzig Prozent der Juden, die mit Visen für Israel aus der Sowjetunion auswanderten, mit Hilfe jüdisch-amerikanischer Organisationen direkt nach Amerika reisten, wo man heute ganze sowjet-jüdische Kolonien wie etwa Brighton Beach finden kann. Es handelt sich um Durchgangsstationen zu den Höhen und Tiefen amerikanischen Lebens, so wie einmal die Lower East Side von New York eine Durchgangsstation für die große jüdisch-russische Einwanderung um die Jahrhundertwende war.

Das wäre der Versuch, aber nur der Versuch eines Überblicks.

H.: Die jüdischen Immigranten in den Vereinigten Staaten haben eine Atmosphäre, eine gesellschaftliche Lage vorgefunden, die ihnen sicher in höherem Maße als in jedem anderen Land die Möglichkeit der Integration und Assimilation bot. Wenn ich recht sehe, haben sich auch von diesen Einwanderungswellen, die Sie jetzt beschrieben haben, immer wieder große Teile in das amerikanische Leben integriert. Von den frühen Wellen der ersten sefardischen Einwanderung ist, so glaube ich, heute überhaupt nichts mehr als jüdisch zu verspüren. Aber auch aus den Einwanderungswellen im neunzehnten Jahrhundert hat sich vieles assimiliert. Wie erklären Sie sich, daß ungeachtet dieser Assimilationsmöglichkeiten und einer großen Assimilationsbereitschaft, die offenbar bei den Juden vorhanden war, sich so etwas wie eine jüdische Minorität in den Vereinigten Staaten herauskristallisiert hat?

Th.: Das ist ein sehr komplexes Thema, das man mit wenigen Worten nicht umreißen kann. Um auf Ihren letzten Satz einzugehen: Es ist natürlich so, daß seitens amerikanischer Politiker die

Gruppe der Juden, die heute etwa 5,8 Millionen Menschen zählt, als ethnische Gruppe im Sinne ihrer Wahlpotenz oder ihrer politischen Bedeutung durch Wahlspenden oder wirtschaftlich-politischen Einfluß gewertet wird. In Wahrheit sind die Dinge viel komplizierter.

Die sogenannte jüdische Assimilation in Amerika oder die Emanzipation, die Anpassung an die amerikanische Lebenswelt waren von Einwanderungsgruppe zu Einwanderungsgruppe verschieden. Die erste Einwanderung der Sefardim vollzog sich in ein koloniales Amerika, das noch von England beherrscht war. Die Deutschen gelangten schon in die Vereinigten Staaten. Sie fanden eine Verfassung vor, in der die absolute Gleichberechtigung aller Bürger, ohne Rücksicht auf Herkunft oder Religion, verankert war. Man darf dabei aber nicht übersehen, daß es in Amerika – wie schon erwähnt – nicht nur Aversionen gegen nicht angelsächsische Völker wie Italiener oder Polen oder nicht-protestantische Religionen wie den Katholizismus, sondern auch gegen jüdische Einwanderer und die jüdische Minderheit gab. Der Unterschied gegenüber der Situation in Europa und Deutschland bestand darin, daß das Anti-Judentum nur in wenigen Ausnahmefällen offiziellen Charakter hatte, und eine Art „privater Inquisition" blieb.

Die Aversionen erreichten einen Höhepunkt zur Zeit der russisch-jüdischen Einwanderung. Sie hatte, wie manchmal gesagt worden ist, bis in die Bekleidung der Immigranten hinein ein zuweilen mittelalterliches Gepräge, das nicht nur für Amerikaner fremdartig war. Es erzeugte auch unter den vorher angekommenen deutsch-jüdischen Einwanderern, die sich inzwischen schon angepaßt hatten, Abwehrreaktionen der verschiedensten Art. Sie waren unter osteuropäischen Juden noch nicht vergessen, als während der Hitler-Ära deutsche Juden aus einer späteren Generation Zuflucht in Amerika suchten. Hier spielen unendlich viele menschliche Momente, Ängste, Sorgen um die eigene Zukunft eine Rolle.

H.: Sie sprechen davon, daß die Juden in den Vereinigten Staaten als eine ethnische Minderheit betrachtet werden. Nun wissen wir ja, daß es kein ethnisch-homogenes Judentum gibt und daß man eigentlich den Juden nur durch die Zugehörigkeit zur Religionsgemeinschaft als Juden identifizieren kann. Aber auch dieses Klassifikationsmerkmal scheint in mancher Hinsicht fragwürdig. Zum einen gibt es zwischen Orthodoxen und Liberalen im religiösen Judentum große Differenzen und zum mindesten eine solche Spannbreite, wie wir sie auch aus anderen Religionsgemeinschaften kennen. Zum zweiten aber – und das scheint mir noch wichtiger – gibt es natürlich auch „Juden", die säkularisiert und areligiös sind, und andere, die zum christlichen Glauben der einen oder anderen Konfession übergetreten sind; und diese gehören doch immer noch irgenwie zum Judentum. Es geht also offenbar nicht an, das Jüdischsein mit dem Hinweis auf eine religiöse Einheit zu definieren.

Eher schon könnte man davon ausgehen, daß den Juden ein gemeinsamer Bezug eignet auf eine lang zurückliegende Geschichte, die im Alten Testament ihre kanonische Darstellung gefunden hat; und daß die Verlängerung dieser Geschichte überall in der Welt zu analogen Situationen der Diaspora und des Gettos mit Diskriminationen und zeitweiligen Verfolgungen führte. Im Hinblick auf den biblischen Kern des geschichtlichen Selbstverständnisses habe ich – anläßlich der Monumenta Judaica – einmal in bewußter Entgegensetzung zum anti-mythologischen Charakter der jüdischen Religion von einem mythischen Zentrum des jüdischen Geistes gesprochen. Die Verbindlichkeit dieses Schrift gewordenen Mythos ist ja so groß, daß er keine originäre weltanschauliche Neuschöpfung mehr zuläßt, sondern Tradition wie Erneuerung sich in der literarischen Form des Kommentars äußern müssen, wie Gerschom Scholem in einem brillanten Aufsatz gezeigt hat.

Das Jüdische an den Juden Amerikas läßt sich also sicher nicht durch eine ethnische Zuordnung erfassen, sondern ist eher (wie überhaupt) von der Kategorie Erinnerung her zu deuten.

Th.: Allein die große Zahl jüdischer Untersuchungen über das Problem der jüdischen Identität, die in Amerika erschienen sind, verrät die Problematik dieser Frage. Nichtjuden können nur schwer darüber befinden.

Die orthodoxen Juden, bei denen eine sichere religiöse Identifizierung gegeben ist, machen nur fünf oder vielleicht zehn Prozent der jüdischen Bevölkerung Amerikas aus. Europäische Kameraleute fotografieren mit Vorliebe für das Pittoreske die Chassidim der Lubavitch-Gemeinde im New Yorker Crown Heights oder andere orthodoxe Juden in Williamsburg oder Boro Park. Sie tragen damit zur Verzerrung des Gesamtbildes bei, in dem die nicht mehr gläubigen oder nicht mehr praktizierenden Juden die noch gläubigen oder praktizierenden, zu denen außer Orthodoxen auch Konservative oder Reform-Juden zu rechnen sind, weit übertreffen. Dies gilt sicher auch, wenn man ungezählte Abstufungen zwischen Praktizierenden und Nichtpraktizierenden berücksichtigt.

Eine Definition, die von rassischen Begriffen ausgeht, wird von ernsthaften Soziologen angesichts der rassischen Vielgesichtigkeit innerhalb des Judentums, die ja bis zu den äthiopischen Falasha-Juden reicht, abgelehnt. Die nationalsozialistische Rassendefinition diskreditierte sich selbst, indem sie in Wahrheit Register über Religionszugehörigkeit und Taufe zur Identifizierung von Juden oder Nichtjuden benutzte. Felix Frankfurter, neben Louis Brandeis einer der wenigen jüdischen Obersten Bundesrichter Amerikas, löste das Problem in einem Gespräch mit dem jüdisch geborenen, aber sicherlich nicht jüdisch-bekennerischen Journalisten Walter Lippman mit den Worten: „Ein Jude ist jemand, den Nichtjuden dafür halten." Das richtete sich gegen die zahlreichen Juden, die völlig in der amerikanischen Umwelt aufzugehen suchten und aufgingen, aber von dieser Umwelt noch lange als jüdisch betrachtet wurden. Es galt besonders dem 1965 verstorbenen Wallstreet-Makler Bernard Baruch, der für die antijüdische Propaganda nicht nur der Hitler-Ära mit ihrem Mangel an Gefühl für Unterschiede ein Prototyp jüdischer Macht in Amerika war, sich aber in Wahrheit allen jüdischen Interessen und Bekenntnissen gegenüber mehr als zurückhaltend verhielt. Frankfurters Definition entsprach seiner Neigung zur Selbstgerechtigkeit. Sie konnte nicht als Antwort auf die Definitionsfrage gelten.

Die Entwicklung zum Volk und die Deutung als Volk oder Nation gelten nur für Israel, nicht in der Diaspora.

Es gibt eine Erklärung, die zumindest mir einleuchtet. Sie betrachtet das Judentum als die Gemeinsamkeit einer Erinnerung, einer langen Erfahrung, die nicht immer, wie man es gerne darstellt, eine traurige oder schreckliche war, in der aber die Zeiten der Oppression überwogen.

Im Grunde gibt es keine rationelle Erklärung, sondern nur ein allumfassendes, oft „atmosphärisches", nicht in soziologische Begriffe faßbares Phänomen.

H.: Sie haben in Ihrem Buch über die Geschichte der amerikanischen Juden, von der bisher der erste Band unter dem Titel „Das Gewürz" erschienen ist, während ein Folgeband noch aussteht, zumindest für die frühe Entwicklung des Judentums in den USA zahlreiche Beispiele über den Zusammenhang gebracht, den die jüdischen Immigranten noch mit den Herkunftsländern, aus denen sie stammten, den jüdischen Gemeinden, jüdischen Verwandten oder jüdischen Freunden behalten haben. Sollte man annehmen, daß ein internationaler Zusammenhalt, ein quasi familiärer Zusammenhalt, dazu beigetragen hat, daß Juden sich als Juden von ihrer Umwelt abgegrenzt haben?

Th.: Mit der Vorstellung eines internationalen Zusammenhalts geraten wir leicht in die Nähe der Vorstellung von jüdischen übernationalen Weltbeziehungen oder Verschwörungen, die eine Komponente der Anti-Juden-Ideologien der verschiedensten Art waren und zuweilen auch wieder sind.

Wenn man zunächst einmal von Amerika absieht, gehört es zu den Phänomenen der jüdischen Geschichte, daß Zerrissenheit und Spaltung charakteristischer waren als Einigkeit. Das galt schon für die jüdische Frühgeschichte. Die Zerstreuung der Juden über das Mittelmeergebiet und später über andere Teile der Welt, die ja nicht mit den Eroberungen und der schließlichen Zerstörung Jerusalems, sondern schon lange vorher infolge Übervölkerung der altjüdischen Staatsgebilde begann, verschärfte die Neigung zur Uneinigkeit. Familientraditionen, religiöse und politische Bindungen an den Tempel in Jerusalem oder Handelsbeziehungen haben sicher in der Frühgeschichte Bindungen zwischen palästinischen, römischen, griechischen, spanischen, marokkanischen Juden erzeugt. Aber schon damals war die Vorstellung eines großen verschwörerischen jüdischen Blocks eine Legende. Die Millionen Juden der Diaspora verhinderten nicht, daß Jerusalem zerstört wurde. Ebenso wenig tat dies die damalige jüdische „Lobby" in Rom, die heute zuweilen mit der jüdischen „Lobby" in Amerika verglichen wird. Sofern sich Juden von ihrer jeweiligen Umwelt absonderten, lag das nicht nur an familiären, religiösen und sonstigen überregionalen Beziehungen, sondern auch an der Absonderung durch die Gegenseite, durch ihre Umwelt, in erster Linie durch das Christentum und später durch verschiedene Nationalismen und Rassismen.

Es gab kein wirksameres Mittel gegen das, was Sie internationalen Zusammenhalt nannten, als den Entwicklungsgrad der jüdischen Emanzipation in den verschiedenen Ländern und Nationen. Amerika war hier, trotz der erwähnten „privaten Inquisition", das führende Beispiel. Amerikanische Juden wurden in ihrer absoluten Mehrheit nur durch krasse antijüdische Aktionen in der übrigen Welt aus ihrer amerikanischen Umwelt „herausgezogen", und zwar in großem Maße erst seit der Hitlerzeit. Aber auch hier erst dann, als die bürokratische antijüdische Entrechtungs- und Vertreibungsphase dieser Ära in den Jahren 1940/41 in die Phase der Konzentration und Vernichtung überging. Heute mag es merkwürdig erscheinen, daß es selbst in Ländern mit starker antijüdischer Tendenz eine jüdische Anhänglichkeit an ihren dortigen Heimatboden gab. Das galt für osteuropäische Juden, die nach vielen bitteren Erfahrungen mit der zaristischen Staatsgewalt Rußland verließen, aber viele Züge der Nostalgie für das Land bewahrten, so wie sie sich viel, viel später in dem Musical „Fiddler on the Roof" ausdrückten.

Es gab – vor der deutsch-jüdischen Apokalypse – kaum ein tragischeres Beispiel für den Vorrang nationalen jüdischen Lebensbodens gegenüber übernationalem Zusammenhalten als das polnische Judentum in der Zeit nach der russischen Revolution und der Gründung eines polnischen Staates. Der Begründer des radikalnationalen militanten Flügels des Zionismus, Wladimir Jabotinsky, sah nicht in den deutschen, sondern in den polnischen Juden die gefährdetste jüdische Gruppe der Welt. Noch im Herbst 1939 glaubte er nicht an einen deutschen Angriff auf Polen, aber an polnische Explosionen gegen die Juden Polens, deren Zahl zehn

Prozent der Bevölkerung ausmachte. Von ihm stammte ein Ausspruch in dem Sinne, daß in Polen nicht nur die Menschen, sondern auch die Dinge antijüdisch seien. Das Ziel aller Bemühungen Jabotinskys war, die Juden Polens dazu zu bewegen, Polen zu verlassen und nach Palästina zu ziehen. Sein Bemühen war ebensowenig erfolgreich wie das Bemühen seines Schülers Begin, des augenblicklichen Ministerpräsidenten Israels, der – wenn man den Biographen glaubt – seinen Nationalismus dem polnischen Nationalismus entlehnte. Die deutschen Juden klammerten sich noch an Deutschland, als ihre Entrechtung und Enteignung schon begonnen hatte.

Erst die tatsächliche Bedrohung durch einen Mord, der sich jedem historischen Vorbild entzog, schuf einen Zusammenhalt, und nur als Folge der Erinnerung an das Ereignis des Holocaust und als Konsequenz der jüdischen Staatsgründung gibt es heute übernationale jüdische Klammern und ein jüdisches Alarmsystem gegen antijüdische Regungen. Aber wirkliche Kenner wissen, wieviel alltägliche Mühe von Aktivisten dazu gehört, diesen Zusammenhalt zu bewahren – auch in Amerika, das in den Vorstellungen Hitlers ein so eminentes Bollwerk jüdischer Macht war und heute wieder als Basis jüdischer Macht betrachtet wird.

H.: Und wie steht es mit dieser Macht in Wirklichkeit?

Th.: Während der Hitler-Ära gab es keine jüdische Macht in Amerika, die Hitlers wirklichkeitsfremd-absurden Vorstellungen, aber auch Vorstellungen in anderen Ländern und in Amerika selbst entsprochen hätte. Es gab innere Zerrissenheit und zahlreiche widersprüchliche Organisationen, in denen selbst Zionisten sich gegenseitig bekämpften. Wahrscheinlich kommen wir noch auf einige Details des damals verzweifelten, sich überstürzenden Bemühens zurück, Einfluß auf die amerikanische Regierung zugunsten der Juden in Europa zu erlangen – sei es zugunsten einer Öffnung Amerikas für eine größere jüdische Einwanderung, sei es zugunsten einer vermehrten Immigration in Palästina, sei es zugunsten einer Pression auf Verbündete Deutschlands wie Ungarn oder Rumänien, ihre jüdischen Bewohner vor der Vernichtung zu bewahren, sei es schließlich zugunsten des Versuchs, die Transportverbindungen nach Auschwitz durch Luftangriffe zu unterbrechen. Diese Bemühungen blieben ohne Erfolg. Es gab keine jüdische Macht, die verhindern konnte, daß die jüdische Tragödie in Europa zu einer Fußnote des Zweiten Weltkrieges wurde. Die in der damaligen Propaganda am meisten beschworenen Symbole jüdischer Macht in Amerika, etwa der Börsenmakler Bernard Baruch, der Nachbar und Finanzminister des damaligen Präsidenten Franklin Roosevelt, Henry Morgenthau jun. oder der Oberste Bundesrichter Felix Frankfurter waren Figuren am Rande der tatsächlichen Macht. Sie mußten oft genug antichambrieren oder schmeicheln, um angehört zu werden. Es gehört zu den Grotesken der antijüdischen Vorstellungswelt, wenn Präsident Roosevelt als jüdisch oder grundsätzlich pro-jüdisch bzw. pro-zionistisch bezeichnet wurde.

Roosevelt war ein großer Jongleur der inneren und äußeren Macht. Er war auch ein Jongleur gegenüber jüdischen Interessen. Angesichts seiner Jonglier-Kunststücke zwischen Arabern und Zionisten bezweifeln manche Historiker von heute, daß es 1947/48 überhaupt zu einem entscheidenden Einsatz der Vereinigten Staaten für eine Teilung Palästinas durch die gerade gegründeten Vereinten Nationen und zu einer Gründung des Staates Israel gekommen wäre, wenn Roosevelt nicht im Frühjahr 1945 der Tod ereilt hätte.

Sein Nachfolger, Präsident Truman, wurde ein hin- und herschwankendes Blatt zwischen den öffentlichen Schockwirkungen des Holocaust, den nun hektisch-verzweifelten Bemühungen und Pressionen jüdisch-zionistischer Organisationen oder Persönlichkeiten zugunsten einer Hilfe für die überlebenden Juden in Lagern in Deutschland. Er schwankte zwischen den Restriktionen der amerikanischen Einwanderungsgesetzgebung, die trotz aller Schocks weiterbestanden, ferner dem von Jahrzehnt zu Jahrzehnt gewachsenen Widerstand der palästinensischen und nichtpalästinensischen Araber gegen eine jüdische Masseneinwanderung in Palästina, sowie schließlich der Weigerung Großbritanniens, eine weitere jüdische Einwanderung in sein palästinensisches Mandatsgebiet durchzusetzen oder zu dulden. Er schwankte auch zwischen den Warnungen seines Verteidigungsministers Forrestal vor zukünftigen Folgen einer antiarabischen Politik und den Beschwörungen der Führer seiner Demokratischen Partei, diese Partei werde jüdische Stimmen oder jüdische Wahlhilfe verlieren. Truman war der erste, der sich erfahrungslos einer aus dem Holocaust geborenen jüdischen Aktivität gegenübersah, die nicht mehr wie in den Kriegsjahren im leeren Raum operierte, sondern nach dem großen Enthüllungsschock selbst unter bisherigen Gegnern des Zionismus Unterstützung fand.

Seine späteren Memoiren verraten die Hilflosigkeit des Präsidenten, der einmal Kompromißversuche unternahm, um die jüdische Masseneinwanderung nach Palästina zu ermöglichen. Gleich darauf wandte er sich gegen die jüdischen Bemühungen bis hin zur Weigerung, führende Zionisten wie Chaim Weizmann noch einmal zu empfangen. Schließlich ging er den Weg des geringeren Widerstandes, sei es gegen die resignierenden Engländer, sei es gegen die protestierenden, aber inkompetenten arabischen Länder, Parteien oder deren Führer.

Im intellektuellen Elfenbeinturm von heute ist es leicht, über Truman und die Zionisten von damals zu urteilen. Aber der Schlüssel zur Entwicklung lag in der Hitlerzeit und dem Holocaust. Truman reagierte nur auf dieses fürchterliche Phänomen, als er den Weg in die jüdisch-arabische Quadratur des Zirkels beschritt.

Wenn man die Entwicklung seither betrachtet, könnte man an eine Gesetzmäßigkeit der Geschichte glauben, wonach Ideologen wie Hitler erst die Mächte schaffen, die vorher nur in ihren Phantasien oder absurden Kombinationen lebten. Wenn es heute jüdische Macht in den Vereinigten Staaten gibt, dann handelt es sich um eine reaktive Macht, im Sinne einer Reaktion auf die Hitler-Ära. Und auch, wenn sie nicht mehr mit den chaotischen jüdischen Aktionen vor und kurz nach dem Ende des Zweiten Weltkrieges zu vergleichen ist, handelt es sich um keine Macht im üblichen Sinne. Es ist eine relative und verletzliche Macht. Sie beruht nicht auf Zahlen und Waffen. Sie beruht nur in begrenztem Maße auf Geld. Dafür umso mehr auf Wissen um die innersten Funktionen des amerikanischen Kongresses und anderer amerikanischer Institutionen, auf Intelligenz, auf Sensibilität, auf Überredungskunst, auf unendlichem Bemühen, sowie nicht zuletzt auf atmosphärischen Elementen wie der steten Erinnerung an den Holocaust, dessen Bedeutung als politisch-psychologisches Instrument der Erosion durch die Zeit unterliegt und einen ständigen Kampf gegen diese Erosion verlangt.

H.: Wie sieht es mit der oft beschworenen wirtschaftlichen oder finanziellen Macht amerikanischer Juden wirklich aus?

Th.: Die jüdischen Einwanderer trafen – wie schon gesagt – in Amerika auf eine offizielle Prämisse der Gleichberechtigung. In Wirklichkeit aber waren alle wirtschaftlichen Machtpositionen mehr oder weniger angelsächsisch besetzt. Sie sind dies oft heute noch, auch wenn es kaum noch eine frühere stille Regel gibt, wonach Juden nicht in das Management großer Firmen aufgenommen wurden und der Dupont-Konzern erst nach 1970 einen inzwischen pensionierten jüdischen Chairman Shapiro bekam. „Besetzt" war die gesamte Industrie, das ganze Bankwesen, der gesamte politische Apparat. Ein jüdischer Aufstieg konnte sich nur in „ökologischen Nischen" vollziehen, die noch nicht beschlagnahmt waren oder aber im Zuge der weiteren wirtschaftlich-technologischen Entwicklung neu entstanden.

Noch nicht völlig besetzt war in Amerika die Welt des Klein- und Hausierhandels. Hier fanden vor allem jüdische Hausierer die „Nischen", aus denen heraus sie den Weg zu jüdischen oder jüdisch geleiteten Kaufhaus-, Discount- und Versand-Imperien wie Sears Roebuck, Macy's, Bergdorf, May, Neiman-Marcus, Alexanders, Korvette, Zayre, Caldon, Gordon beschritten, die bis heute entweder Familienunternehmen geblieben sind oder sich in Aktiengesellschaften verwandelten. Der Ursprung in „Nischen" läßt sich auch bei zahlreichen anderen Persönlichkeiten oder Unternehmerfamilien zurückverfolgen, die, wie die Pritzkers in Chicago, die Bronfmans in New York und Montreal, die Davis' in Denver, die Haas' in San Francisco, die Blausteins in Baltimore oder die Gordons in Houston heute zu den sogenannten „Reichsten" Amerikas mit Besitzwerten zwischen hundert Millionen und einer

Milliarde Dollar gehören und in Europa bekanntere jüdische „Reiche“ wie die Guggenheims längst überflügelt haben. Manche unter ihnen wie die Haas' schufen selber ihre „Nischen“. Ihr Urvater Levi Strauss brachte die ersten Blue Jeans auf den Markt. Die Blausteins erfanden die ersten Tankstellen und das erste klopffeste Benzin und errangen damit eine Position in der sonst völlig angelsächsischen Ölindustrie. Traditionelle ostjüdische Gewerbe wie die Branntweinherstellung hatten ihre Bedeutung für die Bronfmans und ihr Seagrams-Whisky-Imperium von heute.

Die erwähnten Karrieren gehören zu den populärsten Symbolen einer vermeintlichen jüdischen Herrschaft über die amerikanische Wirtschaft, und gemessen an der Zahl von nur fünf Millionen achthunderttausend Juden unter rund zweihundertundzwanzig Millionen Amerikanern sind die errungenen Positionen in der Tat bemerkenswert. Aber ihr wirklicher Stellenwert ergibt sich erst aus Vergleichen mit den nichtjüdischen Wirtschaftspositionen. Da zeigt sich deren anhaltende eminente Überlegenheit.

Die Geschäftsbanken waren zur Zeit der großen jüdischen Einwanderungen ausnahmslos in angelsächsischer Hand und sind es mit wenigen Ausnahmen auch heute noch. Den Juden, die sich zunächst in New York als Geldverleiher durchschlugen, blieb nur die Möglichkeit des Maklertums an der Wallstreet-Börse. So entstanden die jüdischen oder jüdisch geleiteten Wallstreet-Firmen von den Lehman Brothers bis zu Goldman, Sachs & Co., die oft Kapitalbesitz durch Verwegenheit ersetzen mußten, bevor es ihnen gelang, ihren heutigen Börseneinfluß zu erringen, den sie – wenn man altvertraute Begriffe benutzt – mit angelsächsischen Protestanten und Katholiken mit vor allem irischen, französischen oder neuerdings italienischen Wurzeln teilen.

Man sagt mit Recht, die amerikanische Filmindustrie sei eine jüdische Gründung und weitgehend jüdisch beeinflußt oder beherrscht. Man sagt mit Recht, große amerikanische Fernsehgesellschaften wie Radio Corporation of America oder Columbia Broadcasting System seien jüdische Gründungen oder weitgehend jüdisch beeinflußt. Man sagt, die amerikanische Musikindustrie sei jüdisch begründet und beeinflußt. Man sagt das gleiche über das amerikanische Theater und alles, was unter den Begriff Showbusiness fällt, oder mit weniger Recht über das amerikanische Verlagswesen und die amerikanische Presse. Fast ausschließlich handelt es sich um die Ergebnisse von Entwicklungen, die aus kleinen „ökonomischen Nischen“ entstanden. Die Filmindustrie ist nur ein Beispiel dafür.

Der Film war technisch eine angelsächsische Erfindung, eine Erfindung Thomas Edisons. Auch die frühen amerikanischen Filme wurden von Nichtjuden wie Edwin S. Porter, der 1903 „Der große Eisenbahnüberfall“ drehte, produziert. Aber die ersten Kinos oder „Nickelodeons“, meist Buden für arme Einwanderer, waren dem angelsächsischen Establishment zu gewöhnlich. Für jüdische Einwanderer aus Osteuropa aber, ob sie nun Samuel Goldfish (später Goldwyn), Jack Eichelbaum (später Warner), Wilhelm Fuchs (später Fox), Louis Meyer, Adolph Zukor oder Harry Cohn hießen, waren sie eine Chance, um ihren Ehrgeiz und ihre Talente zu entfalten. Als die Edison-Leute den ersten Juden, die Kinos in New York und anderen Städten gründeten und versuchten, eigene Filme zu produzieren, mit Monopolrechten drohten oder durch Rollkommandos Kameras und Projektoren zerstören ließen, zogen jüdische Produzenten nach Hollywood in Kalifornien. Dort waren sie weit von Detektiven und Rollkommandos entfernt und konnten im Notfall nach Mexiko flüchten. So entstanden die Filmgesellschaften Metro-Goldwyn-Meyer, 20th Century Fox, Warner Brothers, Paramount oder Columbia. So entstanden auch die jüdischen Filmmoguln, die nicht daran interessiert waren, jüdische Anliegen oder legendäre internationale Machtinteressen zu verfechten, sondern Kinos durch Filme zu füllen, die dem christlich-amerikanischen Publikum gefielen. Bis nach dem Zweiten Weltkrieg gab es kaum jüdische Schauspieler, denen sie Rollen in ihren Filmen übertragen hätten, es sei denn, sie hätten nicht „jüdisch“ (oder was immer die Moguln darunter verstanden) ausgesehen und ihren Namen amerikanisiert. Eine der Ausnahmen war Joseph Schildkraut, der die negative Rolle des Judas in dem Christus-Spektakel „König der Könige“ erhielt.

Paul Newman, der blauäugige, völlig amerikanisch assimilierte

Sohn eines jüdischen Sportartikelhändlers aus Cleveland, durchbrach erst um 1958 diese Barrieren. Er spielte zu dieser Zeit die Hauptrolle in dem Film „Exodus", der das Drama des jüdischen Flüchtlingsschiffes „President Warfield" (oder „Exodus") auf seinem Wege nach Palästina im Jahre 1947 mit einiger filmischer Großzügigkeit nachzeichnete. Der Film wurde erst gedreht, als vorher der Erfolg eines gleichnamigen Romans bewiesen hatte, daß die amerikanische Öffentlichkeit bereit war, sich mit jüdischen Tragödien, aber auch mit Filmhelden zu beschäftigen, die nicht mehr nur Opfer von Verfolgungen verkörperten, sondern Patrioten, die britische Gegenspieler und arabische Feinde überlisteten. Etwa ein Jahr später erhielt auch Joseph Schildkraut eine große positive Rolle als Vater Frank in dem Film „Das Tagebuch der Anne Frank".

Aber noch in den sechziger Jahren bekam der jüdisch geborene Schauspieler Rod Steiger bei seinen ersten Bemühungen um eine Verfilmung des Romans „Der Pfandleiher" von Produzenten die Antwort, ob es denn immer Konzentrationslager sein müßten. Die Filmindustrie schuf also keine öffentliche Meinung. Sie reagierte auf Meinungsbereitschaften, um ihnen bestenfalls Ausdruck zu verleihen. Die bekannte Chaplin-Komödie über Hitler „Der große Diktator" war kaum eine Ausnahme, und in den zahllosen antideutschen Filmen der Kriegs- und Nachkriegszeit baute die Filmindustrie auf die amerikanische Kriegsstimmung gegen Deutschland und vertrat nur indirekt jüdische Interessen. Jüngere Filmmoguln wie etwa der in Wien geborene Charles Bluhdorn, der 1966 die Gesellschaft Columbia übernahm und mit dem Mafia-Film „Der Pate" seinen größten Erfolg errang, änderten daran wenig oder nichts.

H.: Das heißt: Es gibt bestimmte Berufs- und Geschäftszweige, die eine überdurchschnittlich hohe jüdische Beteiligung haben und denen deshalb große jüdische Macht und großer jüdischer Einfluß zugeschrieben werden.

Th.: Besonders wenn es sich um Berufe oder Industrien mit starker „visueller" oder „akustischer" Ausstrahlung handelt. Daß jüdisches Manager- oder Produzententum jedoch nicht gleichzeitig jüdisch-propagandistischen Einfluß bedeutet, wurde an der Filmindustrie deutlich. Bis 1945, also bis die Enthüllung des Holocaust eine Wende der psychologischen Haltung gegenüber dem Judentum und eine Aufnahmebereitschaft für jüdische Probleme hervorrief, war das grundsätzlich der Fall. Diese entscheidende Zäsur wird häufig übersehen.

H.: Mir leuchtet Ihre These ein, daß das Gemeinsame der Juden, nicht nur in Amerika, sondern überhaupt, eine gemeinsame geschichtliche Erfahrung sei. Diese gemeinsame geschichtliche Erfahrung hat inzwischen so etwas wie einen Symbolwert bekommen durch die Schaffung des Staates Israel als Heimat der Juden. Eine Situation, in der die amerikanischen Juden sich gleichsam aus dem Mythos ihrer eigenen Geschichte heraus mit Israel verbunden fühlen, scheint mir nun mit unmittelbaren machtpolitischen Interessen der Vereinigten Staaten zu konvergieren, die unabhängig vom Judentum in Amerika bestehen. Die USA haben doch bald nach der Gründung des Staates Israel erkannt, daß sie dessen prekäre Lage dazu benützen konnten, um sich einen verläßlichen, weil immer auf ihre Unterstützung angewiesenen Stützpunkt im Nahen Osten zu schaffen, also in einer Region, die wegen der Ölquellen einerseits, wegen der geographischen Lage an der Südflanke der Sowjetunion andererseits von besonderem machtpolitischen Interesse war. Israel, das ja seinerzeit mit Unterstützung der Sowjetunion gegründet wurde, bekam so bald eine Funktion als Drehscheibe im anti-sowjetischen Einkreisungskonzept des Kalten Krieges. Wie sehen Sie nun die Rolle, welche die amerikanischen Juden im Verhältnis zu den machtpolitischen Interessen der Vereinigten Staaten gespielt haben oder heute spielen?

Th.: Damit steuern wir auf das Thema der jüdischen bzw. jüdisch-israelischen Lobby in Amerika zu, das mit herkömmlichen Begriffen von Macht oder Einfluß überhaupt nicht zu erfassen ist. Eine offizielle Lobby gibt es erst seit 1954, seit der Gründung eines American Israel Public Affairs Committee in Washington – damals mit einem Budget von 300 000, heute von 1,8 Millionen Dollar, unter der seinerzeitigen Leitung eines diplomatisch taktierenden, über zahlreiche Verbindungen in Washington verfügenden jüdisch-kanadischen Amerikaners Sy Kenen. Aber es gab eine Vorgeschichte, die bis in die Zeit des amerikanischen Bürgerkrieges nach 1860 zurückreicht. Entwicklung und Struktur der Lobby sind so vielschichtig und so verschieden von jeder anderen Lobby in Washington, daß man in unserem knappen Rahmen kaum die wichtigsten Grundzüge andeuten kann, ohne in die Gefahr grober Simplifizierung zu geraten. Auf jeden Fall spielt auch hier die Zäsur der Hitlerzeit und des Holocaust eine entscheidende Rolle. Das amerikanische Judentum – sofern man eine solche Verallgemeinerung überhaupt benutzen darf – war noch bis in die Hitler-Ära hinein in seiner absoluten Mehrheit nicht- oder antizionistisch. Sofern es Sympathien für den Zionismus oder eine jüdische Siedlung in Palästina gab, gingen sie von der Idee aus, daß solche Siedlungen für die Juden Osteuropas mit ihren ständigen Bedrängnissen von Nutzen seien, schwerlich aber für amerikanische Juden.

Der emotionelle und praktische Eintritt der Juden Amerikas in die Geschichte Palästinas und Israels hat erst während des Zweiten Weltkrieges, vor allen Dingen aber nach dessen Ende mit der Enthüllung des Holocaust begonnen, die im Frühjahr 1945 mit Filmaufnahmen kanadisch-alliierter Kriegskorrespondenten in dem ehemaligen deutschen Militärlager Bergen-Belsen begann, das nicht zu den Vernichtungslagern gehört hatte, aber in der letzten Kriegsphase zu einer verräterischen „Ausweichstätte" für Überlebende und Sterbende des zu Beginn der letzten sowjetischen Offensive gegen Deutschland im Januar 1945 aufgegebenen Vernichtungslagers Auschwitz geworden war.

H.: Aber meines Wissens hat jüdisch-amerikanischer Einfluß schon bei der Entstehung der sogenannten britischen Balfour-Erklärung von 1917 mitgewirkt, das heißt einem Brief des damaligen britischen Außenministers Balfour an Lord Rothschild in London, in dem den seinerzeitigen Zionisten britische Hilfe bei der Entwicklung einer jüdischen Heimstätte in Palästina zugesagt wurde.

Th.: Am Rande. Eine gewisse Rolle kam dabei dem früher erwähnten Obersten Bundesrichter Brandeis zu, der 1917 als Liberaler engere Beziehungen zu dem damaligen liberalen amerikanischen Präsidenten Woodrow Wilson unterhielt. Auch er war ein

Zionist pragmatischer Art, der an palästinensische Siedlungsarbeit für bedrängte Juden aus Osteuropa dachte. Er lehnte zionistische Ideologien ab, wonach alle Juden der Welt einmal in Palästina, in einem jüdischen „Commonwealth“ leben würden. Nach 1920 führte dieser Gegensatz auch zur Trennung zwischen Brandeis und Chaim Weizmann, dem damaligen im zaristischen Rußland geborenen Führer der zionistischen Bewegung, und, wenn man will, zur praktischen Distanzierung Brandeis' von der amerikanischen Abart des Zionismus, der noch wenig einflußreichen Zionist Organization of America.

Aber es handelte sich um ein Vorspiel, das nur einzelne Persönlichkeiten oder kleine Fraktionen der Juden in Amerika betraf, während die Mehrzahl unberührt blieb oder wie der Vater des späteren Finanzministers Roosevelts, Henry Morgenthau sen., im Zionismus einen für die Zukunft verhängnisvollen nationalistischen Irrweg erblickte, der die amerikanischen Juden einmal in Konflikte zwischen ihrem Amerikanertum und einem jüdischen Staat in Palästina stürzen müsse.

Wahrscheinlich muß man weiter ausholen, um das geschichtliche Panorama zu verstehen. Zur Zeit der osteuropäischen jüdischen Einwanderung nach Amerika, 1881, bildeten sich unter den fünf Millionen jüdischen Bewohnern des Zarenreiches verschiedene Gruppen. Die größte Gruppe lebte weiter in der jüdischen Orthodoxie. Sie stellte auch die große Masse der Auswanderer nach Amerika. Eine zweite Gruppe wurde durch die jüdische Emanzipation in Europa und besonders in Deutschland beeinflußt. Sie erstrebte ähnliche emanzipatorische Ziele im Zarenreich und stellte sich automatisch gegen die Rabbiner-Orthodoxie. Sodann gab es russisch-jüdische Sozialisten, die ebenfalls durch Einflüsse aus dem Westen entstanden. Sie erwarteten von einem Sturz des Zaren und einem sozialistischen oder kommunistischen Rußland eine Gleichstellung aller Menschen und damit auch eine Gleichstellung der Juden. Sie blieben mit einigen Ausnahmen, die ihre sozialistischen Ideen nach Amerika trugen und dort nach 1900 die ersten jüdischen Textilarbeiter-Gewerkschaften in New York begründeten, in Rußland. Aber dort spalteten sie sich noch einmal. Die einen entwickelten unter dem Namen „Bund“ einen Sozialismus, der eine Autonomie für Juden in einem sozialistischen Rußland anstrebte. Die anderen gingen ganz in der sozialistisch-kommunistischen Bewegung auf. Zwischen 1917 und der Machtergreifung durch Stalin, also zur Zeit Lenins, spielten sie eine mehr oder weniger große Rolle bei der Begründung der Sowjetunion. Zu ihnen gehörten Männer wie Leon Trotzki. Sie wurden auch zu Symbolfiguren für die dubiose Hitlersche Theorie vom jüdischen Bolschewismus. In Wahrheit war der Einfluß jüdischer Revolutionäre in der Sowjetunion durch Stalin zerstört, als in Deutschland die Hitler-Ära begann. Jüdische Politkommissare in der sowjetischen Armee, die 1941 vielen deutschen Soldaten als Beweis für die Hitler-Lehre erscheinen konnten, verdankten ihre Position nicht jüdischem Einfluß, sondern der Tatsache, daß sie auf deutscher Seite der sichere Tod erwartete und sie zu zuverlässigen Kämpfern für die sowjetische Sache werden ließ.

Schließlich entwickelte sich als vierte Gruppe das Vorläufertum des Zionismus. Die ersten Zionisten erstrebten noch kaum einen jüdischen Staat in Palästina. Sie träumten eher davon, mit ihrer Hände Arbeit zu beweisen, daß Juden nicht nur Geldverleiher oder betrügerische Hausierer waren, als die sie in Rußland weithin galten. Über die Türkei zogen sie nach Palästina, das seit rund zwölfhundert Jahren arabisch besiedelt und seit dreieinhalb Jahrhunderten unter türkisch-islamischer Herrschaft stand. Niemand erwartete weniger als sie, daß zwischen fünfhundert- oder sechshunderttausend Araber in dem Land ihrer Träume lebten, aber nicht mehr als zehn- bis zwanzigtausend orthodoxe Juden, die sich vor allem in Jerusalem aufhielten, von Spenden gläubiger Juden in der übrigen Welt lebten und den Neuankömmlingen mit offener Feindseligkeit entgegentraten. Die Neuankömmlinge hatten recht, wenn sie das Land für vernachlässigt und rückständig hielten – sozusagen bereit, neu erschlossen zu werden. Was sie nicht sahen oder sehen konnten, war, daß sich unter den Arabern bereits ein eigener Nationalismus regte, der die türkische Herrschaft verachtete, sich aber ebenso gegen jede jüdische Einwanderung von außen richten mußte.

Auf jeden Fall begann der zunächst noch kleine ostjüdische Zug nach Palästina im Jahre 1881 – also im gleichen Jahr, in dem die ostjüdische Einwanderung in Amerika einsetzte.

Wir haben hier also zwei Bewegungen, die damals in völlig verschiedene Richtungen führten. Auch wenn kurz darauf einige frühe Zionisten in New York erschienen und unter Juden, die sich nur für Amerika begeisterten, noch jahrzehntelang hoffnungslos ihre palästinensischen Träume verkündeten, konnte niemand voraussehen, daß die beiden Bewegungen Jahrzehnte später durch die höhere Gewalt der Geschichte zueinandergeführt würden: die eine als Schöpferin des jüdischen Staates Israel, die andere als Trägerin jüdisch-amerikanischer Hilfe für diesen Staat.

H.: Dies ist ein notwendiger historischer Überblick. Aber angesichts der beschränkten Zeit, die uns zur Verfügung steht, möchte ich auf die praktische Hinwendung der amerikanischen Juden zu einer Unterstützung des Zionismus zurückkommen.

Th.: Man muß wohl besser von einer Hinwendung der europäischen Zionisten zu den amerikanischen Juden und zu Amerika sprechen, die in größerem Stil etwa 1939 begann. Sie löste eine Ära ab, in der – vor allem seit 1917 und der Balfour-Erklärung – Großbritannien als der entscheidende Helfer des Zionismus gegolten hatte.

Die Tatsache, daß es dem damals maßgeblichen Führer der Zionisten, Weizmann, mit kaum mehr als fünf Prozent des sogenannten „Weltjudentums" hinter sich, aber dank seiner Niederlassung in London, dank kriegswichtiger Arbeiten als Chemiker und dank der Beziehungen zu britischen Politikern gelang, Letztere zu jener Balfour-Erklärung zu überreden, gehört zu den großen Meisterstücken in der Geschichte der Diplomatie. Heute, wo man angesichts der nur langsam lösbaren Quadratur des Zirkels um Palästina dazu neigt, nach „Ursündern" des Zionismus zu suchen, wird auch Weizmann gerne zu diesen Sündern gezählt – genauso wie der Wiener Herzl, der 1897, so wie dies bei vielen anderen Bewegungen geschehen ist, in seinem ehrgeizigen intellektuellen Elfenbeinturm durch seine Schrift „Der Judenstaat" dem noch gärenden Zionismus eine Art ideologisches Ziel geliefert hat.

Weizmanns einzige Sünde bestand darin, ein Kind seiner Zeit zu sein, in der das zaristische Rußland und das kaiserliche Österreich-Ungarn vor dem Verfall standen und ein polnischer, tschechischer, ungarischer, kroatischer und auch italienischer Nationalismus gediehen. Er war zugleich ein Kind des ausklingenden Zeitalters des Kolonialismus, in dem weder England noch Frankreich die Eingeborenen Ostasiens oder Afrikas danach fragten, ob sie damit einverstanden waren, wie man sie verteilte oder beherrschte.

Das war der aktuelle Nährboden des zionistischen Nationalismus, der im Gegensatz zu allen anderen Nationalismen nicht auf einem eigenen Heimatboden wuchs, sondern frühgeschichtlichen Heimatboden zurückgewinnen wollte. Auch der britische Premierminister Lloyd George und Außenminister Balfour, die Paten der Balfour-Erklärung, waren Kinder des imperialistisch-kolonialistischen Zeitalters. Trotzdem gilt ihre Erklärung für Kritiker von heute als ein Musterbeispiel politischer Skrupellosigkeit und Unwissenheit.

1917, im vierten Jahr des Ersten Weltkrieges gegen Deutschland, Österreich-Ungarn und die Türkei, hofften beide, nach einer türkischen Niederlage neue britische Machtpositionen in den arabischen Gebieten zu erringen. Auf der anderen Seite erschien ihnen eine jüdische Heimstätte (oder was immer sie darunter verstanden) in Palästina als ein gutes Gegengewicht im künftigen Machtspiel mit den Arabern. Sie hielten die Heimstätte auch für einen guten Vorwand, um bei kommenden Friedensverhandlungen die britische Hand in Form eines Mandats auf Palästina zu legen, um die vermeintlich friedliche Einrichtung dieser Heimstätte zu garantieren. Es war skrupellos, daß sie vorher schon den Arabern, um deren Hilfe gegen die Türken zu gewinnen, Regierungsrechte in arabischen Gebieten zugesagt hatten, zu denen die Araber sehr wohl auch Palästina zählen durften. Ihr Versprechen an die Zionisten wurde nicht weniger gewissenlos, wenn sie nur vage von „einer" jüdischen Heimstätte sprachen und den Satz einfügten, diese Heimstätte dürfe nicht die Rechte der bisherigen Bevölkerung beeinträchtigen. Sie bezogen ihre Palästina-Kenntnis in der Hauptsache aus einer biblischen Vorstellungswelt. Gleichzeitig verrieten sie einen beinahe Hitlerschen Glauben an jüdischen Welteinfluß, wenn sie sich in Unkenntnis der innerjüdischen Situation ausrechneten, ihr Versprechen an die Zionisten werde die amerikanischen Juden dazu veranlassen, den Eintritt der Vereinigten Staaten in den Krieg gegen Deutschland zu beschleunigen. Noch ahnungsloser war ihre Annahme, das gleiche Versprechen werde die jüdischen Sozialisten in Rußland, die in den Sturz des Zaren verwikkelt waren, dazu bewegen, auch das neue Rußland in den Krieg gegen Deutschland zu führen. Sie glaubten sich bestätigt, als es Weizmann gelang, die Unterstützung von Louis Brandeis in Washington zu gewinnen und als Brandeis – ohne wesentlichen Rückhalt unter den amerikanischen Juden, aber dank seiner persönlichen Beziehungen zum Weißen Haus – Präsident Wilson bewog, den Engländern seine Zustimmung und Sympathie für ihr Versprechen einer „jüdischen Heimstätte" zu übermitteln. Wilsons Handeln hatte wenig mit einer projüdischen Haltung zu tun, aber viel mit seinen Vorstellungen über Selbstbestimmung der weißen Völker und seiner sehr biblischen Gedankenwelt. Letztere veranlaßte ihn zu der Bemerkung, es sei ein Wunder, daß er als Sohn eines Zimmermanns dazu beitragen könne, ein altjüdisches Reich wieder zum Leben zu erwecken.

In der Folge konnte Großbritannien sich niemals entscheiden, die vage Haltung der Balfour-Erklärung in eine klare Stellungnahme zugunsten der zionistischen oder arabischen Seite zu verwandeln. Das Schaukelspiel verstrickte Großbritannien unausweichlich in den Kampf zwischen jüdischer Einwanderung und dem arabischen Widerstand. 1939, als die jüdische Einwanderung unter dem Druck der Hitler-Ära neunundzwanzig Prozent der Bevölkerung Palästinas erreicht hatte, kapitulierten die Engländer zum erstenmal in dem selbst heraufbeschworenen Konflikt.

In einem Weißbuch schlugen sie vor, sich binnen zehn Jahren aus Palästina zurückzuziehen. Bis dahin sollte ein palästinensischer Staat mit einer arabischen Mehrheit, aber mit Garantien für eingewanderte Juden entstehen. Während der ersten Hälfte der zehn Entwicklungsjahre sollte die jüdische Einwanderung nicht mehr als fünfundsiebzigtausend Menschen jährlich betragen. Danach sollte die Zahl der jüdischen Einwanderer durch die arabische Mehrheit bestimmt werden.

Rund zehn Jahre, bevor die Engländer in einem von Bürgerkrieg und Terror heimgesuchten Palästina endgültig kapitulierten und in tiefer Verbitterung ihr Palästina-Mandat den Vereinten Nationen überließen – an der Schwelle zum Holocaust –, wurde das Weißbuch zum Signal für die Abkehr der Zionisten von England und ihre Hinwendung nach Amerika.

Das Weißbuch kündigte das Ende der Ära Weizmanns an, der ganz und gar in der britischen Welt aufgegangen war und sich innerlich nie von England trennen konnte. An seine Stelle trat mehr oder weniger Ben Gurion, der maßgebende Mann der Jewish Agency, welche die Ansiedlung in Palästina dirigierte. Nach dem Verlust aller zionistischen Positionen in Europa und dem Zurückweichen Großbritanniens setzte er auf die neu heraufziehende Weltmacht Amerika und die amerikanischen Juden. In Amerika selbst rückten zwei politische Rabbiner, Stephen Wise und Abba Hillel Silver, als Führer der zionistischen Sache in den Vordergrund.

H.: Mit der Bezeichnung „politische Rabbiner" entsteht die Frage, welche Rolle die religiösen jüdischen Organisationen in Amerika bei dem Kampf um politischen Einfluß gespielt haben oder spielen.

Th.: Eine sehr bedeutende, weil sie ursprünglich die einzigen Organisationsformen unter jüdischen Einwanderern waren und weil sie, weit mehr als in Europa, auch ein politisches, soziales und propagandistisches Gesicht erhielten. Sicher ist es an dieser Stelle wieder unmöglich, die höchst komplizierte religiöse Entwicklung in Amerika und deren Organisationsformen zu schildern. Vor allem im vergangenen Jahrhundert geriet die Mehrzahl der Juden inmitten der amerikanischen Ungebundenheit und angesichts der totalen Trennung von Staat und Kirche in eine Situation, die oft an Verlorenheit grenzte. Die Unmöglichkeit, jüdische Riten wie die strenge Einhaltung des Sabbat oder einer koscheren Ernährung im amerikanischen Lebenskampf aufrechtzuerhalten, führte zu einem Verfall, der vor allem durch die Entstehung eines amerikanischen

Reform-Judentums unter der Führung des aus Mähren zuwandernden Rabbiners Isaac Mayer Wise aufgefangen wurde.

Wise führte vor mehr als hundert Jahren die englisch-sprachige Predigt ein. Die Trennung von Frauen und Männern in der Synagoge wurde aufgehoben, Orgelspiel und Chorgesang gefördert. Für Wise schienen die Regeln der koscheren Ernährung überholt. Gleichzeitig wurde das amerikanische Reform-Judentum zu einem Hauptpfeiler des Bekenntnisses zu Amerika und der Ablehnung jeder Rückkehr amerikanischer Juden nach Palästina. Von einem Reform-Rabbiner Gustave Poznanski in Charleston stammt der Satz: „Dies ist unser Tempel. Diese Stadt ist unser Jerusalem. Dieses glückliche Land (Amerika) ist unser Palästina."

Es gelang Isaac Mayer Wise zwar nicht, den Reformglauben zur einzigen jüdischen Glaubensform in Amerika zu machen. Das orthodoxe Judentum erhielt vor allem in den Jahren der osteuropäischen Einwanderung immer wieder Nachschub. Doch es zeichnete sich durch ständige innere Zerrissenheit aus. So entstand ein konservatives amerikanisches Judentum, das seine Position zwischen den Extremen einnahm und auch heute bei allem Zerfall innerer Gläubigkeit auch in der jüdisch-amerikanischen noch behauptet. Leider ist es im Rahmen dieser Sendung unmöglich, über den Einfluß des Holocaust auf jüdisch-amerikanische Theologen zu sprechen. Er hat zu heißen Richtungskämpfen zwischen den Vertretern traditioneller jüdischer Glaubenselemente und mehr oder weniger radikalen Neuerern wie Richard Rubenstein in Florida, Irving Greenberg in New York oder Emil Fackenheim in Toronto geführt. Letztere betrachten den Holocaust als ein Ereignis, dem die gleiche Bedeutung zukommt wie dem Auszug aus Ägypten oder der Gesetzesverkündung Moses in der Wüste Sinai. Greenberg etwa spricht von einer Zukunft, in der Juden, die heute Matzen oder bittere Kräuter als religiöse Symbole zu sich nehmen, das verfaulte Brot von Auschwitz oder die Kartoffelschalen von Bergen-Belsen zu Symbolen einer Religion des Überlebens erheben könnten.

Doch lassen Sie mich zu Isaac Mayer Wise zurückkehren. Er wurde zum Muster einer neuen amerikanischen Rabbinerfigur, die europäisch-religiöses Führertum mit Politik, Public Relations und vielen anderen Elementen verknüpft. Er exerzierte auch schon während des Bürgerkrieges die Methoden der Beeinflussung der politischen amerikanischen Repräsentanten, die – bei allen zeitbedingten Veränderungen – auch bei der heutigen jüdisch-israelischen Lobby in Washington Gültigkeit behalten haben.

H.: Wie ist das zu verstehen?

Th.: Nun, 1862 ereignete sich einer der wenigen Fälle, in denen ein quasi offizielles Antijudentum in Amerika praktiziert wurde. Verantwortlich war der damalige Nordstaaten-General und spätere amerikanische Präsident Ulysses Grant. Er wies alle Juden aus einem rückwärtigen Armeegebiet als Baumwollspekulanten und „unerträgliches Ärgernis" aus und machte dabei keinerlei Unterschied zwischen ansässigen jüdischen Handwerkern und tatsächlichen Baumwollspekulanten. Vor allem aber ließ er Scharen nichtjüdischer Spekulanten ungeschoren.

Wises Strategie bestand darin, alle erreichbaren Zeugen der Ereignisse zu alarmieren und den amtierenden Präsidenten Lincoln mit Protestbriefen und Telegrammen gegen diese Verletzung der Gleichheit aller Bürger zu überschütten. Es kam ihm besonders darauf an, auch Nichtjuden davon zu überzeugen, daß es sich um eine grundsätzliche Verletzung der Bürgerrechte, also auch ihrer Rechte, handele und sie zu entsprechenden Protesten bei ihren Kongreßabgeordneten zu veranlassen. Wenn ich mich recht erinnere, gelang es dem einzigen jüdischen Bürger einer kleinen Stadt, rund hundert Namen von Nichtjuden auf einer Protestliste zusammenzutragen. Sodann informierte Wise zwei demokratische Abgeordnete aus Ohio, die er bei ihrer letzten Wahl unterstützt hatte. Er selbst reiste mit einer Zeugenabordnung nach Washington. Die dortigen Abgeordneten verhalfen den Zeugen zu einem sofortigen Empfang durch Lincoln, bei dem noch sehr biblische Präsidentenworte fielen: „So wurden also die Kinder Israels aus dem Land Kanaan vertrieben." Lincoln versicherte seinen Besuchern, General Grant werde den Ausweisungsbefehl zurücknehmen. Damit nicht zufrieden, bemühte sich Wise um eine öffentliche Verurteilung des Generals durch den Kongreß. Die beiden Demokraten brachten entsprechende Anträge ein, weil ihnen parteipolitisch daran lag, die herrschenden Republikaner wegen einer Verletzung der Grundrechte anzuklagen. Nach einigen Debatten wurde der Antrag von der Tagesordnung abgesetzt, weil die Republikaner ihren zukünftigen Präsidentschaftskandidaten Grant nicht angreifen wollten. Wise hatte noch einiges zu lernen. Aber im Grundsatz erwies sich seine Strategie als richtig.

Achtundvierzig Jahre später meisterte Louis Marshall, ein jüdischer Verfassungsjurist aus New York, eine weit größere Aktion. Er gehörte zu den führenden Mitgliedern des heute noch bedeutenden American Jewish Committee, das damals als Hilfsorganisation für bedrängte Juden außerhalb Amerikas geschaffen worden war. Marshall nahm Anstoß daran, daß Rußland jüdische Auswanderer, die amerikanische Bürger geworden waren und mit ihren amerikanischen Pässen Verwandte in Rußland besuchten, nicht als Amerikaner, sondern weiterhin als zaristische Bürger dritter Klasse behandelte.

Marshall ersuchte den amtierenden Präsidenten Taft, ein seit 1832 bestehendes amerikanisch-russisches Paß- und Handelsabkommen aufzukündigen.

Als Taft aus wirtschaftlichen Gründen ablehnte, setzte Marshall die bis dahin größte Lobby-Bewegung in Gang. Sie hielt sich weithin an das System von Wise. Marshall versandte über dreißigtausend Druckschriften an Kongreßabgeordnete, aber auch an sämtliche öffentlichen Organisationen und Persönlichkeiten. Mit der Begründung, daß die Mißachtung der Pässe jüdischer Mitbürger einer Mißachtung aller amerikanischen Bürger durch Rußland gleichkomme, forderte er alle erreichbaren Amerikaner auf, bei ihren zuständigen Abgeordneten zu protestieren. An einem einzigen Tag erhielt der bekannte Politiker Cabot Lodge siebzig Aufforderungen zur Kündigung des Abkommens mit Rußland. Hinzu kamen Straßenaufmärsche. Auch wenn die jüdisch geleitete, aber zurückhaltende „New York Times" eine Beteiligung an der Kampagne ablehnte, erreichte Marshall sein Ziel. Im Dezember 1911 stimmten dreihundertundeins Abgeordnete gegen einen für die Kündigung, und wenige Tage später ließ Präsident Taft ein entsprechendes Schreiben in Moskau überreichen. Es handelte sich zwar um einen zwielichtigen Sieg, denn die Juden in Rußland bezahlten dafür und Amerika verlor russische Wirtschaftsverbindungen an die Europäer. Aber grundsätzlich hatte sich Wises Strategie bewährt.

1972/73 charakterisierte der nunmehrige Leiter des American Israel Affairs Committee in Washington, Morris Amitai, die auch jetzt noch gültigen strategischen Grundsätze mit den Worten: „Wir sind nur sechs Millionen gegenüber zweihundert und mehr Millionen der anderen. Nur wenn wir unsere Interessen mit Anliegen verknüpfen, die auch amerikanische Anliegen sind, haben wir Aussicht auf Erfolg.“

Jüdische Lobby bedeutete jetzt nicht mehr Einzelaktion, sondern organisiertes Handeln. Aber der Hauptangriffspunkt blieben Kongreß und Weißes Haus. Auch die Methoden der Unterrichtung oder Beeinflussung der Abgeordneten nicht nur durch direkte persönliche Beziehungen, sondern durch Kampagnen in ihren jeweiligen Heimatstaaten waren im Kern die gleichen.

Die moderne Lobby verfügte und verfügt nicht nur über eine große Beratergruppe aus allen Bereichen der Administration und des öffentlichen Lebens sowie über computerisierte Kontakte zu zehntausenden von Persönlichkeiten. Ebenso wichtig sind direkte Verbindungen mit allen jüdischen Organisationen und allen örtlichen jüdischen Gemeinden, um sie in entscheidenden Momenten zu Werbe-, Aufklärungs- oder Protestaktionen zu veranlassen.

Unterschiede gegenüber früher bestehen nicht nur in der Größe der Organisation, sondern in der Tatsache, daß sie auf israelische Interessen und israelisches Überleben konzentriert ist und daß die Frage, wie sich jüdisch-israelische mit amerikanischen Interessen verknüpfen lassen, weithin andere Strategien und Taktiken erfordert, als etwa die Durchsetzung jüdischer Bürger-Interessen in Amerika.

H.: Begann die Verknüpfung amerikanischer mit zionistischen Interessen schon zur Zeit der Hinwendung des Zionismus zu Amerika – also etwa 1939?

Th.: Ich glaube später. Die unmittelbare Vorläuferin der Lobby von heute entstand 1942/43, als die zionistische Bewegung in Amerika sich in einer tiefen Krise befand. Um die bestehenden Differenzen zu überwinden und gegenüber der Umwelt geschlossener aufzutreten, hatte sie Ende 1942 im New Yorker Biltmore-Hotel eine Versammlung einberufen. Diese führte zu einem sogenannten Biltmore-Programm. Es forderte eine ungehinderte Öffnung Palästinas für jüdische Flüchtlinge und – zum erstenmal öffentlich – die Begründung eines jüdischen Staates als Teil einer neuen demokratischen Welt.

Zur Unterstützung des Programms entstand eine erste Vertretung der zionistischen Organisationen in Washington, die sich auf einhundertfünfzig lokale Komitees stützte und mit einem regelrechten Lobbying im Kongreß und im Weißen Haus begann. Ihr erster Leiter war ein Rabbiner Leon Feuer, und das Ziel bestand darin, den Kongreß zu einer Resolution zugunsten des jüdischen Staates zu bewegen.

Als Hindernis erwies sich eine zionistische Splittergruppe, die sich Hebräisches Komitee der Befreiung oder auch Komitee für eine jüdische Armee nannte. Sie arbeitete für Menachem Begin und seine damalige terroristische Organisation IRGUN. Unter der Führung eines illegalen zionistisch-palästinensischen Einwanderers mit Decknamen Peter Bergson bestritt sie den anderen Zionisten das Vertretungsrecht für die Juden in Palästina. Sie gewann die Unterstützung mehrerer entweder ehrlich überzeugter oder geltungssüchtiger Senatoren. Aufsehen, aber auch Ablehnung erregte sie durch die Eröffnung einer hebräischen Botschaft in Washington und durch eine Pressekonferenz, auf der Bergson im Frühjahr 1944 in militärischer Aufmachung auftrat und vier Jahre vor der tatsächlichen Entstehung Israels den jüdischen Staat proklamierte.

Trotz eminenter Anstrengungen gelang es der ersten Lobby in Washington nicht, die erstrebte Resolution zu verwirklichen. Sie scheiterte am Einspruch Roosevelts, der arabische Unruhen befürchtete. Wahrscheinlich gibt es keine bessere Beleuchtung der komplizierten Problematik sogenannter jüdischer Macht in Amerika als die Entwicklungsgeschichte der Lobby . . .

H.: Und wo liegt die heutige Problematik?

Th.: Die Problematik ist zu vielschichtig, als daß man sie mit wenigen Worten umreißen könnte. Auf jeden Fall muß man ein Phänomen erwähnen, das in Europa selten verstanden wird. Es existiert in dieser Form nur auf amerikanischem Boden. Ohne sein Vorhandensein würde sich wahrscheinlich deutlicher zeigen, wie wenig die sogenannte jüdisch-israelische Lobby in Washington „Macht" im simplen Sinne ist und wie sehr sie mit Imponderabilien rechnen muß. Man könnte das Phänomen eine Symbiose nennen, und zwar nicht nur eine jüdisch-amerikanische, sondern eine allgemein amerikanisch-israelische.

In dieser Symbiose, die eine große Mehrheit der amerikanischen Bevölkerung und der politischen Parteien erfaßt, wirken zwar ähnliche Schuldgefühle aus der Zeit des Holocaust mit, wie sie (von Deutschland ganz abgesehen) auch in europäischen Ländern mit antijüdischen Traditionen und einer umstrittenen Haltung während der Hitler-Ära weiterleben. Aber dazu gesellen sich mächtige emotionelle Strömungen anderer Art. Sie sind zum Teil religiöser Natur und wachsen aus den Millionenheeren protestantischer Fundamentalisten oder Baptisten, die an eine Wiederkehr des Messias in ein jüdisches Palästina glauben. Derartige Glaubenselemente sind auch in Präsidenten wie Carter oder Reagan zu finden und erzeugen – völlig unabhängig von außen- und macht politischen amerikanischen Interessen – eine pro-israelische Grundhaltung. Mit den religionsfundierten Emotionen verknüpfen sich andere, die in der vielzitierten amerikanischen Pionier- und Siedlertradition wurzeln und seit 1948 in Israel ein modernes Musterbild dieser Tradition erblicken, das im eigenen Land nur noch nostalgische Bedeutung hat. Gleiches gilt für die spezifisch amerikanisch-demokratischen Traditionen, für die Israel ein Musterland in einer fremden arabischen Umwelt ist. Es handelt sich also um ein eminentes pro-israelisches Gefühls- und Meinungskapital.

Natürlich stehen dem andere Elemente gegenüber, die man Negativ-Elemente nennen könnte. Dazu gehört ein zwar langsamer, aber zumindest in Phasen spürbarer Reifungsprozeß amerikanischer Außenpolitik, der von der beinahe totalen Unkenntnis über die arabische Seite zur Truman-Zeit zu differenzierteren Einblikken und Bemühungen führt, diesen oder jenen Teil der arabischen Seite in die amerikanische Nahost-Politik einzubeziehen und dabei, wie sich ein Carter-Berater einmal in einem zynischen Augenblick ausdrückte, das „selbstgeschaffene israelische Hindernis in akrobatischen Aktionen zu bewältigen". Es vollzieht sich auch ein Generationswechsel auf den politischen amerikanischen Führungsebenen von den Älteren, die noch den Schock der Enthüllung des Holocaust sowie die Begründung Israels miterlebt haben, zu Jüngeren, welche die einstigen Emotionen nicht mehr kennen. Auf der Negativseite findet sich auch die Tatsache, daß die nicht so sehr waffentechnische als wirtschaftlich-finanzielle Abhängigkeit Israels von Amerika einen Umfang erreicht hat, wie er 1948 noch unvorstellbar war. Die direkten Spenden jüdischer Amerikaner, die einmal ausreichten, um israelische Zusatzbedürfnisse zu dekken, erreichten zwar 1980/81 noch jährlich 250 Millionen Dollar – ohne den Kauf von Israel-Bons. Aber der nur in der antijüdischen Legende unbegrenzte jüdische Reichtum in Amerika hat seine Grenzen. Die Spenden bestritten nur noch Bruchteile des israelischen Bedarfs von jährlich mehreren Milliarden, die nur durch direkte amerikanische Finanzleistungen zu decken waren. Wenn ich mich richtig erinnere, erhielt Israel bis 1982 – abgesehen von Süd-Vietnam – mehr direkte amerikanische Unterstützung als alle anderen Länder der Welt.

Vor einem solchen Hintergrund ist leicht zu erkennen, welch komplizierte strategische Probleme die jüdisch-amerikanische Israel-Lobby zu bewältigen hat, nämlich erstens: israelische Politik und israelische Aktionen nicht nur in die außen- und machtpolitischen Interessen der jeweiligen amerikanischen Administrationen einzubauen oder ihnen wenigstens den Anschein eines Gleichklangs zu geben, und zweitens: das pro-israelische amerikanische Gefühls- und Meinungskapital nicht durch nahöstliche Aktionen gefährden oder zerstören zu lassen, die ein idealistisches Israel-Bild ernsthaft antasten. Krisen des Jahres 1981 zwischen der israelischen Regierung Begin und der amerikanischen Administration Reagan waren in dieser Beziehung aufschlußreich. Die Neigung der Regierung Begin zur Lösung der „nahöstlichen Quadratur des Zirkels" durch Gewalt, die amerikanische Bemühungen um die arabische Seite störte, entlockte einem grundsätzlich pro-israelischen Präsidenten wie Reagan Mahnungen wie: „So sehr wir die Lebensinteressen von Verbündeten (Israel) im Auge behalten müssen, so sehr müssen amerikanische Sicherheitsinteressen unserer eigenen Verantwortlichkeit unterworfen bleiben ... Es ist nicht Sache anderer Nationen (Israel), unsere Außenpolitik zu leiten." Der nunmehrige Leiter des American Israel Affairs Committee, Tom Dine, konterte nicht besonders glücklich: „John Stuart Mills warnte einmal vor sogenannten objektiven nationalen Interessen. Er nannte sie eine Tyrannei der Mehrheit. Kann irgend jemand von der Definition wahrer nationaler Interessen ausgeschlossen werden? Wenn ja, dann würden wir unsere Demokratie untergraben ..."

Wahrscheinlich zeigt dies etwas von der Problematik, nach der Sie fragten. Sie hat nichts mit einer Aufgabe Israels durch Amerika in der übersehbaren Zukunft zu tun, mit Sicherheit nicht, so lange Israel der einzige aktionsfähige Verbündete Amerikas im Nahen Osten bleibt, dem arabische Uneinigkeit, Instabilität und Impotenz gegenübersteht. Aber die Problematik könnte einmal dazu führen, daß die Lobby in Washington sich von einem durch israelische Wünsche und Vorstellungen bestimmten Instrument zu einer Organisation entwickelt, die eine mehr vermittelnde Funktion einnimmt. Doch das ist eine Entwicklung, die sich nicht in Elfenbeintürmen konstruieren läßt, sondern die nur mit der Zeit und aus der Zeit wachsen kann.

Soviel über die jüdisch-israelische Lobby in Washington. Wir werden darauf verzichten müssen, auf das direkte Hineinwachsen jüdischer Amerikaner in das politische Leben – sei es als Abgeordnete, Senatoren, Gouverneure, Minister, Staatssekretäre, Botschafter oder Mitglieder der Administration – näher einzugehen. Seit Henry Kissinger als Außenminister, Harold Brown oder Caspar Weinberger als Verteidigungsminister hervortraten, wirkt die antijüdische Erregung, die 1908 einmal die kurze Ernennung eines Mitgliedes der jüdischen Kaufhausfamilie Straus zum Handelsminister des Präsidenten Theodore Roosevelt erzeugte, nur noch kurios. Wenn man von der unglücklichen, von antijüdischen Ressentiments umbrandeten Figur Judah P. Benjamins absieht, der nach 1860 während des amerikanischen Bürgerkrieges als Außen- und Kriegsminister der Südstaaten hervortrat und schließlich nach England floh, war Oscar Straus der erste jüdisch geborene Minister in einem amerikanischen Kabinett. Er war aber nicht mehr als das, was man in der früheren europäisch-jüdischen Geschichte als „Hofjude" bezeichnete, oder aber eine Symbolfigur für das politische Werben von Parteien und Präsidenten um jüdische Unterstützung. Auch der spätere Finanzminister Henry Morgenthau jr. in der Ära Franklin Roosevelt oder inoffizielle Beraterfiguren Roosevelts wie Felix Frankfurter oder Samuel Rosenman waren nicht sehr viel mehr. Die eigentliche Geschichte politischer Persönlichkeiten begann erst während der Zeit der Präsidenten Kennedy und Johnson. Man denkt unwillkürlich an Gestalten wie Eugene und Walt Rostow, die als Unterstaatssekretäre oder Sicherheitsberater Johnsons eine wichtige Rolle bei der Entwicklung des Vietnam-Krieges spielten.

Aber dieses Hineinwachsen in die aktive Politik bedeutet keineswegs eine Erleichterung der Arbeit der Lobby. Wie die zeitweilige erbitterte israelische Feindseligkeit gegen Kissinger gezeigt hat, führte das Amerika-Bewußtsein dieser Politiker zu anderen oder objektiveren Bewertungen der nahöstlichen Situation als in Israel oder innerhalb des American Israel Affairs Committee.

H.: Ich würde ungeachtet der Komplexität doch gern noch das Gebiet berühren, das Sie früher angeschnitten haben – nämlich die Rolle der Juden in der amerikanischen Kultur. Wenn Sie dem ersten Band Ihrer Geschichte der amerikanischen Juden, die ja wohl gleichzeitig eine gesamtjüdische Geschichte ist, den Titel „Das Gewürz" gegeben haben, dann denkt man insbesondere an den kulturellen Sektor, in dem es so etwas wie einen Beigeschmack jüdischer Intelligenz gibt, was ja besonders deutlich an der Entwicklung der amerikanischen Universitäten in den letzten dreißig oder vierzig Jahren zu erkennen ist. Es mag mit der Herkunft der jüdischen Einwanderer in Amerika zusammenhängen, daß diese einen relativ hohen Anteil an intellektuellen Berufen haben. Denn nach der Emanzipation der Juden in Europa, die sie aus der Ghetto-Situation befreite, drängten die in die Gesellschaft sich integrierenden Juden in die gehobenen Positionen, also in intellektuelle Berufe oder als selbständige Unternehmer in die Wirtschaft – eine typische Aufsteigerbewegung wie bei allen Emanzipationsprozessen.

Th.: Das Wort „Gewürz“, das ich für den Titel des ersten Bandes verwendet habe, ist nicht meine Erfindung. Es wurde zuerst von dem amerikanischen Psychologen und Soziologen van den Haag benutzt, der vor einigen Jahren schrieb, praktisch sei in allem, was im amerikanischen Völkertopf gekocht worden sei, jüdisches Gewürz enthalten. Die Kritik an dieser Behauptung beginnt natürlich schon bei dem Begriff „Völkertopf“. Es wird bezweifelt, ob die Vereinigten Staaten wirklich ein Völkertopf im Sinne von Schmelztiegel geworden sind. Eher ist die Rede von einer pluralistischen Gesellschaft und neuerdings (mit warnendem Unterton) von einer Balkanisierung Amerikas durch ethnische Zersplitterung.

Wenn man jedoch van den Haags Behauptung als Arbeitsthese akzeptiert, geht es dabei weniger darum, welche zahlenmäßige Rolle Juden oder Bürger jüdischer Abstammung, Menschen mit einer vielschichtigen Palette zwischen mehr oder weniger bewahrten jüdischen Wurzeln und vollständiger Assimilation in den verschiedenen Bereichen des kulturell-wissenschaftlichen amerikanischen Lebens spielen. Im Vordergrund steht die Frage, was denn an vorhandenem Einfluß typisch jüdisch sei. Ich habe unter Juden selbst wenig eindeutige Antworten darauf erhalten, eben weil schon die Definition des Judentums so vielschichtig beantwortet wird.

Es gibt amerikanische Bereiche, von denen man sagen könnte, daß hier besondere jüdische Begabungen, die sich im Laufe der Jahrhunderte oder Jahrtausende entwickelten, eine entscheidende Bedeutung erlangt haben.

Die Entstehung der amerikanischen Soziologie, aber auch des ganzen Meinungsumfrage-Wesens hat von dieser Seite maßgebende Impulse erhalten. In großen Abschnitten ihrer Geschichte, vor allen Dingen in der Zeit der Ghettos, waren Juden von einer mehr oder weniger feindseligen Umwelt umgeben. Sie sahen sich also gezwungen, diese Umwelt und ihre Reaktionen genau zu studieren, um selbst zu überleben. Ähnliches gilt für die eminente Entwicklung von Freuds oder seiner Epigonen Psychologie und Psychoanalyse, die ihren ursprünglichen Antrieb sicher in dem jüdischen Bedürfnis nach Einsicht in die eigene psychische Entwicklung unter ungewöhnlichen Umweltbedingungen erhielt. In den Vereinigten Staaten fand die Psychoanalyse einen Nährboden, der vielleicht auf Jeffersons Verfassungsversprechen zurückgeht, wonach es zur Aufgabe des Staates gehört, dem einzelnen auf dem Weg zum Glück zu helfen. Der Anspruch auf Glück wurde umso weniger honoriert, je weiter die amerikanische Geschichte fortschritt, und die Psychotherapie entwickelte sich als Ersatz-Erlöserin und Glücksbringerin zu einem Massenphänomen von in Europa unvorstellbaren Ausmaßen.

Wahrscheinlich gibt es auch ein jüdisches „Gewürz" in dem ursprünglich angelsächsischen amerikanischen Rechtsdenken und Rechtssystem, das sich aus anfänglich kleinen „Nischen", in denen jüdische Anwälte Fuß fassen konnten, verbreitet hat. Der Schutz und die Verteidigung von wirklich oder vermeintlich Schwächeren sind juristische Maximen, die sich aus der jüdischen Geschichte als einer Geschichte von weithin Schwächeren oder Rechtlosen ergeben haben. Auf amerikanischem Boden fanden sie Entfaltungsmöglichkeiten, die auf der einen Seite zu beispielhaften Fortschritten, auf der anderen zu Exzessen geführt haben, die heute Gegenstand vieler Diskussionen über die abnorme Ausdehnung der amerikanischen Kriminalität durch überspitzte Toleranz geworden sind.

Es gibt auch keinen Zweifel daran, daß die außerordentliche Entwicklung der Physik, der Atomphysik, der Mathematik und anderer sogenannter abstrakter Wissenschaften zu einem erheblichen Teil auf jüdisches „Gewürz" zurückgeht. In den Jahrhunderten, in denen zum Beispiel in Rußland die jüdische Bevölkerung fast ausschließlich in einer orthodoxen Welt oder, wenn man will, unter einer rabbinischen Diktatur lebte und ständige Neuauslegungen des Talmud die wichtigste geistig-wissenschaftliche Tätigkeit waren, entwickelten sich intellektuelle Fähigkeiten, die manchmal als Spitzfindigkeit bezeichnet worden sind, die aber wichtige Voraussetzungen für die Denkweisen moderner Wissenschaften bilden. Hier handelt es sich um ein Feld, das um die Jahrhundertwende und in den ersten Jahrzehnten unseres Jahrhunderts in Europa und vor allem in Deutschland entstand. Gleich, wie man heute über Segen oder Verhängnis der Atomphysik denkt: Ein erheblicher, wenn nicht der entscheidende Teil ihrer europäischen Pioniere, von Albert Einstein bis zu Niels Bohr, war jüdischer Abstammung. Unter dem Schatten der Hitler-Ära kamen sie, und mit ihnen andere Physiker, Mathematiker, Biologen, Chemiker, Mediziner, nach Amerika und wurden dort zu Trägern einer bis dahin unbekannten oder erst in Ansätzen vorhandenen wissenschaftlichen Entwicklung, die nicht mehr ausschließlich davon lebte, ob ihre Ergebnisse für die amerikanische Industrie oder Wirtschaft verwertbar waren und sich wie bis dahin in Gewinn umsetzen ließen, sondern auch reiner Forschung dienen konnte. Erst nach dem Ersten Weltkrieg war es dem jüdisch geborenen amerikanischen Pädagogen Abraham Flexner, der zuvor die chaotische bis skandalöse Verfassung der amerikanischen medizinischen Ausbildung und Forschung nach europäischem Vorbild reformiert hatte, gelungen, in Princeton das erste „rein wissenschaftliche" Institute for Advanced Study zu begründen.

Von diesen Bereichen abgesehen, glaube ich nicht, daß man von spezifisch jüdischen „Gewürzen" sprechen sollte, wohl aber von einer geistigen, schöpferischen oder „managerialen" Befruchtung oder Belebung der amerikanischen Kultur. So hat die Entwicklung und Verbreitung der amerikanischen Literatur seit dem Ersten Weltkrieg durch jüdische Verleger mit Wurzeln in der europäischen literarischen und publizistischen Tradition, durch Männer wie Liveright, Knopf, Cerf, Simon oder Schuster, eine neue, wenn nicht gar erste Blüte erlebt. Sie verliehen einem konservativen Verlagswesen, das vor allem von der Verbreitung britischer Literatur lebte, ersten internationalen Glanz. Sie wurden die Begründer der ersten amerikanischen Buchgemeinschaften wie des „Book of the Month"-Club sowie Pioniere des literarischen oder geisteswissenschaftlichen Taschenbuches. Aber es ist umstritten, ob es sich um spezifisch jüdisch-literarisches „Gewürz“ handelt, wenn Verleger seit der jüdischen Katastrophe der Hitlerjahre in ihre Programme auch Bücher über jüdisches Schicksal und jüdische Probleme aufnehmen, für die sich erst nach dem Schock des Holocaust oder auf der frühen Woge der Begeisterung für Israel ein breiteres Publikum fand.

Jüdische oder jüdisch geborene Schriftsteller schufen seit der „psychologischen Wende“ nach dem Zweiten Weltkrieg einen erheblichen Teil der amerikanischen Literatur sowohl auf der höheren oder hohen Ebene (Bellow, Malamud, Roth, Singer, Mailer, Miller) oder auf der unterhaltenden bis trivialen Ebene (Wouk, Uris, Robbins, Wallace, Jong). Manche unter ihnen, wie Singer, widmen sich ausschließlich oder teilweise Themen aus der jüdischen Lebenswelt. Andere, wie Mailer, halten Distanz. Aber selbst wo jüdische Themen behandelt werden, hat die Frage des „spezifisch Jüdischen“ in Ausdruck und Form zu endlosen, meist fruchtlosen Auseinandersetzungen geführt. Bei Roth wird insbesondere nach seinem Buch „Portnoy's Beschwerden“ mit „jüdischem Intellekt“ operiert. Kritiker orthodoxer Herkunft neigen dazu, fast alle amerikanisch-jüdische Literatur als entfremdet und durch und durch amerikanisiert zu betrachten und oftmals genug scharf zu kritisieren oder zu verdammen.

Was die leichte Musik und das Musical anbetrifft, so ist sicher, daß jüdisches Management und jüdische Regie eine entscheidende Rolle spielen. Aber was spezifisch jüdische Elemente in Komponisten aus der langen Reihe von Irving Berlin, Jerome Kern, George Gershwin über Richard Rodgers bis Jule Styne anbetrifft, so gibt es bestenfalls Theorien. In vielen Fällen kommt dem amerikanischen Jazz oder der amerikanischen Volksmusik die entscheidendere Bedeutung als befruchtendem Element zu, das auch bei einem Mann wie Gershwin so deutlich wird. Bei den Violinvirtuosen wie Mischa Elman, Isaac Stern oder Itzhak Perlman könnte man sich auf eine spezifisch jüdische Tradition der „Klesmorim“ oder Geiger im alten Osteuropa berufen.

Auf dem Feld der „hohen“ Musik, das heißt bei Komponisten wie Aaron Copland, Marc Blitzstein oder Gunther Schuller, besteht keine Einigkeit darüber, welch „jüdisches Gewürz“ in ihren Werken zu entdecken sei. Bei den aus dem Europa der Vor-Hitler-Ära gekommenen atonalen Kompositionen Schönbergs wird mit mehr oder weniger Sinn oder Erfolg von dem schon erwähnten „abstrakten jüdischen Intellekt“ gesprochen. Was die zahlreichen jüdischen Orchester-Dirigenten von Kousseritzky über Szell bis zu Bernstein und Previn angeht, denen Amerika Entstehung und Aufstieg seiner heutigen Symphonie-Orchester verdankt, stellt sich das Problem kaum.

Die Frage nach der spezifischen Art eines jüdischen „Gewürzes“ erhebt sich gegenüber dem Theater, dem Fernsehen und schließlich – aber nicht zuletzt – gegenüber der Welt der intellektuellen Publizistik, der Kunst- oder Sozialkritik. In den ersten einhundertfünfzig Jahren der amerikanischen Geschichte als „eierköpfig“ verachtet, verdankt diese Welt ihr Entstehen weithin jüdischen Intellektuellen, die bis in die „Wende“ der fünfziger Jahre in einer New Yorker Isolierung lebten und arbeiteten, bevor sie im größeren Strom des amerikanischen Lebens Beachtung und Resonanz fanden. Aber sofern ihre Arbeit sich nicht mit jüdischen Themen an sich beschäftigt, dürfte es schwer sein, im Werk von Irving Howe, Lionel Trilling, Norman Podhoretz, David Riesman, Irving Kristol, Hannah Arendt, George Lichtheim, Susan Sontag und vieler anderer spezifisch jüdische Elemente zu finden. Es sei denn, man griffe noch einmal auf die Tradition der Talmud-Studien und der Schärfung eines jüdischen Intellekts zurück.

Wahrscheinlich kann man nur zwei Dinge mit einiger Sicherheit sagen. Erstens: Juden, die in einer feindseligen, abweisenden oder distanzierten Umwelt gelernt hatten, daß sie, um zu überleben, Besseres oder mehr leisten mußten als diese Umwelt, entwickelten auf amerikanischem Boden auch in den kulturellen Nischen, die sie fanden oder die sich ihnen nach dem Zweiten Weltkrieg öffneten, außergewöhnliche Leistungen.

Die „Öffnung“ nach dem Zweiten Weltkrieg war an Universitäten besonders deutlich, die noch in den dreißiger Jahren eine offene oder verbrämte Politik des Numerus Clausus gegenüber Juden verfolgt hatten. Dies galt besonders für Elite-Universitäten wie

Harvard, Yale, Princeton, die dabei lange Zeit Unterschiede zwischen assimilierten Juden deutscher Abstammung und Juden osteuropäischer Herkunft machten. Die ersteren wurden in Harvard toleriert, wo der langjährige Präsident Lawrence Lowell das Ansteigen der Ziffern von jüdischen Studenten osteuropäischer Herkunft an der New Yorker Columbia-Universität auf 40 Prozent mit tiefer Besorgnis um den Bestand der angelsächsischen Elite verfolgte und dafür Sorge trug, daß die jüdische Studentenbeteiligung in Harvard 10 Prozent nicht überstieg. Es war nicht ungewöhnlich, wenn es in Harvard-Empfehlungsschreiben für Abschluß-Studenten hieß: „Er ist von jüdischer Herkunft, aber ohne die Mängel, die manchmal in solchen Fällen zu erwarten sind." Oder: „Ich glaube zwei seiner Großeltern waren jüdisch, aber die beiden anderen nicht."

An der Universität Yale, die 1975 auf eine zweihundertvierundsiebzigjährige Geschichte zurückblickte, dauerte es zweihundertzweiundvierzig Jahre, bevor ein Jude in die Fakultät aufgenommen wurde.

Noch in den frühen vierziger Jahren wäre es kaum vorstellbar gewesen, daß 1975, als die jüdische Bevölkerung in Amerika 3 Prozent der Gesamtbevölkerung ausmachte, im Durchschnitt 9 Prozent der Universitätslehrer jüdischer Herkunft sein würden und – auf einzelne Fakultäten verteilt – 22 Prozent der Medizinprofessoren, 25 bis 30 Prozent der Professoren der Jurisprudenz, 20 Prozent der Professoren für Physik oder Wirtschaftswissenschaft. Dabei ist zu sagen, daß die jüdischen Akademiker den höchsten Grad von Assimilation und Distanz gegenüber den jüdischen Organisationen und spezifisch jüdischen Interessenvertretungen zeigten. 1979 waren von rund achtzehntausend Studenten der New Yorker Columbia-Universität achttausend jüdischer Herkunft, von etwa neuntausendfünfhundert Studenten in Yale zweitausendfünfhundert, von etwa dreißigtausend Studenten an der kalifornischen Universität in Berkeley sechstausend, von rund zwanzigtausend Studenten der Harvard-Universität dreitausendfünfhundert. Die Zahlen unterstreichen, von den Universitäten her gesehen, die Entwicklung jüdischer Beteiligung an Kultur und

Wissenschaft Amerikas, die nach dem Zweiten Weltkrieg und im Nachschatten des Holocaust begann.

Zweitens: Ein wesentlicher Teil dieser Entwicklung erhält eine besondere Note dadurch, daß sie nicht nur einem Leistungszwang entspringt, sondern der zumindest für ein oder zwei Generationen geltenden inneren Spannung zwischen jüdischer Herkunft und einer neuen, diesmal amerikanischen Umwelt. Wahrscheinlich entsprangen auch die vielfach besonderen Züge der jüdischen Beteiligung an der deutschen Kultur bis 1933 diesen inneren Spannungen. Die vielfältigen Strukturen und die lange kulturelle Unterentwicklung Amerikas boten dafür weite Entfaltungsmöglichkeiten, nachdem die Barrieren der „privaten antijüdischen Inquisition" erst einmal erschüttert oder durch die transatlantischen Wirkungen des Holocaust abgebaut waren.

H.: Es scheint doch so zu sein, daß sich das Judentum in Amerika in einem Prozeß der Integration in die amerikanische Nationalität befindet und daß wir nicht mehr von einem Judentum sprechen können, das noch eine Art Ghetto-Bewußtsein in sich trägt.

Damit aber kommt eine historische Bewegung in Gang, die schon im 19. Jahrhundert begann und durch die Verfolgungen nur unterbrochen und verzögert wurde; nämlich das Aufgehen der Juden in ihrer Umgebung der modernen Gesellschaften. Integration versus Zionismus wäre dann eine Spaltung im Judentum, die es so bisher noch nie gegeben hat und die an deren Ende dann einerseits durch die Verschmelzung der in der Diaspora lebenden Juden mit den nichtjüdischen Mehrheiten langfristig zum Verschwinden der jüdischen Minderheiten führen müßte; während andererseits sich – nun lokalisierbar im Staate Israel – eine jüdische Nation herausbildet mit allen heute wahrlich verspäteten Zügen eines Nationalismus, der zur Konstitution eines Staatsvolks wahrscheinlich unerläßlich ist. Der Zionismus der eigentlich Assimilationsbereiten wäre dann ein Zugeständnis an den schon verlorenen Mythos, gleichsam eine „Abschlagszahlung" an die eigene Erinnerung, die bald nur noch eine fremde Historie sein wird. Und in diesem Sinne scheint mir in den Vereinigten Staaten eine moderne Entwicklung im Weltjudentum eingeleitet zu sein, welche die gesamte jüdische Geschichte auf eine neue Ebene hebt.

Th.: Nun, die jüdische Geschichte befindet sich heute auf einem Wege der Polarisation zwischen zwei Schwerpunkten: Amerika und Israel, während alles andere von zweitrangiger Bedeutung ist. Von den zwölf bis dreizehn Millionen Juden, die heute in der Welt leben, befinden sich nahezu sechs Millionen in Amerika und drei Millionen in Israel. Was sich zwischen den großen Polen vollzieht und in Zukunft vollziehen wird, ist ein weites und offenes Feld.

Zeittafel

1. Palästina und die Diaspora in der Antike

ca. 1800–1600	Zeit der Patriarchen
ab ca. 1200	Zeit der Richter
ca. 1020–1005	Saul
ca. 1005–965	David
ca. 965–928	Salomo
um 926/25	Reichsteilung in die Reiche Israel und Juda
722	Eroberung Samarias, Untergang des Reiches Israel
622	Kultreform unter Josia
597	1. Eroberung Jerusalems durch die Babylonier
586	2. Eroberung Jerusalems durch die Babylonier; Zerstörung des Tempels; Untergang des Reiches Juda; babylonische Gefangenschaft
539	Eroberung Babylons durch Kyros
538	Edikt des Kyros: Erlaubnis zur Rückkehr
516/17	Vollendung des 2. Tempels
ca. 458–420	Esra/Nehemia
332	Eroberung Palästinas durch Alexander den Großen
ca. 301–200	Palästina unter der Oberherrschaft der Ptolemäer
ca. 240–218	Tobiade Josef
ca. 200–64	Palästina unter der Oberherrschaft der Seleukiden
175–164	Antiochos IV. Epiphanes
167	Weihung des Tempels an den Zeus Olympios; Beginn des Makkabäeraufstandes
166–161	Makkabäer Judas
164	Wiederherstellung des Tempelkultes
161–142	Makkabäer Jonathan
153	Jonathan Hoherpriester
142–135/34	Makkabäer Simon
140	Simon erblicher Hoherpriester, Fürst und Heerführer
135/34–104	Johannes Hyrkan
104–103	Aristobul I.
103–76	Alexander Jannai
76–67	Salome Alexandra
67–63	Aristobul II.

63	Eroberung Jerusalems durch Pompejus; Palästina unter römischer Oberherrschaft
63–40	Hyrkan II.
40–37	Mattathias Antigonos
37–4v.	Herodes der Große
4v.–6n.	Archelaos
6n.–41n.	Judäa römische Provinz (unter Prokuratoren)
41–44	Agrippa I.
ab 44	Judäa erneut römische Provinz
66–74	1. jüdisch-römischer Krieg
ca. 74–132	Periode von Javne
115–117	Diaspora-Aufstände
132–135	2. jüdisch-römischer Krieg (Bar Kokhba-Aufstand)
um 200	Patriarch Jehuda ha-Nasi; Redaktion der Mischna
ab 324	Palästina unter christlicher Herrschaft
391/92	Christentum Staatsreligion
vor 425	Ende des jüdischen Patriarchats
614–617	Parthisch-jüdische Herrschaft über Jerusalem

2. *Europa im Mittelalter*

2.1. *Unter islamischer Oberherrschaft*

638	Eroberung Jerusalems durch die Araber
711	Eroberung Spaniens
um 720	sog. Omarvertrag
ca. 900–1140	„Goldenes Zeitalter" der Juden in Spanien
1055/56	Samuel ha-Nagid gestorben
1058	Salomo ibn Gabirol gestorben
um 1100	Bachja ibn Paquda
1141	Jehuda ha-Levi gestorben
1164	Abraham ibn Esra gestorben
1204	Moses Maimonides gestorben

2.2. *Unter christlicher Oberherrschaft*

1096	1. Kreuzzug
ca. 1140–1300	Blütezeit im christlichen Spanien
1171	1. Ritualmordprozeß in Frankreich
1215	4. Laterankonzil (mit judenfeindlichen Gesetzen)
1240	Talmudverbrennung in Paris
1263	Disputation von Barcelona

1290	Vertreibung aus England
1348	„Schwarzer Tod"
1394	Vertreibung aus Frankreich
1492	Vertreibung aus Spanien
1496	Vertreibung aus Portugal

3. *Europa, Palästina und Nordamerika in der Neuzeit*

3.1. *Mittel- und Westeuropa*

ab 1676	Sabbatianische Bewegung
1750	Generalreglement Friedrichs II.
1781–83	C.W. Dohm, „Über die bürgerliche Verbesserung der Juden"
1782–89	Toleranzpatente Josephs II.
1791	Politische und bürgerliche Gleichstellung der Juden Frankreichs
1808	Gleichstellung der Juden im Königreich Westfalen
1812	Edikt Hardenbergs
1869	Rechtliche Gleichstellung im Norddeutschen Bund
1871	Rechtliche Gleichstellung in der Verfassung des Deutschen Reiches
1878	Gründung der antisemitischen „Christlich-sozialen Arbeiterpartei" A. Stoeckers
ab 1894	Dreyfus-Affäre
1896	T. Herzl, „Der Judenstaat"
1897	1. Zionistischer Kongreß in Basel
1917	Balfour-Erklärung
1933	Hitler Reichskanzler
1935	Nürnberger Rassengesetze
1938	sog. „Reichskristallnacht"
ab 1941	Massenvernichtung der Juden
1942	Wannseekonferenz, sog. „Endlösung"

3.2. *Osteuropa*

11. Jh.	Beginn der jüdischen Wanderungsbewegung von Westen nach Osten
1264	Schutzbrief Boleslaws des Frommen
ca. 1500–1648	Masseneinwanderung nach Polen; Blütezeit des polnisch-litauischen Judentums
ab 1533	überregionale jüdische Gerichtsbarkeit
ab 1623	Vierländersynode; selbständige litauische Synode

1648/49	Chmielnicki-Massaker
1654–58	Pogrome während der moskowitischen und der schwedischen Invasion
ab 1676	Sabbatianische Bewegung
ca. 1700–1759	Baal Schem Tov, Begründer der Bewegung des osteuropäischen Chasidismus
ab 1755	Frankistische Bewegung
1772–1795	1.–3. Teilung Polens
ab 1786	Sperrbezirke für russische Juden
1881/82	Pogrome in Rußland; Massenauswanderung; Bewegung der „Zionsfreunde“
1882	Leon Pinsker, „Autoemanzipation“

3.3. Palästina/Israel

ab 1882	1. Alijah (Einwanderungswelle)
ab 1904	2. Alijah
ab 1919	3. Alijah
ab 1920	Britisches Mandat
ab 1924	4. Alijah
1929	arabische Unruhen
ab 1929	5. Alijah
1936	arabische Unruhen
1947	UNO-Teilungsplan
1948	Proklamation des Staates Israel
1956	Sinaifeldzug
1967	Sechs-Tage-Krieg
1973	Jom-Kippur-Krieg
1979	Ägyptisch-israelischer Friedensvertrag

3.4. Nordamerika

1654	Erste jüdische Einwanderer
1776	Unabhängigkeitserklärung
1787	Federal Constitutional Convention (bürgerliche und religiöse Gleichstellung der Juden)
ab 1830	Einwanderungswelle aus Deutschland
ab 1881	Einwanderungswelle aus Rußland und Osteuropa
ab 1933	Einwanderungswelle aus Westeuropa
ab 1970	Einwanderung aus der Sowjetunion und aus Israel

Peter Schäfer

Karten zur Geschichte der Juden

Die Karten wurden mit freundlicher Genehmigung des Originalverlags Dvir Publishing House, Tel Aviv, dem im Verlag C. H. Beck, München, erschienenen dreibändigen Werk entnommen:

Geschichte des jüdischen Volkes
Herausgegeben von H. H. Ben-Sasson.
Erster Band: Von den Anfängen bis zum 7. Jahrhundert, 1978.
Zweiter Band: Vom 7. bis zum 17. Jahrhundert, 1979.
Dritter Band: Vom 17. Jahrhundert bis zur Gegenwart, 1980.

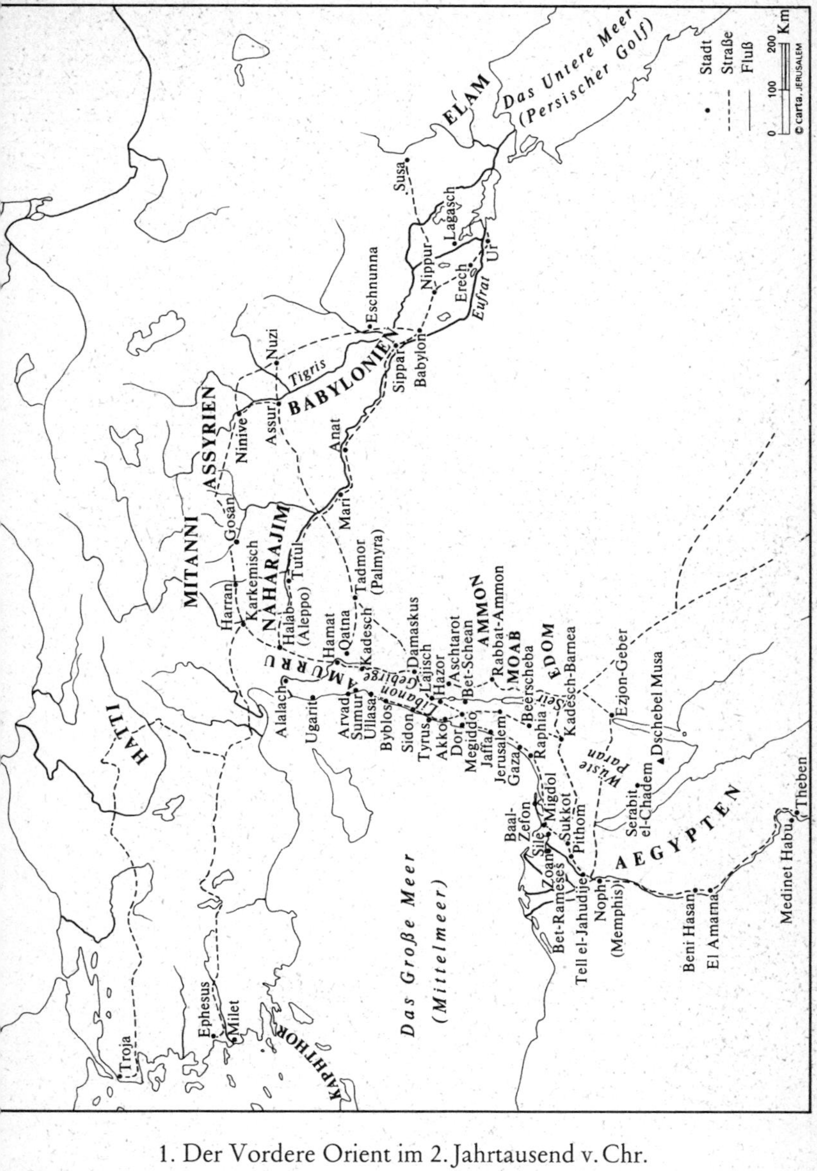

1. Der Vordere Orient im 2. Jahrtausend v. Chr.

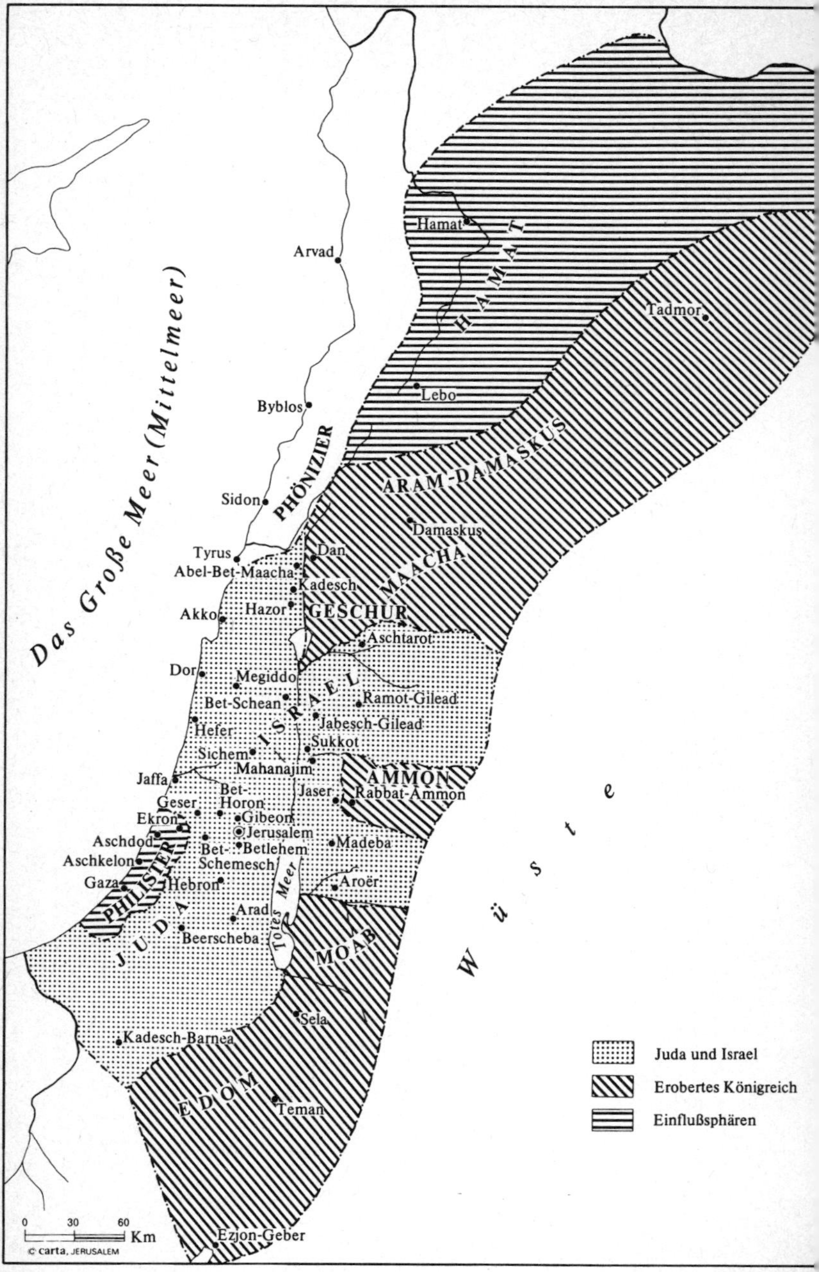

2. Das vereinte Königreich (David und Salomo)

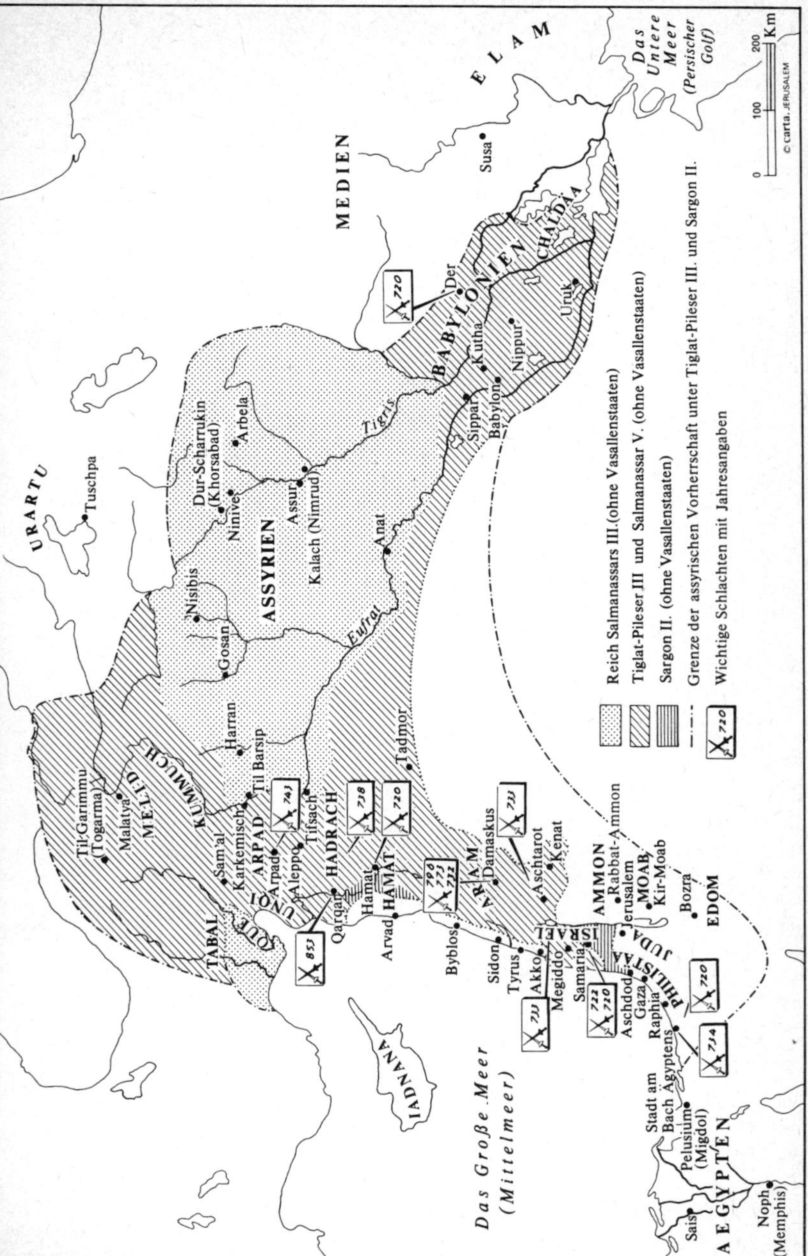

3. Israel und Juda im Schatten des Assyrerreiches

4. Das Königreich des Herodes

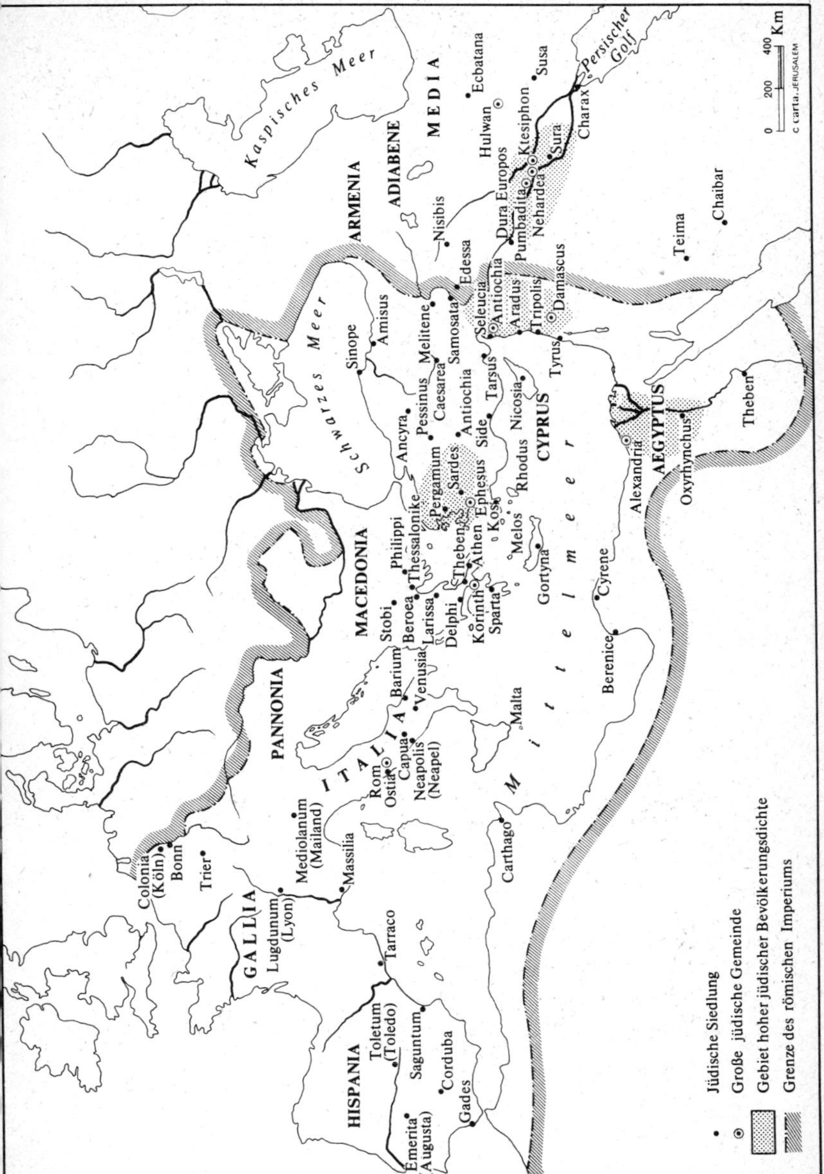

5. Die jüdische Diaspora im Imperium Romanum

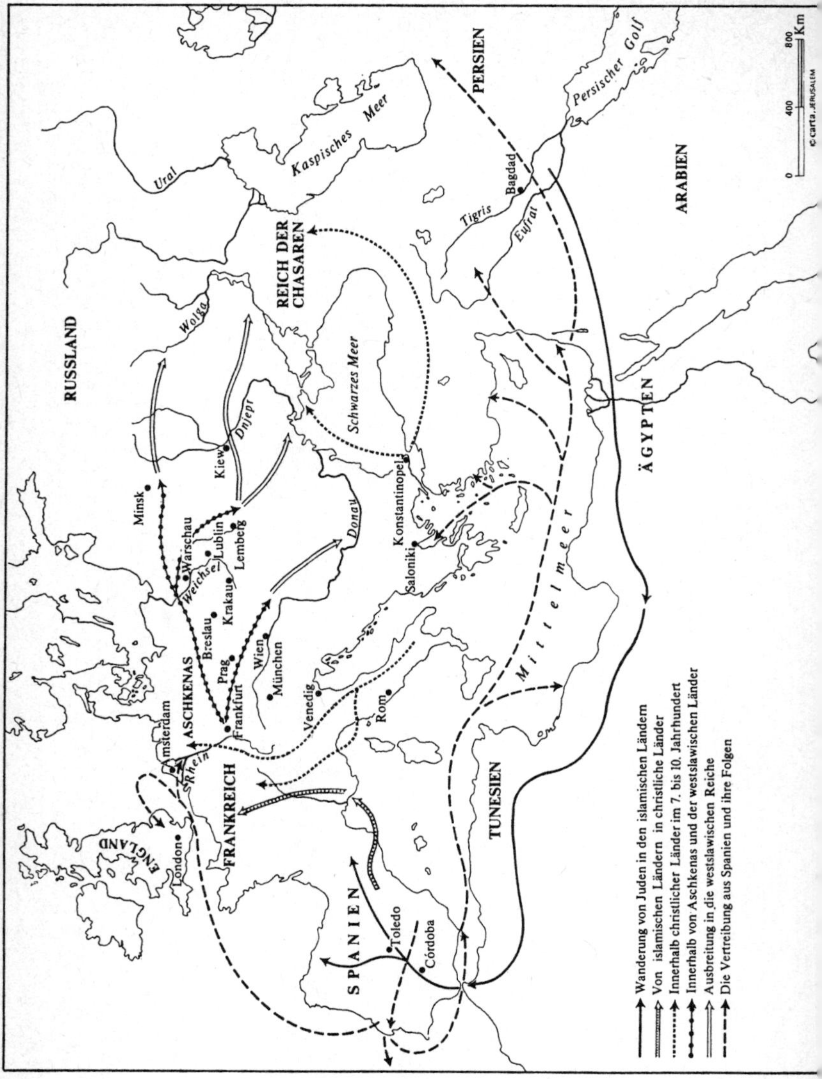

6. Wanderungen der Juden im Mittelalter

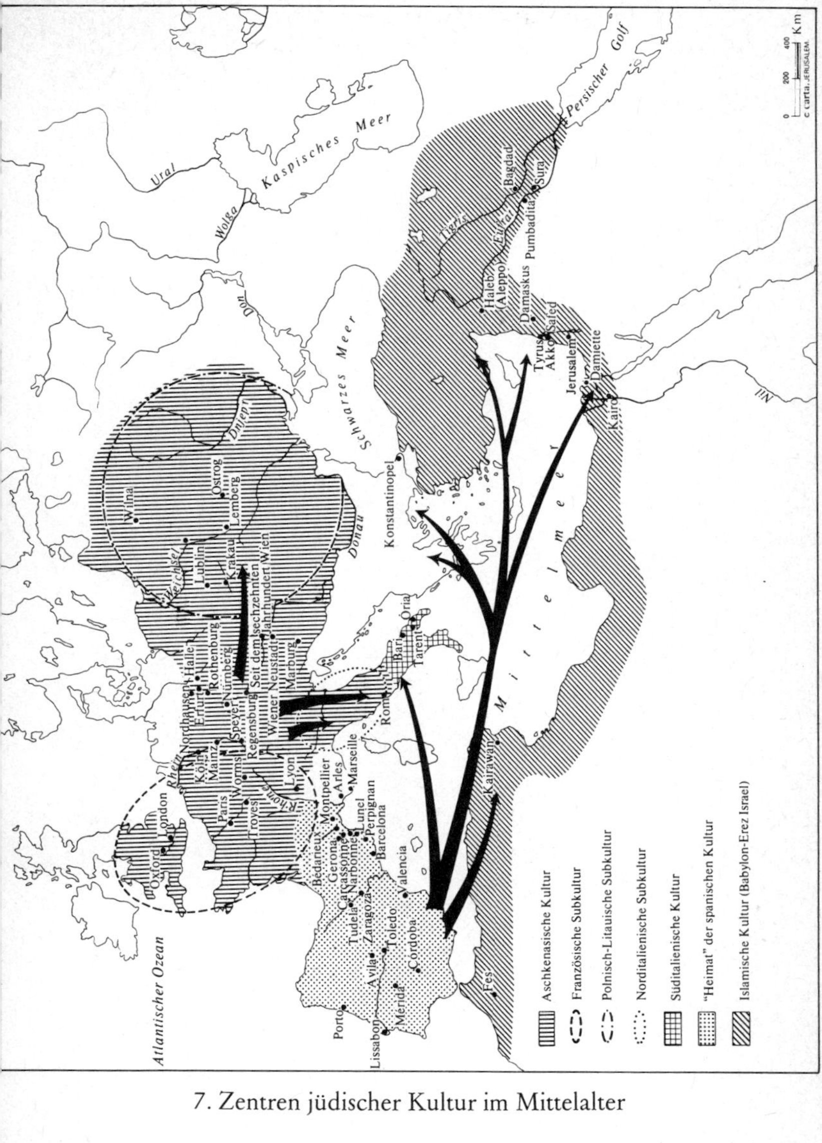

7. Zentren jüdischer Kultur im Mittelalter

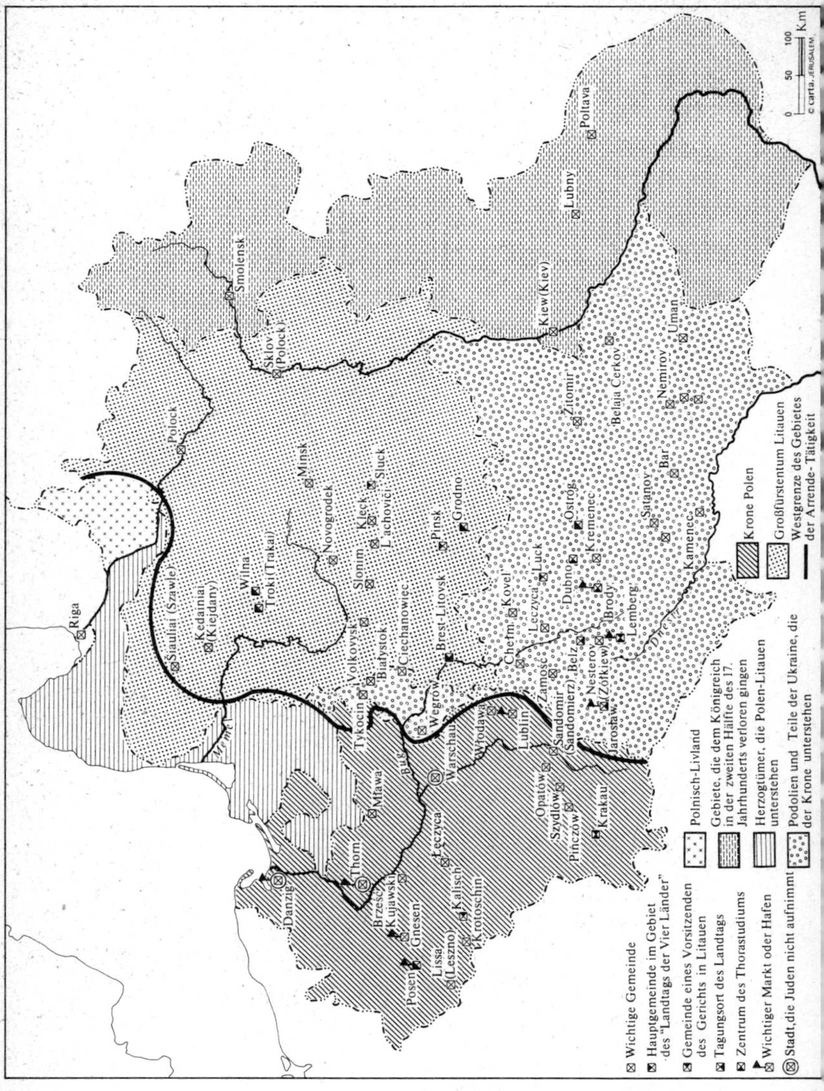

8. Polen-Litauen im 16. und 17. Jahrhundert

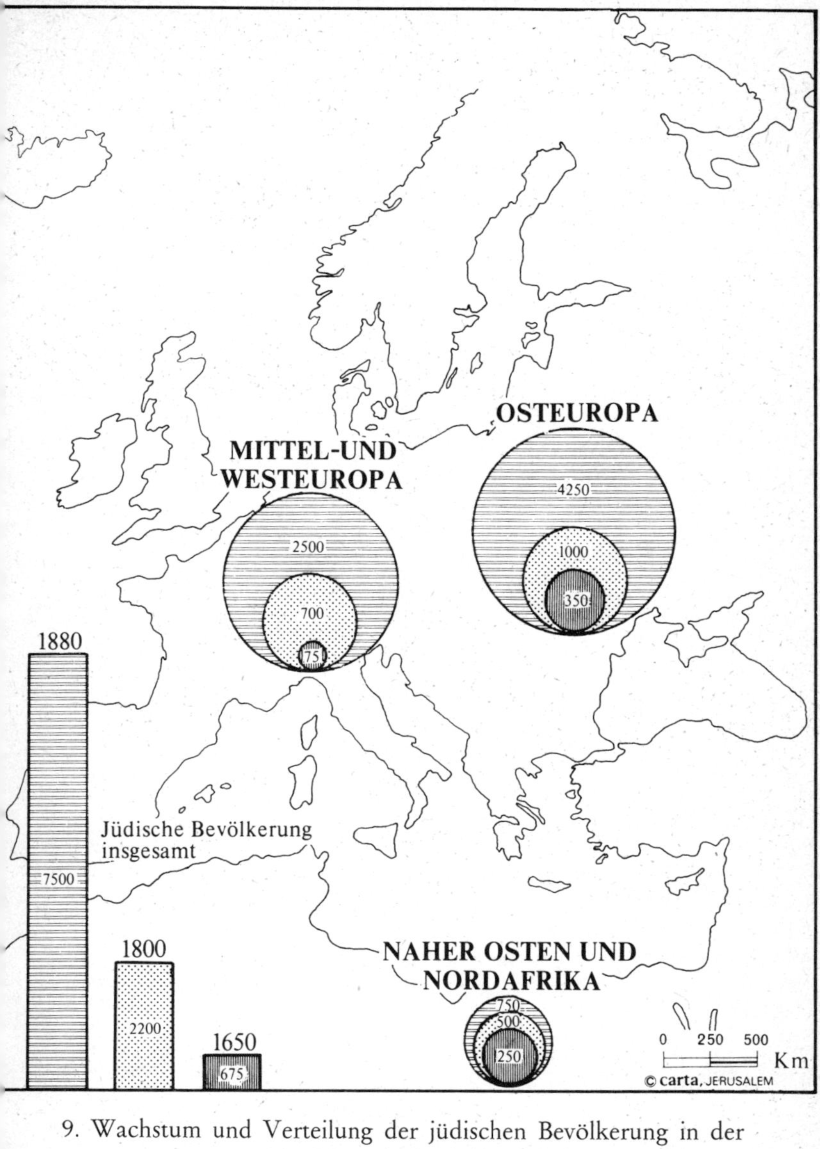

9. Wachstum und Verteilung der jüdischen Bevölkerung in der Neuzeit (in Tsd.)

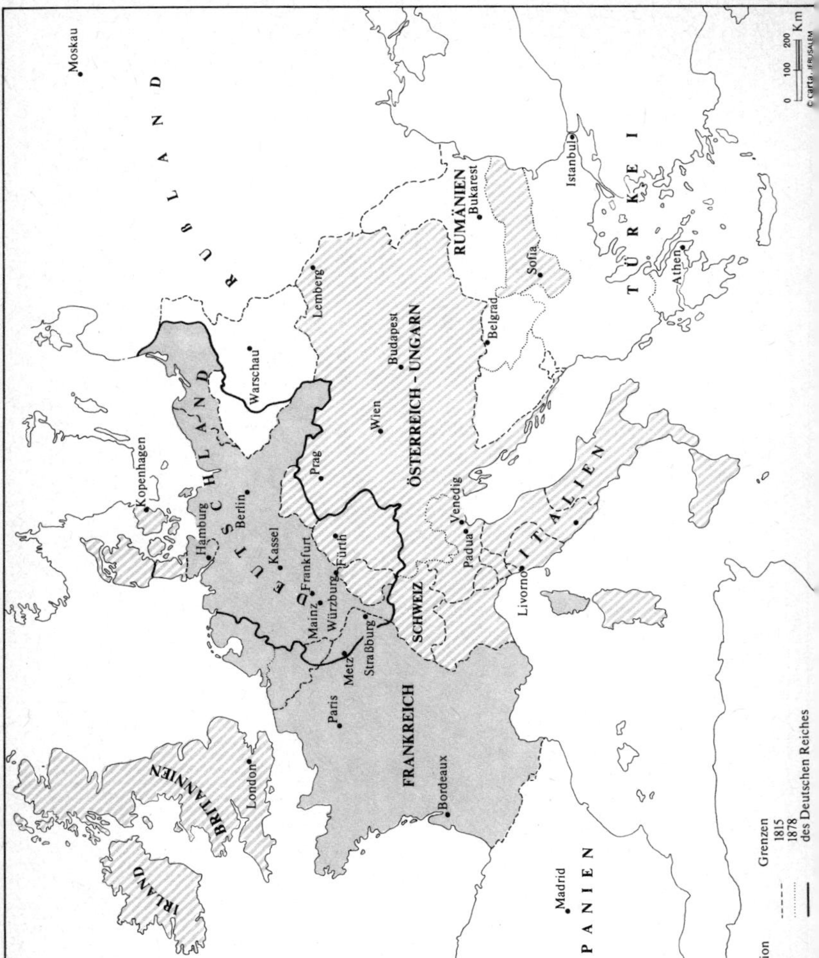

10. Die Ausbreitung der jüdischen Emanzipation

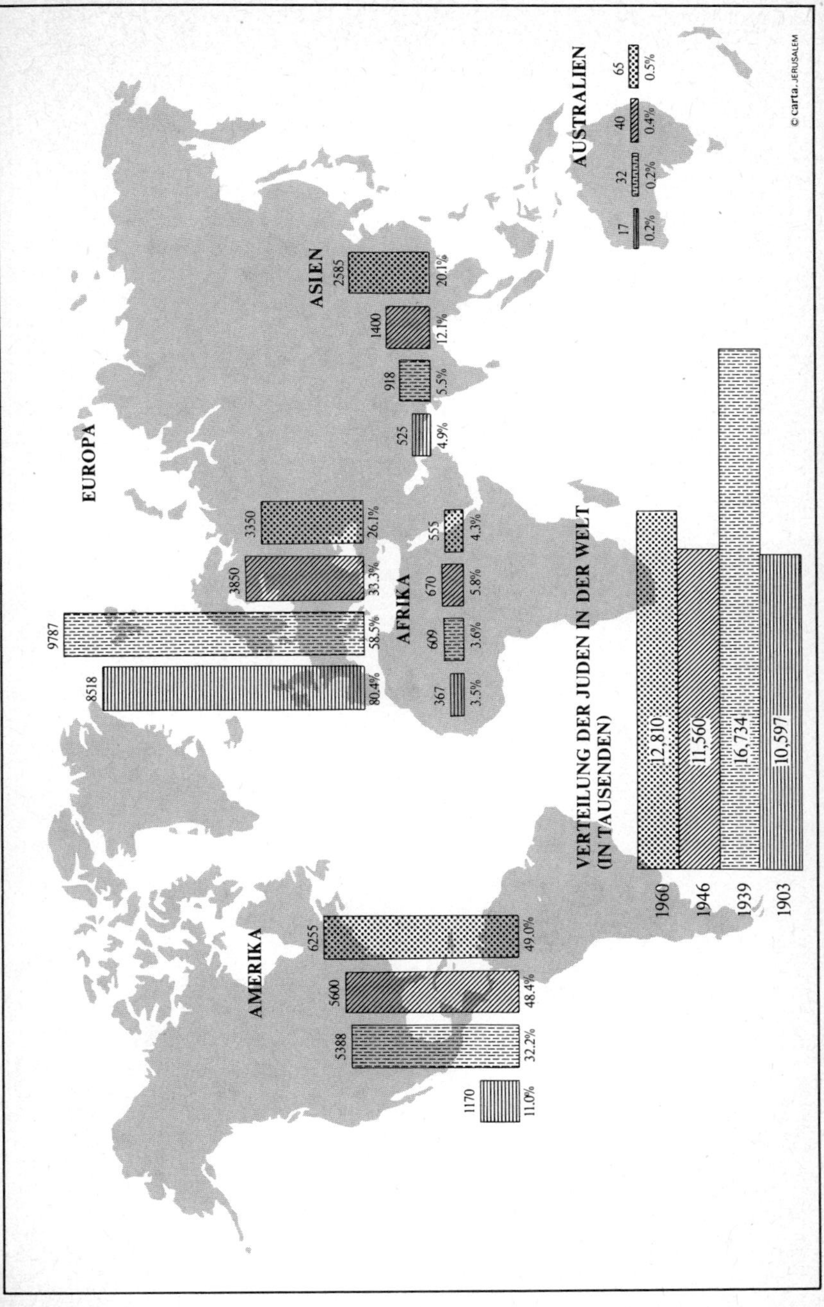

11. Die Diaspora in der Neuzeit

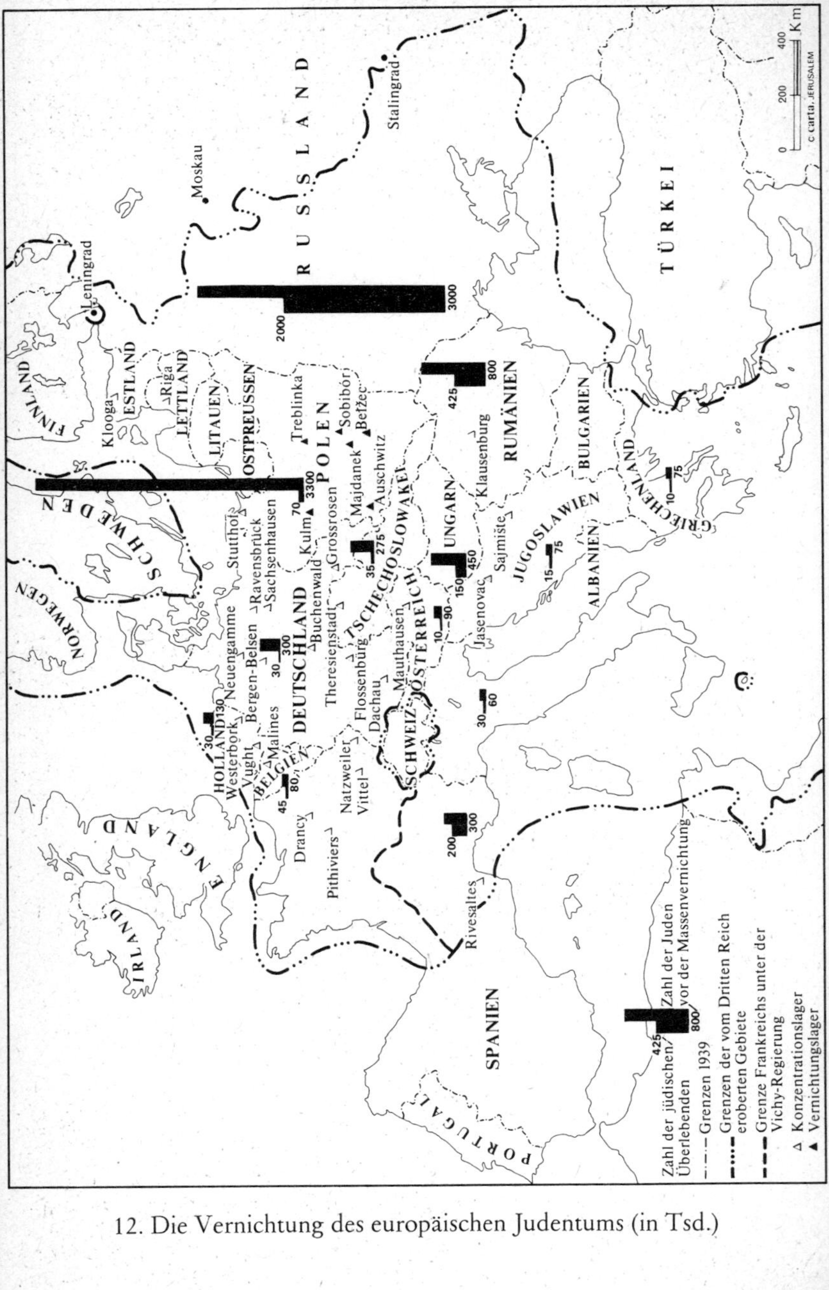

12. Die Vernichtung des europäischen Judentums (in Tsd.)

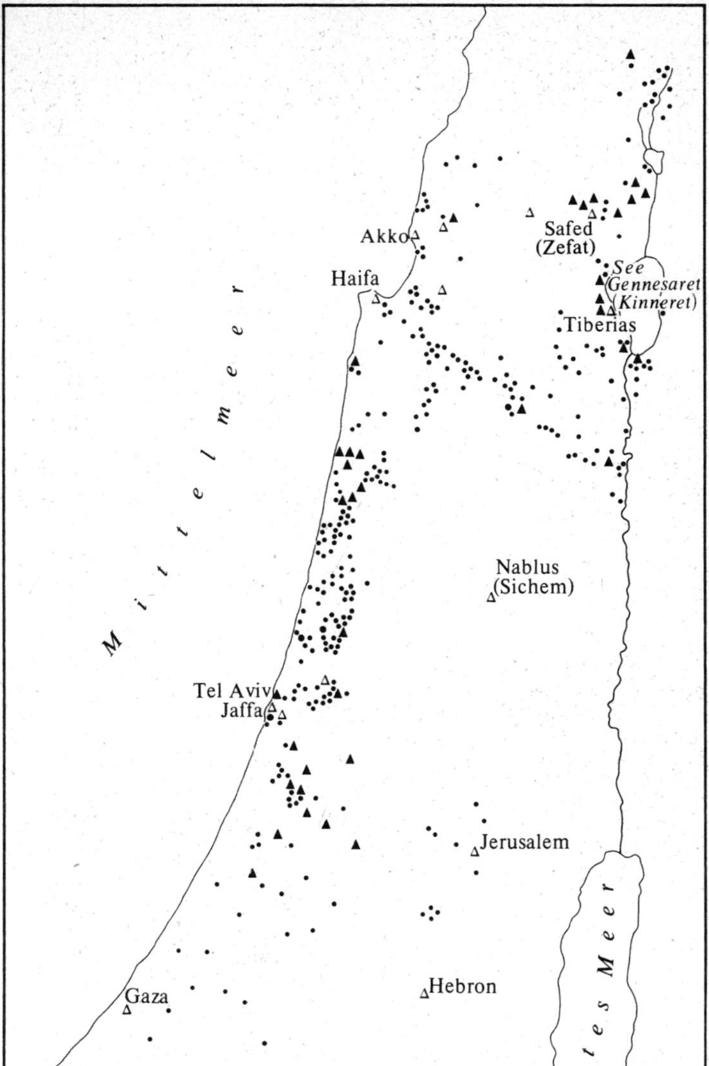

13. Wachstum der jüdischen Ansiedlungen in Palästina

Die Autoren

Walter Grab, geb. 1919 in Wien, seit 1938 in Palästina/Israel. Professor für Neuere Geschichte an der Universität Tel Aviv bis zu seiner Emeritierung 1986 und Leiter des dortigen Instituts für Deutsche Geschichte. – Zahlreiche Publikationen über Probleme früher demokratischer Strömungen in der Epoche von 1789–1848. Herausgeber einer fünfbändigen Reihe „Deutsche revolutionäre Demokraten" (Stuttgart 1971–1978) sowie der Dokumentation „Die französische Revolution" und „Die Revolution von 1848/49" (München 1973 und 1980). Neueste Arbeiten: „Heinrich Heine als politischer Dichter" (Heidelberg 1982) und „Ein Volk muß seine Freiheit selbst erobern. Zur Geschichte der deutschen Jakobiner" (Frankfurt 1985).

Hermann Greive, 1935–1984, Dr. phil., Professor für Judaistik am Martin-Buber-Institut der Universität zu Köln. – Publikationen: Theologie und Ideologie. Katholizismus und Judentum in Deutschland und Österreich 1918–1935, 1969; Studien zum jüdischen Neuplatonismus, 1973; (Hrsg.) Hermann Bahr, Der Antisemitismus. Ein internationales Interview, 1979; Die Juden. Grundzüge ihrer Geschichte im mittelalterlichen und neuzeitlichen Europa, ^{2}1982; Mitherausgeber (für Geschichte des Judentums) des „Lexikon des Mittelalters" und der Briefe und Tagebücher Theodor Herzls (Bd. I und II, 1983); Geschichte des modernen Antisemitismus in Deutschland, 1983.

Hans Heinz Holz, geb. 1927. Seit 1971 Professor für Philosophie an der Universität Marburg, seit 1979 an der Universität Groningen (1981–88). Präsident der Internationalen Gesellschaft für dialektische Philosophie. – Hauptschriften: Jean Paul Sartre, Darstellung und Kritik seiner Philosophie, 1951; Leibniz, 1958; Macht und Ohnmacht der Sprache, 1962; Vom Kunstwerk zur Ware, 1972; Kritische Theorie des ästhetischen Gegenstands (documenta 5) 1972; Logos spermatikos, Ernst Blochs Philosophie der unfertigen Welt, 1975; Die abenteuerliche Rebellion, 1976; Natur und Gehalt spekulativer Sätze, 1980; Dialektik und Widerspiegelung, 1982; Le strutture della visualità, 1984. – Zahlreiche Aufsätze; Bibliographie in der Festschrift „Philosophie als Verteidigung des Ganzen der Vernunft", hg. von D. Losurdo/H. J. Sandkühler, 1988.

Alfred Morabia (†); Professor für Geschichte des Islams und Direktor der Abteilung für arabische und islamische Studien an der Universität Toulouse. – Veröffentlichungen: La notion de gihâd dans l'Islam médiéval, 1975; (Mitautor) La communauté musulmane, 1978; Le second Israël, 1979; Juifs du Nil, 1981. – Zahlreiche Artikel.

Pnina Navè Levinson, geb. 1921, Dr. phil., Prof., lehrte Judaistik an der Universität Heidelberg. – Publikationen (Auswahl): Die neue hebräische Literatur, 1962; The Poems of Jacob Francès, 1968 (hebräisch); J.A. Modena: Ausgewählte Schriften, 1968 (hebräisch); Die romanisch-jüdischen Literaturbeziehungen im Mittelalter, 1972; Du unser Vater. Jüdische Gebete für Christen, 1975; Einführung in die rabbinische Theologie, 1982. – Übertragungen westlicher Literatur in das Hebräische; Beiträge zur jüdischen Kulturgeschichte und zum interreligiösen Dialog.

Rolf Rendtorff, geb. 1925, Professor für Alttestamentliche Theologie an der Universität Heidelberg. – Publikationen: Die Gesetze in der Priesterschrift, 1954, ^{2}1963; Das Werden des Alten Testaments, 1959, ^{2}1965; Gottes Geschichte, 1962; Väter, Könige, Propheten. Gestalten des Alten Testaments, 1967; Studien zur Geschichte des Opfers im Alten Israel, 1967; Gesammelte Studien zum Alten Testament, 1975; Israel und sein Land. Theologische Überlegungen zu einem politischen Problem, 1975; Das überlieferungsgeschichtliche Problem des Pentateuch, 1977; Das Alte Testament. Eine Einführung, 1983 (^{3}1988); Leviticus (Biblischer Kommentar III,1), 1985; (Hrsg.) Arbeitsbuch Christen und Juden, 1979, ^{2}1980; (Mhrsg.) Studien zur Theologie der alttestamentlichen Überlieferungen, 1961; (Mhrsg.) Auschwitz – Krise der christlichen Theologie, 1980; (Mhrsg.) Die Kirche und das Judentum. Dokumente von 1945–1985 (1988). – Zahlreiche Aufsätze zu Themen der alttestamentlichen Exegese und Theologie sowie zu den jüdisch-christlichen und deutsch-israelischen Beziehungen.

Michael Anthony Riff, geb. 1944 in London. Ph. D., Assistant Director, Leo Baeck Institute, New York. – Publikationen: The Assimilation of the Jews of Bohemia and the Rise of Political Anti-Semitism 1848–1918 (Diss.), 1974; (Hrsg.) The Encyclopedia of Modern Political Ideologies and Movements, 1987; (Hrsg.) The Face of Survival. Jewish Life in Eastern Europe, 1989. – Aufsätze und Beiträge in Sammelbänden zur Geschichte der Juden in Ostmitteleuropa und Süddeutschland und zur europäischen Geistesgeschichte.

Peter Schäfer, geb. 1943, Dr. phil., Professor für Judaistik an der Freien Universität Berlin. – Publikationen: Die Vorstellung vom heiligen Geist in der rabbinischen Literatur, 1972; Rivalität zwischen Engeln und Menschen. Untersuchungen zur rabbinischen Engelvorstellung, 1975; Studien zur Geschichte und Theologie des rabbinischen Judentums, 1978; (mit J. Maier) Kleines Lexikon des Judentums, 1981; Der Bar Kokhba-Aufstand. Studien zum zweiten jüdischen Krieg gegen Rom, 1981; Synopse zur Hekhalot-Literatur, 1981; Geschichte der Juden in der Antike. Die Juden Palästinas von Alexander dem Großen bis zur arabischen Eroberung, 1983; Geniza-Fragmente zur Hekhalot-Literatur, 1984; Konkordanz zur Hekhalot-Literatur, Bd. I, 1986, Bd. II, 1988; Übersetzung der Hekhalot-Literatur, Bd. II, 1987; Hekhalot-Studien, 1988. – Zahlreiche Aufsätze, vor allem zur Geschichte und Literatur des rabbinischen Judentums.

Shemaryahu Talmon, geb. 1920, Dr. phil., o. Professor im Department of Bible Studies der Hebrew University of Jerusalem; Gründungsrektor der Hochschule für Jüdische Studien in Heidelberg. Mitherausgeber des Hebrew University Bible Project. – Publikationen (mit F. M. Cross) Qumran and the History of the Biblical Text, 1975; (mit G. Siefer) Religion und Politik in der Gesellschaft des 20. Jahrhunderts, 1978. – Aufsätze über Geschichte und Soziologie des biblischen Israel; Biblische Literatur und Textgeschichte: Gesellschaft und Literatur in der Hebräischen Bibel. Gesammelte Aufsätze Band 1, 1988; zus. mit U. Luz, M. Klopfenstein und E. Tov, Die Mitte der Schrift, 1986; King, Cult and Calendar in Ancient Israel, 1986.

Jürgen Thorwald, geb. 1915, Schriftsteller, seit 1955 in den USA und der Schweiz. Buchveröffentlichungen auf historischem bzw. zeitgeschichtlichem Gebiet, u. a. „Die große Flucht“, „Die Illusion“. Veröffentlichte 1978 „Das Gewürz“, die Geschichte der Juden in Amerika, Band I. Der zweite Band „Die Wenigen und die Mächtigen“ (noch nicht erschienen) schildert zum ersten Mal eingehend die Geschichte des Judentums während der europäischen Hitlerära und die entscheidende Zäsur, welche diese Ära sowohl in der Entwicklung des amerikanischen Judentums nach 1945 wie in der Entstehung der amerikanisch-israelischen Beziehungen hervorrief.